干在实处 勇立潮头

习近平浙江足迹

本书编写组

人民出版社

浙江人民出版社

出 版 说 明

    2002 年 10 月至 2007 年 3 月，习近平同志带领浙江广大干部群众干在实处、走在前列、勇立潮头，率先推进浙江经济社会转型升级、科学发展，不断探索完善区域现代化建设布局，取得了一系列重大突破。

    习近平同志在浙江工作近五年，擘画了作为浙江省域治理总纲领和总方略的"八八战略"，制定实施了创建生态省、建设"平安浙江"、加快建设文化大省、建设"法治浙江"、加强和改进党的建设等重大决策部署，为浙江改革发展奠定了坚实基础。这些年，浙江发生的变化全面深刻、影响深远、鼓舞人心，是新中国成立 70 多年伟大成就的缩影，生动诠释了中国共产党人为中国人民谋幸福、为中华民族谋复兴的初心和使命。

    为深化广大干部群众对习近平新时代中国特色社会主义思想理论逻辑、历史逻辑、实践逻辑的认识和理解，推动对这一重要思想的学习贯彻走深走实，我们编写了本书。全书系统讲述了习近平同志谋篇布局、推动实施"八八战略"的过程，全面展现了他主政浙江期间的重要思想和生动实践，具有十分重要的历史文献价值和现实指导意义，是广大人民群众了解党的领袖奋斗历程的重要读本，为各级领导干部特别是年轻干部在新时代伟大实践中更好担当作为提供了鲜活样本和学习典范。

本书编写组

2022 年 2 月

目　录

一、"八八战略"是统领浙江发展的总纲

不着急"点火"的"新官"

一

金秋，总会给人带来特别的期待。

2002年10月12日，浙江省第12届运动会开幕。赛场上，选手们全力以赴、奋勇争先，展开一场场热火朝天的激烈角逐。

也是这一天，全省领导干部会议在杭州召开，面对台下500多名干部热切的目光，刚刚履新浙江担任省委副书记和代省长的习近平郑重承诺：跑好"接力赛"中自己的"这一棒"。

彼时的浙江，正在新世纪的赛道上奋力奔跑，前有"标兵"，后有"追兵"，鼓点紧密，不进则退。

为了跑好手中"这一棒"，习近平开始马不停蹄地下基层，访农家、上海岛、进企业，披星戴月，不辞辛劳，问计于民、问计于基层，思考跑好"接力赛"的办法，探寻浙江发展的良策。

都说"新官上任三把火"。习近平刚到浙江工作不久，一位中央新闻单位的记者请他谈谈"施政纲领"。他笑着说：我刚刚来，还没有发言权。到时候，我是要说的。

"到时候"是什么时候？不早点把"火"烧起来，怎么出政绩？这位年轻的新领导，到底有什么新思路新举措？

带着一连串问号，大家都在拭目以待。

习近平真的不着急"点火"。

"这次来浙江工作，我的首要任务是学习。"履新浙江第一天，他言辞恳切地说，"我初来乍到，对浙江的情况不熟悉，首先要深入基层调查研究，全面了解情况、熟悉工作，尽快进入'角色'，履行好党和人民赋予的工作职责。"

这并不是他的客套话。

到浙江工作的第二天，习近平就着手进行一次特殊的学习和调查研究——10月13日晚开始，分四个晚上，分别看望铁瑛、李丰平、薛驹等七位正省级离休老同志，认真了解浙江省情，征求他们的建议。

俗话说，家有一老，如有一宝。习近平对老领导老同志的尊重和关心，一直为人称道。

也正是从这样特殊的学习和调研开始，习近平身边的工作人员对他日夜连轴转的工作作风有了切身感受。

夜深人静之时，站在省委、省政府大院门口抬眼望去，省委办公厅所在楼层经常灯火通明。习近平在办公室里忙于各种事务，常常工作到半夜三更。

11月20日，中央任命习近平担任浙江省委书记。此后一段时间，省委书记、代省长两个岗位"一肩挑"的他，工作更加忙碌。除了必须参加的重要会议和重大活动、会见等，其他时间习近平基本在考察调研和听取工作汇报。

短短两个多月里，习近平到市、县（市、区）和省直部门调研的时间超过50%。为了争取更多时间调查研究，他几乎每天工作超过12个小时，有时甚至在16个小时以上。

停不下来的脚步，伴随着一种只争朝夕、时不我待的紧迫感，声声敲打在浙江大地上。

即便是夜以继日，工作日也不够用了。那就把双休日加上！

那段时间，习近平经常利用周末到各地各部门跑：2002年11月24日，周日，出发到丽水，之后在山区调研三天；11月30日，周六，到省警卫局调研；12月15日，周日，在杭州市萧山区调研，宣讲党的十六大精神，走访慰问困难群众；12月20日，周五，这天起用四天时间先后去了宁波、台州、温州；12月28日，同样利用周末时间，到金华、衢州调研……

此行何为？12月在温州与基层干部座谈时，当地领导请习近平"作重要指示"。他说："我到浙江工作时间不长，哪有这么多重要指示？目前到各地考察主要是熟悉情况，了解浙江。我打算在春节之前到11个市都跑一跑，以尽快对各地的情况有个大致了解。"

2003年1月初到舟山、绍兴两地后，习近平给自己布置的"到11个市都跑一跑"的任务完成了。

"尽管这种调研仅仅是初步的，还会有'走马观花'之嫌，浙江的省情、民情要了解，全省的干部要尽快熟悉，一些事关浙江发展的重大战略问题需要省委、省政府尽快决策，等不及啊！"习近平这样对一位中央媒体的记者说。

二

调研要有扎扎实实的作风，要简化公务接待，不要搞官僚主义和形式主义，这是习近平一再强调的。

有一次，习近平下乡调研，虽然此前省委规定领导下乡不能迎来送往，但是有位地方主要领导依然出现在高速公路出口。远远地，习近平看到了，在车上就严肃批评了这种做法，并嘱咐司机不要停车。随行的省委秘书长建议，人都来了，还是让他上车吧。司机这才慢慢停下来，让前来迎接的这位地方领导上了车。

"你来干什么？"习近平一脸严肃。

这位领导丈二和尚摸不着头脑，一时语塞。

"你以为省委下发的文件是儿戏吗？"

"正好上午有空……"

"你有空不能接待上访群众？不能批阅几个文件吗？"

车厢里，空气仿佛凝固了。随后，习近平又严肃地叮嘱随行的省委办公厅工作人员，有了规定，必须落实到位，对这种违反规定"迎来送往"的行为，一定要搞好督查。

大约 20 分钟后，车子终于到达调研的第一站。一路上，习近平没有再多说一句话。

此后，习近平下乡调研，再也没有发生过类似的事情。

直奔主题，直达目的地，直接和基层干部群众面对面交流，习近平这种实打实的调研作风也逐渐为更多人所熟知。

在一些地方，当地安排的调研行程往往会写清楚在每个点上的调研时间是多少分钟。对此，习近平也提出了批评：调研又不是走过场完成任务，大概的时间可以排一下，但是不要精确到几点几分，得根据现场情况来定。

这样一来，下乡调研早出晚归，也就成了常有的事。

习近平不但千方百计挤出时间下基层，而且几乎每次调研，只做"加法"不做"减法",总是希望多跑几个地方,多看几个点。

好多次,省委办公厅负责人把安排好的行程交上去后,拿回来一看:日程表上加上了密密麻麻的新考察点,很多都是习近平自己的笔迹。

数字是最有说服力的:2003 年,习近平赴市、县(市、区)调研 25 次,53 天;赴省直单位调研 20 次,15.5 天;赴上海、江苏和西部地区调研 3 次,18 天。此外,陪同中央及兄弟省市领导考察 41 次。这一年,他还参加了各类会议 164 次,参与各种会见 222 次。

"一年 200 多个工作日,如果都只是'朝九晚五',这样的日程表是无论如何也安排不下的。"习近平身边的工作人员感慨道。

下乡调研点多,习近平看得仔细、问得认真,经常误了吃饭时间。这时,地方上的同志往往提出,下一个地方不要去了。

"我们说不去就不去,老百姓不是要骂娘吗?"习近平还是坚持要去,他告诫大家:这样是不行的,人家听说省委书记要去,都翘首盼着呢。

于是,大家饿着肚子继续跑,还常常利用晚上时间赶路。有一次,他在车上和大家开玩笑说:我们都是"游击队",趁着夜色急行军。

到了考察点,习近平通常都要进行深入调研,但也有例外的时候。

有一次,习近平去某地调研,到了一个规模并不大的工业园区,发现这里都是周边发达地区转移过来的落后产能,马上变了脸色,严厉地对当地领导说:这有什么好看的?要抓住自身的定位,把这里的绿水青山保护好,才是你最大的政绩。

一席话，让当地领导满脸通红。

三

听实话、摸实情、办实事、求实效。调研中，习近平特别重视群众工作，真心倾听基层同志的意见。他经常和身边的干部讲，不要小看座谈会，对村干部和村民来说，可不是小事，一定要让他们在会上都有发言的机会。

"如果参加了座谈会却没发言，回去后，大家问，省委书记来开会你讲了什么，他怎么说呢？所以我们宁愿自己休息时间少一点，也要多听他们讲，向他们请教基层情况。越是基层来的，越是要让他们讲。"因此，习近平在基层调研时，座谈会往往是中午开到 12 点多，晚上开到 7 点多。会上，习近平总是要让基层干部群众个个发言，而且频繁地和他们互动交流。

基层干部群众面对省领导，如果紧张得说不好话怎么办？话都说不好，又怎么来表达民情民意？

习近平自有办法。

"当村支书，你在村里是一把手，家里是几把手啊？"在一次农村调研中，习近平看到基层干部在座谈会上很紧张，就诙谐地问一位村支书。一句玩笑话，引来现场一阵大笑。大家看到省委书记这样和蔼可亲，气氛顿时活跃了许多，话匣子由此打开，基层的社情民意"直通车"更加通畅了。

"省委书记没什么架子，亲切得很！""说得很尽兴，我们想说啥就说啥！"……座谈会结束后，来自基层一线的干部群众由衷感叹。

　　每一次调研，除了相关的必要人员外，习近平一直坚持轻车简从，不搞层层陪同、不带框框，既到条件好、发展快的地方去，也到问题多、困难大的地方去，力求听实话、摸实情、办实事、求实效。

　　下基层调研时，习近平通常会带上两件东西：一是当地的县志，车上可随时翻翻，提前了解情况，有时晚上休息前也会再读一读；二是当地领导干部的名册及简历，先熟悉熟悉人员情况，晚饭后还会找县里主要领导谈话。

　　在《干在实处　走在前列——推进浙江新发展的思考与实践》一书的自序中，习近平说，自己每年至少用三分之一以上时间深入基层和部门调查研究。

　　"几年下来，我几乎跑遍了浙江的山山水水，也跑深了与浙江广大干部群众的真切感情，并在实践中逐渐跑透了浙江的省情市情县情。"这样的真情，不是仅凭嘴巴说出来的，而是一个脚印一个脚印踩出来的。

　　时任省委办公厅副主任舒国增，对"跑遍""跑深""跑透"这三个词也深有体会。"习书记提出，当县委书记一定要跑遍所有的村，当市委书记一定要跑遍所有的乡镇，当省委书记应该跑遍所有的县市区，这就是他本人身体力行的实践感悟。"舒国增说，习近平尤其重视"跑透"，比如县委书记对全县每个村的情况都要了如指掌，特别是"两头冒尖"的村，更要多跑几趟，进村就像进了自己家一样，张三家如何、李四家怎样，都要一清二楚，这样才能真正和老百姓建立深厚的感情。

调查研究出良策

—

　　海宁有皮革和装饰布，平湖产服装，嘉善的招牌是木业和纽扣，桐乡和秀洲则因羊毛衫而兴……

　　2002年10月22日，第一次离开杭州外出调研，习近平来到嘉兴。虽然初来乍到，但是对于嘉兴的块状经济，他却如数家珍。

　　其实，关于浙江的块状经济、先进制造业基地建设等，习近平到浙江工作之前，就已经关注了。

　　地域分布广阔、发展特色鲜明、产业结构多元的块状经济，是浙江改革开放的"金名片"。低压电器、轻纺面料、服装领带、鞋子袜子、皮革皮草、小五金、小商品等，众多块状经济产业基地星罗棋布。

　　发展首先要抓住"牛鼻子"。在奔赴各市调研过程中，习近平就已经开始研究"块状经济如何转型升级"这一关系到浙江长远发展的课题了。

　　12月5日至6日，习近平在湖州调研，深入长兴经济开发区考察科技创业园，一口气跑了好几家企业。他说，我们正面临着一个加快发展新兴工业、打造先进制造业基地、开创对外开放新局面的难得机遇。

温州的皮鞋、眼镜、打火机、低压电器等特色产业蜚声海内外。2002 年 12 月 23 日在温州调研时，习近平说，温州同他工作过的宁德地区地相连、人相亲，还有部分语言相近。他来浙江工作之前，曾三次到过浙江，其中两次就是在福建工作时到温州学习取经。

温州此行，他还特地考察了乐清低压电器产业和正泰集团、德力西集团等企业，指出要进一步加快产业结构调整步伐，大力运用高新技术和先进适用技术，改造提升传统产业和优势特色产业。

在杭州桐庐，块状经济发展迅猛，已占到全县经济总量的60% 以上，服装、制笔、机械制造、箱包、玩具等行业都已形成特色经济区块。特别是分水镇的制笔业在全国独树一帜，年产销各类圆珠笔 30 亿支，占全国市场份额的三分之一，年产值近 15 亿元。分水镇也因此被国家有关部门命名为"中国制笔之乡"。

2003 年 4 月 10 日，习近平来到桐庐的分水镇、瑶琳镇等，冒雨考察建设工地、工业园区和制笔企业，向企业负责人详细了解制笔业的发展情况，与建设工地负责人一起察看施工现场。

调研中，习近平充分肯定了分水镇的发展路子。他说："'一县一业、一乡一品'的块状特色，是我省经济的一大特点和优势，也是发展县域经济、增强整体实力和竞争力的重要抓手。要坚持从浙江实际出发，着眼于建设先进制造业基地这一目标，进一步认真总结经验，加快发展块状经济，不断取得新的成效。"他还指出，当前和今后一个时期，发展块状经济必须在"做大做强、强化特色、拓展空间、城乡联动"上下功夫。

2003 年 4 月 10 日，习近平在考察杭州市桐庐县块状经济时参观分水镇圆珠笔厂

二

2003年1月7日，习近平到绍兴调研。这是他第三次来到这座历史文化名城。2002年10月，他曾两次到过绍兴，一次是陪同中央领导同志考察，另一次是陪同河北省党政代表团。

习近平务实的调研作风一直有口皆碑，只是"去过"不能算数，必须有明确的主题，做好充分的准备，安排专门的时间，沉下心来蹲几天，并且要有成果。

此次绍兴之行，习近平走访了中国轻纺城、纺织企业和黄酒企业等，肯定绍兴"经济发展生机勃勃，特色经济优势明显，块状经济非常有效益，有独到的地方"。

习近平也明确道出绍兴的短板：发展很快，但是发展层次较低。

绍兴开始认识到，如果按照传统的路子走下去，资源要素将难以支撑、环境容量将难以承受、成本上涨将难以消化。

居安思危、未雨绸缪，是习近平的一贯风格。他经常说：要保持清醒头脑，增强忧患意识，站得更高一些，看得更远一些，想得更深一些，发展得更快更好一些，努力在新一轮的竞争和发展中继续保持领先地位。习近平的话，为绍兴纺织业的转型升级之路拨开了迷雾。

离开绍兴前，习近平说："等到两会之后，等我这一阶段的工作完成之后，我要经常到各地走一走，包括到绍兴走一走，可能是蹲三五天，进行全方位的调研；也可以来一天半天，看某一个点，研究一个专项的问题。现在，我就想到有两个专题要很好地到绍兴来学一学。一个是文化专题，看一看绍兴的文化；再一个是研究块状经济。"

让绍兴干部群众没想到的是，十多天后，习近平在一个特殊的日子和特殊的场合，又来了一次特殊的"串门"。

"今天正好是我到浙江工作的第 100 天。"2003 年 1 月 20 日，一年一度的省两会正在进行中，各代表团在驻地审议政府工作报告。这天上午，习近平来到绍兴代表团驻地"叙旧"。

一番肯定和鼓劲之后，他提醒道："要保持冷静、清醒的头脑，自豪而不自满。事业就和练武功一样，永无止境。武林中也有很多'寂寞高手'，我们实际的武功还没有达到这个层次。从辩证的角度看，'三人行，必有我师''百步之内，必有芳草''尺有所短，寸有所长'，始终要走好万里长征第一步，始终要有进京赶考的心态。我们虽然一路高歌猛进，但是还要保持冷静头脑。"

诚恳又十分接地气的话语，赢得现场热烈的掌声。

三

2003 年春节后上班不久，习近平到台州、绍兴，调研加快先进制造业基地建设。

2 月 14 日一早，他冒雨从杭州出发，下午 1 点左右赶到台州市玉环县，考察了苏泊尔集团等企业，随后又奔赴温岭市，考察爱仕达电器、钱江摩托等企业，直到晚上 7 点多还在忙碌着。

15 日是元宵节。上午，习近平赶到绍兴，陆续走访新昌、嵊州、上虞的八家企业，进车间，问生产，察实情。又是一天马不停

2003年2月15日，习近平在绍兴嵊州市考察服装企业

蹄的奔波，不觉间时针已指向晚上 7 点，习近平一行还在赴企业调研的路上。

潇潇春雨中，流光溢彩的元宵花灯从车窗外闪过，而车内的人们仿佛忘记了这是一个和家人团圆的日子，谈兴所至，始终是此次调研的所见所闻所感。

当晚，习近平一行赶到诸暨，连夜召开座谈会。16 日一早，习近平又前往四家企业调研，下午专门召集全省 11 个市的党委、政府负责同志，请他们为加快建设先进制造业基地支招。

三天的调研，行程 1000 多公里。"虽是走马观花，仍觉大受裨益。"习近平说，"制造业是浙江经济的优势。我们应该为此自豪，但决无理由自满"。

习近平语重心长地说："加快建设先进制造业基地，是浙江紧紧抓住国际产业分工格局变化带来的战略机遇，加快提升和发展制造业的客观要求，必须坚持以信息化带动工业化，坚持国际竞争力导向，坚持内外资经济互动融合，坚持从浙江实际出发，发挥比较优势，构筑竞争优势。浙江要继续保持和不断强化纺织、服装、机械等产业的竞争优势，加快发展电子、医药、环保等产业，努力在重化工领域取得重大突破，力争在五年内初步建立起以高新技术产业为先导、高附加值特色产业为支柱、高度国际化的先进制造业基地。"

四

调查研究不是走马观花，而是要直面矛盾和问题，寻求破解矛盾的"钥匙"，拿出解决问题的"药方"。

调研时，习近平看到了成绩，也注意到了不足。

面对新世纪以来的市场变化和重化工业的快速发展，"低小散"的产业结构面临转型升级的严峻考验。块状经济存在素质性、结构性矛盾，尤其是产业层次低下、创新能力不强、规划引导缺失、平台支撑不力、转型升级缓慢等问题逐渐显现。

世纪之交，浙江的一些企业开始频繁遭遇反倾销诉讼、贸易设限，从最初的打火机、眼镜，向皮鞋、纺织品等产品延伸，其实质就是给低价产品设置了一道道"坎"。

"正如大家所熟知的，浙江较早遭遇了种种'成长的烦恼'，传统的发展方式、低端的产业结构及现代化布局都亟待转型和升级。靠高投入、高消耗、高排放换取工业增长，靠低成本、低价格、低效益拓展市场空间的路子已经越走越窄。这个难题必须破解。"时任省委副书记周国富说。

象山一位替国外某知名服饰品牌商加工服装的企业主，曾经对媒体记者说了一个"不敢钉8颗纽扣"的故事：该品牌服装一件售价上千元，而作为加工企业，为每件衣服钉6颗纽扣，尚有微薄利润；如果将纽扣数量增加到8颗，就无利可图。

其实，对于这些困难和挑战，习近平一到浙江就有思想准备。他坦言，有一种上华山爬险道"只能向前不能后退""只能向上攀登，不能停滞不前"的感觉。"山越高越难爬，车越快越难开"，要将一个好的地方的工作做得更好，难度是很大的。"我愿意承担重任，为在新世纪中加快实现省委、省政府确定的奋斗目标，竭尽自己的绵薄之力。"

在基层调研时，习近平多次对地方的党政主要领导说：一路高歌猛进，更应增强忧患意识。逆水行舟，不进则退。与广东、上海等发达地区相比，浙江在经济总量、产业层次、对外开放、科技进步等方面还存在一些差距；与全国其他省份相比，也是尺有所短、寸有所长，各有各的优势。满招损，谦受益。我们有理由为过去发展的成就感到自豪，但我们决不能自满、决不能懈怠、决不能停滞。

习近平经常用"天下大势，此消彼长""三十年河东，三十年河西"这类话，来激励各级领导干部再创新优势。从浙江面临的挑战和机遇看，建设经济强省，关键是加快提升制造业，把浙江建设成先进制造业基地，发挥信息化带动工业化的特殊作用，同时抓好一批重大基础设施项目和重大工业项目的建设，实现生产力的跨越式和可持续发展。

2003 年 6 月 24 日，全省工业大会召开。这是改革开放后第一次全省工业大会。

这次大会，对建设先进制造业基地作出全面部署，标志着建设先进制造业基地进入实质性的实施阶段。习近平在会上强调，这是一项事关全局和长远的重大战略举措，要坚持走新型工业化道路，加快先进制造业基地建设。

会议还为浙江工业发展勾画出了蓝图：到 2010 年，基本形成国内领先、具有较强国际竞争力的先进制造业基地，成为我国走新型工业化道路的先行地区。在若干行业和区域形成一批产业规模、创新能力、出口规模均领先国内的全国性制造中心和重要产业基地。到 2020 年，浙江制造业全面融入世界现代制造业体系，基本形成以高新技术为先导、高附加值的加工制造业与现代装备制造业协调发展的国际性先进制造业基地。

不畏浮云遮望眼，自缘身在最高层。习近平在调研中，看到了浙江块状特色产业的优势和不足，看到了产业发展演进规律和信息化带来的机遇，提出要以"腾笼换鸟"的思路和"凤凰涅槃""浴火重生"的勇气，加快推进经济增长方式转变。

正是在习近平坚持走新型工业化道路的战略指引下，浙江的产业结构不断转型升级，逐步从"低小散"转向"高精尖"，以"高质量"取代"高增速"。

"干在实处"还必须"干在难处"，时代进步总是在解决时代难题的基础上实现的。"必须具有探路者直面荆棘的勇气，正视矛盾和问题，不使'癣疥之忧'变成'心腹之患'，不因局部问题影响发展全局，不让绊脚之石阻挡前进步伐。"这是习近平在《干在实处　走在前列——推进浙江新发展的思考与实践》中说的一段话。

从某种程度上说，这不仅是习近平在浙江工作期间的写照，也是他开展调查研究的出发点和落脚点。

"十月怀胎"与"一朝分娩"

——

以调研开路、用调研促进决策的习近平，决心在浙江全省上下大兴调查研究之风。

2002 年 12 月 26 日，省委办公厅收到一份材料——曾担任过浙江省委书记的薛驹撰写的《一次非同寻常的调查研究——关于 1961 年农村调查研究的情况》。1961 年，田家英遵照毛泽东同志的指示，在浙江开展关于农村人民公社问题的调查。当年，陪同调查的正是薛驹，时任省委副秘书长。

薛驹在这份材料里写到，1961 年至 1962 年的农村调查，在我们党的历史上具有非同寻常的意义。通过这次全党大兴调查研究之风，各级领导干部不仅了解了实情，发现和纠正了"大跃进"和人民公社化运动中存在的"左"倾错误，而且还促进了全党干部思想作风的转变。

省委办公厅负责人收到材料后，立即呈报。向来事不过夜的习近平，直至 2003 年 1 月 5 日才阅批返回：薛驹同志的文章很有意义，建议省委理论学习中心组结合部署调研课题，专题学习一次调查研究问题，届时可参考薛驹同志这篇文章，加深体会。

2003 年 2 月 10 日，农历正月初十，省委理论学习中心组学习会召开。习近平在会上点明了这个批示件压在案头的原因：选这个题目，是有现实和深远的考虑的。调查研究，实质上就是一个抓工作落实的问题。调查研究是个手段，就是用调研的形式来破题开局。一年之计在于春，春季怎么开局，我们选了调查研究这个形式，从转变作风入手，解决全局性的重点问题。

会前，省委办公厅还专门收集印发了毛泽东、邓小平等领导人关于领导干部调查研究的重要论述学习材料。参加中心组学习的省级领导同志，结合自己分管工作的实际情况认真准备。会上，大家展开热烈的讨论：调查研究是一种工作方法，更是一种工作作风；是实现领导决策科学化的保证，更是新时期密切党和群众联系的重要途径。

在习近平的直接推动下，会议讨论通过了《2003年省委、省政府领导调研计划及有关重点工作》和《关于推进调查研究工作规范化制度化的意见》。后者对加强调研作出制度规定——

县以上党委、政府的重大决策，必须事先充分开展调查研究，没有经过充分调研并形成调研报告的，一般不列入党委和政府会议的议题；省级和市县领导班子成员，每年分别要有两个月和三个月时间下基层调研，主要领导干部要自己动手写一至两篇高质量的调研报告；领导干部要在基层建立联系点，省级领导干部每年至少到联系点两次，市县领导干部要与基层点保持经常联系；等等。

为何要如此重视调查研究？

习近平在会上直截了当地说："当前，我省经济社会发展总体形势很好，但也存在不少矛盾和问题。要解决这些矛盾和问题，不能蹲在机关里，而要深入基层调研，问计于基层，问计于群众，探索解决问题的途径和办法。"

第二天，2月11日，省委召开"两个年"活动总结和加强调查研究工作电视电话会议。"两个年"即"转变作风年"和"调查研究年"。

这是一次具有标志性意义的重要会议。习近平在会上鲜明地提出：在全省范围内进一步大兴调查研究之风。

这两次会议，在全省干部群众中引起强烈反响。许多基层干部群众说，这样大张旗鼓地通过调查研究推动实际工作、改进干部作风的工作形式，多年来没有看到了，只要真正坚持做下去，一定会在全省各地的实际工作中结出丰硕的果实。

值得一提的是，习近平还在这次省委理论学习中心组学习会上给大家出了七个调研"题目"：关于重要战略机遇期，关于建设经济强省、打造文化大省、推进依法治省，关于坚持"两个毫不动摇"，关于"北接上海、东引台资"，关于统筹城乡经济社会发展，关于维护社会稳定，关于进一步加强和改进党的建设。"以上七个方面的问题，都是涉及浙江经济社会中长期发展的全局性大问题，需要在今后调研工作中进一步具体化。"

而这些"题目"的大部分内容，都能在之后习近平提出的"施政纲领"中找到呼应之处。可见，浙江接下来要如何发展，此时的他已胸有成竹。而这些思路到底行不行，还得在调研中进一步验证和完善。

2月25日，《浙江日报》新开辟的专栏——"之江新语"，就是在这样的背景下诞生的。习近平以"哲欣"为笔名，写了开篇之作《调研工作务求"深、实、细、准、效"》。

不久，由习近平亲自审定的《2003年省委、省政府领导调研计划及有关重点工作》公布。

该文件一一罗列21项重点工作，清楚标明工作责任人、工作大体安排等内容，分别落实到每位省领导，并明确落实时间表——"年初布置任务，年底一定要检查总结"。其中，第一项"主动接轨上海，积极参与长江三角洲的合作与发展"的工作由习近平亲自负责。

行动是最好的示范。全国两会一结束，3月21日至26日，习近平马上率领党政代表团开启了考察上海、江苏的行程。

二

领导干部如何作决策？科学决策的源头活水从哪里来？习近平反复强调：问计于民、问计于基层。

在习近平的带领下，浙江省委、省政府领导带头开展调查研究，每年初都根据省委年度工作要点和领导分工确定重点调研课题。仅 2003 年至 2006 年，省委常委和副省长主持并完成的重点调研课题就有 86 项，其成果转化为 100 多个政策性文件和有关工作部署。

可以说，省委的每一项重大决策都是在调查研究基础上作出的，省委的每一项重要工作也都是通过调查研究来厘清思路、明确重点、推动落实的——2005 年 11 月 2 日，习近平在省委政策研究室调研时这样说道。

这样的话，对于在习近平身边工作的人来说，是耳熟能详的。

"当时，习近平同志经常告诫我们，担负领导工作的干部，在对重大问题进行决策之前，一定要有眼睛向下的决心和甘当小学生的精神，迈开步子，走出院子，去车间码头，到田间地头，进行实地调研，同真正明了实情的各方面人士沟通讨论，通过'交换、比较、反复'，取得真实可信、扎实有效的调研成果，从而得到正确的结论。调查研究就像'十月怀胎'，决策就像'一朝分娩'。调查研究的过程就是科学决策的过程，千万省略不得、马虎不得。"一位当年在省委办公厅工作的人员说道。

2002 年 10 月至 2003 年 7 月省委全会召开前，习近平已经走过全省 11 个市、69 个县（市、区）和大部分省直部门、单位。

经过半年多的调查研究，习近平逐步形成清晰的顶层设计和发展思路，距离科学决策"一朝分娩"的时刻越来越近了。

三

这是江南寻常的一个夏天，却又如此不同寻常。

2003 年 6 月 11 日至 13 日，习近平赴金华开展党建工作调研，先后跑了东阳、磐安、永康、武义等县（市）。

就在 6 月 13 日的座谈会上，习近平说："抓好发展这个第一要务，必须从浙江实际出发，实施积极有效的战略举措，进一步强化优势，形成特色，努力增强浙江的综合实力和国际竞争力。为此，省委、省政府在贯彻党的十六大精神实践中，坚持这些年来我省在推进经济社会发展中创造的一些好做法、好经验，同时结合新的形势和新的任务，作出了一系列重大战略部署。概括地讲，就是进一步发挥'八大优势'，推进'八大举措'……"

这是习近平第一次在公开讲话中谈到"八大优势""八大举措"。

三天后，6 月 16 日召开的省委常委扩大会议上，习近平再次对"八大优势""八大举措"进行阐释。

6 月 18 日，全省"深化党的十六大精神主题教育，兴起学习贯彻'三个代表'重要思想新高潮"电视电话会议召开，副省级以上领导干部及省直各部门负责人在主会场参加会议，各市、县(市、区)各套班子成员和部门负责人在各地分会场参加会议。习近平面对省市县三级领导干部，再次阐述这一系列重大战略部署。

此后，在 6 月 19 日召开的全省重点建设暨"五大百亿"工

2003 年 6 月 12 日，习近平在金华市磐安县新渥镇"365 办事窗口"与群众交流

程工作会议、6月25日召开的副省级以上老同志情况通报会上，习近平又分别进行了阐述。

省委全会召开前，习近平一路调查研究，一路和当地的干部群众交换意见，和同行的领导同志相互碰撞，再拿到省委常委会、省委理论学习中心组学习会上进一步讨论，在一系列事关全省经济和社会发展的重大战略问题上凝聚共识，逐渐统一了思想。

这期间，习近平还召集省委全会报告起草组的同志，研究报告的主题、主要内容和框架结构。他特别强调指出，这次全会要聚焦一个主题，即总结改革开放以来，浙江形成了哪些优势，如何谋划创新举措，积极应对新世纪以来的机遇、挑战和"成长的烦恼"。

2003年7月10日，是浙江历史上重要的一天，省委十一届四次全体（扩大）会议召开。习近平正式亮出他的"顶层设计"，全面系统阐释了浙江发展的"八个优势"，提出了指向未来的"八项举措"：

进一步发挥浙江的体制机制优势，大力推动以公有制为主体的多种所有制经济共同发展，不断完善社会主义市场经济体制；

进一步发挥浙江的区位优势，主动接轨上海、积极参与长江三角洲地区合作与交流，不断提高对内对外开放水平；

进一步发挥浙江的块状特色产业优势，加快先进制造业基地建设，走新型工业化道路；

进一步发挥浙江的城乡协调发展优势，加快推进城乡一

体化;

进一步发挥浙江的生态优势,创建生态省,打造"绿色浙江";

进一步发挥浙江的山海资源优势,大力发展海洋经济,推动欠发达地区跨越式发展,努力使海洋经济和欠发达地区的发展成为浙江经济新的增长点;

进一步发挥浙江的环境优势,积极推进以"五大百亿"工程为主要内容的重点建设,切实加强法治建设、信用建设和机关效能建设;

进一步发挥浙江的人文优势,积极推进科教兴省、人才强省,加快建设文化大省。

一个深远影响浙江未来发展的重大战略规划——"八八战略",就这样呱呱坠地了。

巧的是,这也是习近平履职浙江的第十个月。

像接力赛跑那样一棒一棒地接下去

—

2015年5月,习近平总书记在浙江考察时,有一个细节意味深长:在舟山和杭州两地,都去了城市规划馆。

25 日，他一下飞机，就前往舟山群岛新区城市展示馆；26 日下午在杭州考察时，又去了一趟城市规划展览馆。

习近平身边的工作人员都知道，喜欢去规划馆，是习近平考察地方行程的一个鲜明特色。在他看来，考察一个城市首先要看规划。

规划，就是谋全局。

习近平经常引用一句话："不谋万世者，不足谋一时；不谋全局者，不足谋一域。"

注重从改革发展的大局出发进行总体布局和顶层设计，是习近平一以贯之的风范。

对此，习近平说，一把手是党政领导集体的"班长"，是一个地方和部门贯彻中央大政方针、省委省政府重大决策的第一责任人。把方向、抓大事、谋全局，是一把手的根本职责。

2003 年 7 月召开的省委全会上，发展蓝图已然绘就。如何让纸上蓝图在地上生根？如何全面落实"八八战略"这一影响全局的重要决策？

习近平以一年一个重大主题的节奏，亲自制定实施了创建生态省、建设"平安浙江"、加快建设文化大省、建设"法治浙江"，以及加强和改进党的建设等重大决策部署，有力推动了"八八战略"的贯彻落实。

"'八八战略'就是经典的顶层设计，是谋浙江新发展大势的顶层筹划。"曾任省委政策研究室副主任的郭占恒说。"八八战略"刚刚提出来时，一些同志还不理解，认为战略一般只提一两个，最多三四个，如经济强省战略、开放带动战略、科教兴省战略等，习近平一下子提出"八八战略",是不是太多了?"实际上,这是习书记对推进浙江长远发展的系统谋划和战略布局。之后几年,随着一个个战略的落地和取得实效,大家才恍然大悟:原来习书记为浙江新世纪的发展下了一盘很大的棋,把浙江发展的过去、现在、未来,经济、政治、文化、社会、生态、党的建设等,有机地联系起来,防止工作单打一,防止顾此失彼,防止'单向度'的发展。"

"习近平同志曾多次说,我们做一切工作,都必须统筹兼顾,处理好当前与长远的关系。我们强调求实效、谋长远,求的不仅是一时之效,更有意义的是求得长远之效。他多次强调,省委提出的'八八战略'等决策部署,实践证明是切合实际、行之有效的,要坚定不移地坚持下去,千万不能浅尝辄止、朝三暮四。"郭占恒回忆道。

曾任省委副书记、省政协主席的李金明,对习近平善于观大势、谋大事的战略思维,感受颇深:"比如,'八八战略'提出要主动接轨上海、积极参与长江三角洲地区合作与交流,省里一些领导干部还是有顾虑的。有人说,我们浙江有民营经济优势,可以依托自己发展;还有人对'接轨'接什么、怎样去'接轨',感到很茫然……而习近平同志当年是站在全局的战略高度,去考量浙江的定位问题,去思考浙江如何更好地发展,充分体现了他深谋远虑的大格局。"

其实,关于如何推动长三角一体化发展,是习近平第一次赴浙江各市调研时就非常关注的主题——

在嘉兴,他提问,嘉兴处在上海和杭州之间,属长三角很中心的位置，怎么利用这种区位优势，做好自己的文章；

在绍兴，他要求当地将自身放在长三角的范围内审视发展地位，调整发展战略；

在杭州，他指示要放在全国、长三角、与上海有关联但又不同于上海的功能定位上来考虑杭州的发展；

在湖州，他强调区位优势得天独厚，应该主动接轨上海，积极参与长三角经济一体化进程；

在宁波，他指出当地作为长三角南翼的重要中心城市，完全可以大显身手，特别是很多上海人是宁波籍的，宁波联系上海有独特的优势；

……

十多年的发展，为习近平这一高瞻远瞩的擘画做出了最好的注脚。作为我国最具活力、开放度最高、创新能力最强的区域之一，今天的长三角，已成为推动中国经济的强大引擎。

"如今，长三角一体化发展已经上升为国家战略。我们可以清晰地看到，从浙江到中央，多年来习近平同志积极推进、部署谋划这一重大战略的思路和实践，是一以贯之的。"李金明说。

二

既要仰望星空，也要脚踏实地。狠抓落实是习近平一贯的工作作风。

习近平在"之江新语"专栏上，发表了多篇谈及"抓落实""实干"的文章，比如《落实才能出成绩》《弘扬求真务实的精神》《不兴伪事兴务实》……

首要的是身体力行抓落实。

2003 年 7 月 11 日，省委十一届四次全体（扩大）会议闭幕的当天下午，全省生态省建设动员大会紧接着召开，着手部署落实"八八战略"中的一项重要举措。习近平强调，切实把建设生态省、打造"绿色浙江"作为事关浙江现代化建设全局的一项战略任务，坚持不懈地加以推进。

7 月 15 日至 18 日，习近平冒着酷暑，实地考察在杭的部分文化单位和企业，召开影视产业化、剧团（院）改革两个专题座谈会和深化文化体制改革、推进文化大省建设座谈会。他强调，省委十一届四次全会提出"八个优势""八项举措"，其中之一就是要进一步发挥浙江的人文优势，积极推进科教兴省、人才强省，加快建设文化大省。

8 月上旬，习近平到丽水调研时，突出讲了"四个必须"，即对省委部署的"八八战略"，必须思想高度重视，必须摆上重要位置，必须结合实际贯彻，必须狠抓工作落实。

8 月 18 日，全省海洋经济工作会议召开，"八八战略"中关于"大力发展海洋经济"的部署得到了进一步推进。

……

"可见，习书记抓落实的思路是十分清晰的。'八八战略'已经得到全省各级领导高度认同，但决不能停留在文件上，必须抓住机遇，逐个抓好落实每一项目标任务。"时任省委常委、秘书长张曦说。

2003 年 12 月 22 日至 23 日举行的省委十一届五次全体（扩大）

会议上，习近平提出将2004年作为"狠抓落实年"。

一件小事，折射出习近平狠抓工作落实的作风。

有一次，习近平到某县调研，县委主要领导在汇报工作时，自顾自大谈特谈各种成绩。

习近平打断他："请你谈一谈县里落实省委'八八战略'的情况。"

这位县委领导支支吾吾答不上来。

习近平继续问道："那你讲讲'八八战略'是什么。"

这位领导还是答不上来。

习近平严肃地说：落实中央和省委的决策部署，既要有布置，又要有检查，形成真抓实干、令行禁止这样一个局面。决策只部署不检查、抓而不紧等于没抓，只吆喝、没督查就难以落实。

他还明确批示，下市县调研听汇报，都要有贯彻"八八战略"的工作汇报。

对此，习近平还在多个场合强调：抓落实如敲钉子。钉不到点上，钉子要打歪；钉到了点上，只钉一两下，钉子会掉下来；钉个三四下，过不久钉子仍然会松动；只有连钉七八下，这颗钉子才能牢固。

为了更好地营造"狠抓落实年"的氛围，2004年2月26日，习近平在"之江新语"专栏上发表短评《抓而不实，等于白抓》："实践表明，抓而不紧，等于不抓；抓而不实，等于白抓。抓好落实，我们的事业就能充满生机；不抓落实，再好的蓝图也是空中楼阁。"

他还明确指出："对'八八战略'作出的总体规划和提出的各项任务，要一步一步地展开，一项一项地分解，一件一件地落实，一年一年地见效。"

三

2003 年 11 月，习近平接受中央电视台访谈时，说了这么一段大白话：我们现任都是站在前任的肩膀上工作的。很多事业，它是一任接着一任干的，它是要锲而不舍、一以贯之才能实现的。你再好的主意也经不起折腾。我们在做前人没有完成的事情，希望后人也接着我们的事业干下去。

"一任接着一任干"，是习近平常常挂在嘴边的一句话。2009 年 3 月 11 日，他在看望出席十一届全国人大二次会议的浙江全体代表时说："八八战略"是浙江省委经过深入调查研究后作出的决策，对浙江今后发展具有重要意义。当前，各地都面临换届，希望新班子上任后，一届接着一届干，一张蓝图绘到底。不要城头变幻大王旗，也不要搞所谓的形象工程，要多做埋头苦干的实事，不求急功近利的"显绩"，要创造泽被后人的"潜绩"。

"接力赛"在继续，"接力棒"一直在传递。

十多年来，历届浙江省委把"八八战略"作为全面建成小康社会、推进社会主义现代化建设的根本遵循，一张蓝图绘到底，一任接着一任干。"八八战略"在浙江大地落地生根、开花结果，日益彰显出巨大的理论力量和实践力量。

2015 年 5 月，习近平总书记在浙江考察时指出，"八八战略"和"四个全面"在精神上是契合的。这是他第一次在公开场合阐述两者之间的内在联系。

"以总体战略布局驾驭复杂局势，引领改革发展各项事业，是习近平同志主政风范的一大特色。从'八八战略'到'四个全面'战略布局一脉相承的探索，清晰展现了习近平同志总揽全局的政治胸襟和高超的执政智慧。"浙江省社会科学院党委副书记、院长何显明说。

2018 年 7 月 8 日，习近平总书记在浙江省委关于"八八战略"实施 15 周年情况报告上作出重要指示："八八战略"来自大量的调查研究，体现出中央精神与浙江实际的结合，见效于浙江广大党员干部群众的共同奋斗。我欣慰地看到，在"八八战略"指引下，15 年来，浙江省委坚持一张蓝图绘到底、一任接着一任干，推动经济社会发展取得了历史性成就。

"15 年来，浙江经济社会发展取得的巨大成就，就是浙江历任领导班子带领干部群众咬定青山不放松，锲而不舍将'八八战略'付诸实施的结果。"在 2018 年 7 月 10 日浙江省委召开的"八八战略"与习近平新时代中国特色社会主义思想座谈会上，时任中央党史和文献研究院副院长孙业礼说。

春风又绿江南岸。2020 年 3 月 29 日至 4 月 1 日，习近平总书记再次来到浙江考察，赋予浙江"努力成为新时代全面展示中国特色社会主义制度优越性的重要窗口"的新目标新定位。

11 月 18 日至 19 日，省委十四届八次全体（扩大）会议在杭州召开，进一步动员全省上下忠实践行"八八战略"、奋力打造"重要窗口"，干在实处、走在前列、勇立潮头，争创社会主义现代化先行省。

今天的浙江，已经开启社会主义现代化先行省的新征程。前路漫漫，"八八战略"依然是前方闪亮的航标。

从体制机制创新到全面深化改革、从美丽乡村建设到乡村振兴战略、从创建生态省到建设美丽中国、从创新强省到创新强国、从海洋强省到海洋强国、从"平安浙江"到平安中国、从文化大省到文化强国、从健康浙江到健康中国、从"法治浙江"到法治中国、从"八八战略"到"四个全面"……

在这片土地上，跨越时空的战略思想，一脉相承，光芒万丈。

二、要有"敢为天下先"的精神

"给成长快的孩子换上一件大衣服"

一

义乌，一座建在市场上的城市，拥有"全世界最大的小商品市场"。

2001 年，有一道关于义乌市场的"计算题"非常流行："如果你在每个商位前逗留 3 分钟，按每天逛 8 小时计算，需要多久才能逛完义乌市场？"答案是"一年半"。义乌市场的繁荣程度，由此可见一斑。

繁华背后却是危机四伏。这一年，中国加入世界贸易组织。义乌小商品市场上，开始出现越来越多的外国面孔。但大多数商户不懂外贸，不会电脑，习惯于"现场、现金、现货"交易，市场成交额徘徊不前，以至于有人断言义乌市场活不过新世纪的第一个十年。

义乌市场到底还行不行？不少人心里犯起嘀咕。

时任浙江中国小商品城集团总裁吴易记得，国际商贸城还属于新生事物，奠基前后争议都很多，"不但政府内部对义乌国际商贸城要不要造、怎么造有不同看法，不少工商户也持观望态度。在大家看来，新市场到底行不行就看一件事——省委书记、省长会不会来"。

"这其实反映了义乌市场粗放贸易方式带来的危机。"时任义乌市委书记楼国华，一直在苦苦思索义乌市场的未来在哪里，"当时义乌的小商品市场面临严峻的形势，那就是全国与之相类似的市场非常多，同行竞争激烈。另外，国外的大型超市不断进入中国市场，我们面临的挑战不小。"

"省委书记来了！"

2002 年 12 月 27 日，刚从福建调任浙江两个多月的习近平，第一次来到义乌国际商贸城调研。

"这是我到浙江工作以后到的第一个县级市。"楼国华至今还清晰记得习近平见到他后说的第一句话。

一路走，一路看，一路温暖如春。与老市场相比，国际商贸城户户有宽带，集商品展示、外贸洽谈、购物旅游、电子商务、现代物流、订单交易等功能于一体。习近平参观了玩具、饰品、工艺品等三个楼层的交易区。在听取汇报后，他说，义乌国际商贸城建得有档次，令人振奋。

集体合影时，吴易本来站得远远的，没想到习近平主动招呼他过去。

习近平还考察了当时仍是一片黄土的义乌国际商贸城二期市场工地，并给陪同的当地工作人员留下一句承诺："我今后会经常来义乌看看。"此后，习近平又多次到访义乌小商品市场。

二

先成长，先烦恼。成长后的烦恼，一点不比成长前少。

2005 年，义乌市的国际贸易额首次超过国内贸易额，标志着义乌市场从以内贸为主转型为以外贸为主。义乌也获得公安部授权，成为第一个可直接办理外国人签证和居留许可的县级市。当时，到义乌做生意的外国客商已近 2000 人，但是货物进金华要签证，报税也很难，出口报关要到宁波。这些问题，都是习近平从商户们口中问出来的。

"他来调研时，都是问商户问得多，问我们问得少。"吴易回忆道。

调研中，习近平敏锐地察觉到，快速发展的义乌，正面临种种体制机制瓶颈。

比如融资，义乌 2005 年金融机构存款余额达到 586.2 亿元，但企业贷款非常困难。因为按规定，各大国有银行在义乌不能设分行，只能设县级支行，只有几百万元的授信权限。一些股份制商业银行有意进驻义乌，但受义乌行政级别的限制，不能设立分支机构。一些企业从正常渠道得不到贷款，只能转向民间高利贷。这不但增加了资金成本，也埋下了风险隐患。

再如进出口通关，那时义乌每天向世界各地发送 1500 余个货柜，尽管义乌已经有金华海关办事处，但仅有一般贸易和加工贸易进出口通关、监督和征税功能，企业备案登记、减免税业务都要到金华海关去办，很不方便……

凡此种种，光靠某方面的局部改革，已经很难从根本上解决问题了。

习近平一直在深入思考。对这些体制机制上的不适应，习近平生动形象地打了个比方：小孩子成长太快，而衣服太小，得"给成长快的孩子换上一件大衣服"。2005 年 11 月 22 日，对义乌超常规快速发展中出现的一些情况，习近平专门批示，要求省有关部门对此类问题进行专项调研，为发展破除体制机制障碍。

2020 年的义乌国际商贸城（一区）和金融商务区

在习近平的亲自推动下，2006 年 11 月 14 日，浙江省委办公厅、省政府办公厅下发《关于开展扩大义乌市经济社会管理权限改革试点工作的若干意见》，对义乌实行史无前例的扩权，总共下放 131 项经济社会管理权限。义乌市政府一时被外界称为"中国权力最大的县级政府"。

三

2006 年 6 月 8 日，习近平第 8 次来到义乌，此行的目的，是希望推动已在浙江掀起的学习义乌发展经验热潮向纵深发展。

此前，习近平指示省委办公厅会同省级有关部门，成立"义乌发展经验"调研组，到义乌专题调研，形成《全面建设小康社会的成功典范——关于义乌发展经验的调查报告》。习近平亲自审定这个调查报告。2006 年 4 月 30 日，浙江省委、省政府联合下发《关于学习推广义乌发展经验的通知》，决定在全省范围内学习推广义乌市推进全面建设小康社会、走科学发展之路的经验。通知批转了调查报告，要求各地"认真学习借鉴"。

一场关于义乌发展经验的座谈会，即将在义乌市城西街道横塘村召开。

"房东在吗？"

当时，喻美珍正在逗两岁的孙子，出来一看，居然是省委书记来了。

在各地调研时，习近平总喜欢到群众家里走一走、看一看，和群众拉拉家常。

"家里有几口人?"

"几个孩子都是做什么工作的?"

"孩子们每周都回家吃饭吗?"

习近平问得很细,喻美珍都一一作答,言谈中流露出作为一名义乌人的幸福和自豪。习近平还走进厨房,看到厨房里既修了灶台,又装了燃气灶,便问喻美珍:"灶台平时在用吗?"喻美珍如实回答:"平时都用煤气烧饭,过年要杀猪宰羊,还是要用一回灶台。"习近平听后笑着说:"祝你们家越来越好!"

离开喻美珍家后,在横塘村村委会会议室,习近平就学习义乌发展经验,与金华市、义乌市有关负责人和基层干部座谈,首次全面阐述他眼中的义乌发展经验,称赞义乌的发展是过硬的,要求在全省学习推广义乌发展经验。

正是在这次座谈会上,习近平将义乌的发展概括为"'莫名其妙'的发展、'无中生有'的发展、'点石成金'的发展"。而这 12 个字,也成为义乌发展经验最精辟和最生动的注解。

"腾笼换鸟""凤凰涅槃"

—

2004 年,浙江成为全国第四个 GDP 超万亿元的省份,同时,也成了全国最缺电的省份。据 2004 年上半年统计,超过一半的企业遭遇过非正常停电，平均每月停电 11.32 天，连西湖边晚上都经常漆黑一片。为应对频繁的停电，很多企业甚至寻常百姓家都自备了发电机。

后来，有记者就此提问："停电的时候，您在想什么？"习近平回答："痛定思痛吧，人总是要长一些教训，才能增加一分动力，我们的资源能源不是取之不竭的。"

能源紧张，土地供给也紧张。耕地面积锐减，一大批重点项目无法落地。"照目前的批地速度，浙江再过几年就无建设用地可批了！"彼时，经常听到地方干部发出这样的感叹。

摆在浙江面前的，只有"调整"一条路可走。

在 2004 年的全省经济工作会议上，习近平一针见血地指出浙江进一步发展面临的资源危机：正在生产的缺电，正在建设的缺钱，正在招商的缺地。他强调，要痛下决心，以"腾笼换鸟"的思路和"凤凰涅槃""浴火重生"的勇气，加快经济增长方式的转变，让"吃得少、产蛋多、飞得远"的"俊鸟"引领浙江经济。

然而一开始，许多人并没有领悟省委提出"腾笼换鸟""凤凰涅槃"的深意。"腾笼换鸟"，是不是原来的工业企业就不要了？"凤凰涅槃"，是怎么个"涅槃"法？

习近平利用各种机会，向大家说明转变经济增长方式的重要性、紧迫性，使大家深切认识到：所谓"腾笼换鸟"，并不是简单地腾小鸟换大鸟，也不是一味淘汰传统的工业企业，而是按照统筹区域发展的要求，积极参与全国的区域合作和交流，为浙江的产业结构高度化腾出发展空间；并把"走出去"与"引进来"结合起来，引进优质的外资和内资，促进产业结构的调整，弥补产业链的短

2006年6月14日，习近平在金华经济开发区深入企业车间调研"腾笼换鸟"

项，对接国际市场，培育新的经济增长点。

习近平曾讲过"三只猎犬"的故事。他说，非洲猎犬个头小，但是群体狩猎，面对比它大很多的斑马，三只猎犬精确分工，一只咬后腿，一只咬前腿，一只咬脖子，干掉一只斑马。猎犬式分工，使得浙江众多中小企业有效降低生产成本，制造出物美价廉的产品。但企业想要多赚钱，却做不到"物美而价高"，究其原因就是没有自己的品牌。差不多质量的皮鞋，没有品牌就只能卖二三十元，如果是国内驰名商标则可卖到几百、上千元，如果是国际名牌甚至可以卖到上万元。价格上升的空间是非常大的。这就要求我们必须拿出壮士断腕的勇气，摆脱对粗放型增长的依赖，大力提高自主创新能力，建设科技强省和品牌大省，以信息化带动工业化，打造先进制造业基地，发展现代服务业，变制造为创造，变贴牌为创牌，实现产业和企业的浴火重生、脱胎换骨。这就是"凤凰涅槃"。

全省经济工作会议召开前的 2004 年 6 月 2 日，习近平来到位于长兴经济开发区的浙江畅通科技有限公司，这是天能集团生产电动自行车的分公司。

事先已经接到县里通知的天能集团董事长张天任，只知道有一位领导要来看看自己的企业，但没想到是省委书记。那时候，天能一部分产能刚从山沟沟里搬出来，落户到长兴经济开发区，新厂房投产才半年多。不少人对蓄电池的污染问题很关注，张天任已下定决心，要做绿色环保电池。

"习书记，会客室已经准备好了。"张天任边说边想带习近平往会客室走。

"不坐了，我们直接去车间看看吧！"

于是，张天任陪着习近平，看完两个做产品的大车间。"习书记，我们是电池企业，去年响应政府号召转型，把传统电池做成绿色电池。我们还计划开展废旧电池回收，发展循环经济。"

"现在电池做得怎么样?""除了电池以外还做些什么?"习近平问。

张天任回答，天能是全产业链运作，除了电池以外还做充电器、电动车，电动车里的四大零部件都是自己做的，而且拥有自己的知识产权，车子卖3000元左右一辆，是进口电动车价格的一半。

"你的企业不错，我们要加快经济增长方式的转变，就是要让吃得少、产蛋多、飞得远的'俊鸟'引领浙江经济。"张天任并没有立即领悟到习近平的意思，但省委书记的打气，给正处于转型阵痛期的张天任很大的信心。

"有些省份对电动车尚未出台支持政策，而且企业很缺人才。"听了张天任的抱怨后，习近平鼓励他，困难是暂时的，转型升级这条路一定要坚定地走下去。

快离开天能时，习近平握着张天任的手，讲了很长时间的话。刚好旁边有一辆电动车，张天任试着邀请习近平上去坐坐:"习书记，这是我们自己的产品，舒适性不错，老百姓也很喜欢买。"

习近平听了很高兴，当即跨上去试了试。

2005年，整个长兴的蓄电池企业关停了三分之二，原有的175家电池企业骤减至数十家，但转型早的天能，发展势头越来越好。

二

2003年9月底，由时任中国工程院院长徐匡迪带队的11名院士飞抵浙江，马不停蹄地在浙江考察了一个星期。这是浙江省委、省政府第一次邀请中国工程院和中国科学院院士，为浙江建设先进制造业基地出谋划策。

此前的 8 月 27 日，浙江发布了先进制造业基地建设规划纲要，这也是国内最早发布的建设先进制造业基地的纲要。在徐匡迪等一行院士眼中，浙江提出这一战略目标，是产业发展到一定阶段后的必然要求。更为重要的是，浙江制造业正在或者已经与国际市场接轨。

七天下来，院士们心情激动，一致认为浙江可以走瑞士工业发展模式。浙江传统轻工产品虽然丰富，在国内外市场也占据着一定的份额，但主要是依靠低成本取胜，产品附加值低，从长远发展来看，缺乏持久的竞争力。浙江要想建设全国领先的先进制造业基地，融入全球现代制造业体系，可以参照瑞士模式，学会用"精"和"细"替代"大"和"全"。

在习近平的大力推动下，先进制造业基地建设在浙江紧锣密鼓地开展起来。2005 年的春节假期还没过完，"整个办公室都已经忙活起来，所有人员都忙着编制限制和淘汰制造业落后生产能力导向目录，只有把土地置换出来，才能放进去新东西，才能转变增长方式"，时任省经贸委先进制造业基地办公室主任凌云说。

为引进先进制造业项目，浙江可谓"绞尽脑汁"。

2005 年，浙江首次设立引进内资工作领导小组办公室。外界评价，历来资本外溢的浙江，也要大张旗鼓地招引内资了。办公室成立后的第一个大动作，就是在 2006 年 1 月携千亿元项目进京招商，在人民大会堂举办浙江省推进结构调整重大项目推介签约大会。

飘飘扬扬的瑞雪中，人民大会堂内热潮涌动。13家在京中央企业及国家大企业集团、27家著名科研院所和大专院校以及8家著名浙商回乡投资企业，就181个产业投资和技术合作项目，与浙江各地政府、企业隆重签约。

习近平亲自上阵"吆喝"。他说，浙江将建立健全引进内资的工作机制，方便各种资本到浙江投资发展。"今后浙江的一项重要工作任务，可以概括为'腾笼换鸟'，即借助外力，开放带动，通过'走出去、引进来'，不断提高浙江产业发展的层次和水平。"习近平的话既诚恳又充满激情。他说，通过利用国内优质资本、先进技术、优秀人才和现代管理等资源，汲取国内其他地区在技术创新、品牌创新、管理创新和发展模式创新等方面的先进经验，一定能够促进浙江的结构调整。而浙江的结构调整，也一定能够为全国的投资者搭建崭新的舞台。

浙江将进一步加强产学研结合，提高自主创新能力，是此次大会传递出的一个强烈信号。

2005年4月，浙江与中国科学院、中国工程院首度进行了先进制造技术的全面合作与交流，一举签下200个先进合作项目。专家将此举视为浙江别开生面的经济结构调整动员会。

时任副省长金德水分管工业。"有些干部对土地没概念，一方面，土地极其匮乏，另一方面，土地又是低效产出。"他说，"浙江七山一水二分田，土地上得种金子，还得加倍种金子。"

"习书记把脉把得很准。"金德水评价道，"'腾笼换鸟''凤凰涅槃'是服浙江水土的，同时又是非常接地气的话。"

重中之重是"三农"

一

2002 年，浙江人均 GDP 已近 3000 美元，但浙江人也更早感受到了"成长的烦恼"和"制约的疼痛"。仅占 GDP 比重不足 5% 的农业，还要不要？该何去何从？百姓钱袋子鼓了，可环境脏乱差。有人戏言，城市像欧洲，农村像非洲。日益扩大的城乡沟壑怎么填？农民进城后，乡村日渐空心化，又该如何重现活力？

在浙江这个 GDP 全国排名第四的工业强省，有人认为搞农业不如搞工业；有人甚至担心，以工促农会拖慢工业发展速度，拉低城镇居民生活水平，延缓工业化和城市化步伐。

习近平调任浙江后，日程排得满满当当，三个月时间里跑遍全省 11 个市。在所有议题中，他最关心的还是"三农"。后来，他在"之江新语"专栏中写道："目前，我国人均生产总值已超过一千美元，我省已接近三千美元，工业化、城市化呈进一步加速的趋势，这既是一个有利于'三农'问题根本解决的战略机遇期，也是一个容易忽视'三农'利益、导致各种矛盾凸显的社会敏感期。"

在浙江抓"三农"工作，习近平不仅有理论，更有实践；不仅跟中高级干部讲，还一竿子插到底，直接向基层干部宣讲。

2006年1月4日，习近平来到嘉兴市海盐县通元镇雪水港村。

那天下着小雨，雪水港村村民陈新祖站在村党员活动室门口，望见了手里撑着一把黑色雨伞走过来的省委书记，"我正好站在门边，习书记第一个就和我握手。"

在活动室里，习近平面对面听取大家对新农村建设的意见和建议。后面发生的事，让陈新祖更加没想到——习近平就"建设社会主义新农村"话题，向海盐160多位村支书和县、乡镇负责人作专题宣讲。

"他说，建设新农村是全党全社会的头等大事。"参加宣讲会的海盐三马发展有限公司董事长马雪明，在笔记本上密密麻麻记录了不少内容。

省委书记给村支书开会讲新农村建设，于城镇党委书记金爱明的第一反应是，"这可不得了了，新农村建设已经是重中之重"。

在推进新农村建设中，乡镇缺乏资金，农民认识一时还没到位，尤其是乡镇和村干部，工作考核压力大、思想包袱重、畏难情绪大。"推进这项工作确实需要魄力和定力。习书记的宣讲，相当于给我们乡镇、村干部吃了一颗定心丸。"金爱明说。

在海盐宣讲后不久，习近平当月主持召开全省农村工作会议，3月召开省委建设社会主义新农村专题学习会。在这次学习会上，习近平说："农村蕴藏着巨大的需求潜力，只要农村经济能够持续发展，农民收入能够持续增长，中国就不愁发展空间。所以，建设社会主义新农村，绝不仅仅是为了农业、农村发展和农民富裕，而是关系到国家长治久安和民族伟大复兴的重大战略部署，这是一招

'活棋',这步棋走好了,就能够带动内需和消费。"

二

民营经济发达的浙江,在"三农"上也大做改革文章。

在瑞安,改革开放之后,大批农民离土离乡,办厂经商。一些农民流转别人的承包地,农业适度规模经营由此萌发,新型农业经营主体开始形成,但这些主体面临缺信息、缺技术、缺销路等难题。2001年,瑞安有了农民专业合作社,但仍难满足新型农业经营主体对服务的需求。

怎么办?瑞安人想到在"专业合作"的基础上,再进行一次更高层次的"综合合作"——成立农村合作协会,将农民合作社和各类为农服务组织联合起来。2005年6月,瑞安开始筹划这一改革。

2006年1月8日,在全省农村工作会议上,习近平第一次提出"积极探索建立农民专业合作、供销合作、信用合作'三位一体'的农村新型合作体系,努力服务于社会主义新农村建设"的构想。

两个多月后,瑞安农村合作协会正式成立,组成单位包括:农村合作银行、供销联社等8家核心会员单位,农民专业合作社、农机合作社等100余家基本会员单位。这是全国首家集农村金融、农产品生产和流通于一体的综合性农村合作组织,新农村建设和"三位一体"农村新型合作体系的"瑞安试验"正式开始。

农村合作协会打破了发展局限,将农民合作经济组织置于新的合作框架内,形成更广范围内的区域共同体和更高层次上的产业共同体。在面对市场竞争时,农民合作经济组织联合会(前身为农村合作协会）代表农民群体，占据更高的谈判地位，促进农民增强竞争力、延伸产业链、拓展利益源，共建共享农业现代化成果。"由农村金融合作机构解决农业生产中的资金问题，由供销合作社解决农业生产中的市场问题，由农民专业合作社解决农业产业的发展问题，从而更好地实现农业增效、农民增收。"时任瑞安市委书记葛益平介绍道。

"对于这种新颖的合作制农业产业化经营组织形式，习书记给予了充分鼓励。"葛益平说。有一次在之江饭店，习近平已经走了两级台阶上楼了，隔老远又叫他过去："葛益平，你们瑞安'三位一体'做得不错，下次要专门开一个现场会！"

"您亲自来吗？"葛益平问。

"我肯定来。"

2006年底，全省发展农村新型合作经济工作现场会在瑞安召开，习近平如约到会，对瑞安的探索实践给予充分肯定。随即，"三位一体"改革在浙江18个县（市、区）展开试点。2015年，这项改革已推广到全省，还被写进2017年的中央一号文件。

让民营与国有比翼齐飞

一

"2000年初，整个国家对于市场主体的认识开始逐步统一，但是还没有完全统一，许多民营企业家仍然觉得自己理不直气不壮。"时任省工商局局长郑宇民说。

例如，多种所有制经济共同发展，会不会动摇公有制的主体地位？非公有经济的发展，会不会蚕食社会主义公平？效率与公平，孰轻孰重？怎样才能实现双赢？

这种质疑伴随着浙江民营经济的发展，一度咄咄逼人。浙江民营企业家承受着巨大的压力。

面对这种情况，习近平在好几个场合都高度肯定浙江民营企业对浙江经济和全国经济作出的巨大贡献。2002年底，习近平就曾表示："浙江最大的优势是民营经济先发优势，我一直在考虑，怎么把这个优势发挥好。"

2003年1月，浙江省政府出台一号文件——《关于促进和引导民间投资的意见》，提出进一步放宽投资领域，改善民间投资管理办法。7月10日，习近平在省委十一届四次全体（扩大）会议上明确指出："正因为多种所有制经济在市场竞争中相互促进，共同发展，才形成了我省的体制机制优势。"

12月13日，1000多位民营企业家走进浙江省人民大会堂，参加首届浙江民营企业峰会，浙江省民营经济研究院也在这次峰会上揭牌。习近平向大会发来《致全省民营企业家的一封信》。信中说："我省广大民营企业家是中国特色社会主义事业的建设者，是浙江精神的重要创造者，是我省全面建设小康社会、提前基本实现现代化的重要力量。全省人民感谢广大民营企业家的创造和奉献。"

曾任省委政策研究室副主任的郭占恒说，这是浙江首次召开民营企业峰会，也在全国开了先河。

2004年2月3日，习近平在全省民营经济工作会议上说，要着力推进民营经济从主要依靠先发性的机制优势，向主要依靠制度创新、科技创新和管理创新转变等"五个转变"，以及提高民营经济的综合实力和国际竞争力等"五个提高"，实现民营经济新飞跃。

"习书记提出民营经济要实现新飞跃，是对浙江民营企业发展方式转变的重要引领。"郑宇民说。

二

民营企业加速发展、国企改革深化推进，这两部大戏，在浙江几乎同步上演。

时任省政协副主席王玉娣回忆道，2004年1月14日，习近平在听取省政协党组工作汇报后说，他给省政协出的省属国有企业改革和城乡统筹发展两个调研题目，不是随便出的，而是经过认真思考的。前一个是难点，要重点推进，国有企业改革到了攻坚阶段。

于是，省政协成立"深化省属国有企业改革"重点课题调研组。调研组深入22家省属国企，并赴北京、上海、广东等地取经。2004年6月，调研报告正式出炉。

6月17日下午，习近平专门听取课题调研有关汇报。"当时省委办公厅有关同志还向我征求意见，汇报会是小范围还是大范围。"王玉娣回复，国企改革话题比较敏感，还是小范围比较好，讲得实，讲得深。会上，习近平边听汇报边谈自己的想法和意见，会议时间由原定的一小时延至半天。

6月18日至22日，习近平带队马不停蹄地调研了13家省属、市属国有企业，广泛听取各方意见建议。他在调研中说，加快推进新一轮国有企业改革，要明确目标，分类指导，分步实施。要完善政策，一企一策，不搞一刀切。

6月23日，习近平在省属国有企业改革座谈会上说："改革的目的是为了发展。加快省属国有企业改革，必须围绕发展这个主题，通过资产重组和结构调整，进一步优化国有资产的布局和结构，培育一批具有国际竞争力的大企业大集团，提高省属国有企业的整体素质，实现国有资产的保值增值，更好地体现和发挥国有经济的主导作用。这是省属国有企业改革的出发点和落脚点，也是衡量省属国有企业改革是否成功的重要标志。"

"2004年，正是浙江省属国企体制机制创新的关键时期，习书记从'进一步发挥浙江的体制机制优势'的高度来抓国企改革，谋篇布局，高瞻远瞩。今天的浙江能有国有经济和民营经济相互促进、相互融合、共同发展、相得益彰的大好局面，正是一以贯之落实习书记当年作出的一系列重大决策的结果。"王玉娣说。

2006年9月15日，习近平来到宁波钢铁有限公司。宁钢重组已经完成，杭钢是第一大股东，还有宁波建龙等两家民营股东。在临时腾出来的一个简易工棚内，习近平召集大家开了个会，肯定这次重组既让杭钢相对控股宁钢，为杭钢以后的发展打下基础，又让民营经济持有一定的股份，支持民营企业的发展，不使民营企业的积极性受到影响，做到了两全其美。

当时，那么大的钢厂用混改这种模式，全国都很少见。

习近平说："宁钢重组一波三折，一言难尽。"实际情况也是如此。在国家宏观调控下，如何把宁钢这个项目保下来？为了宁钢重组，习近平三次到北京协调，最后报上去的重组方案，也体现了"强强联合，多元化投资，混合所有制经济"的方向。"如果没有习书记的胆略和智慧，他不去向中央汇报，就得不到国家发展和改革委员会的批复。"时任杭钢集团董事长童云芳说。

"习书记看得很远。他非常清楚杭钢基地肯定是要搬迁的，所以鼓励我们到港口发展，去重组宁钢，等港口的企业发展起来以后，再来考虑老企业关停。所以他在讲话中提到'老杭钢暂时不动'。"童云芳深有感触，习近平对企业的实际状况非常了解，善于从战略高度来考虑问题。

通过引入股份制、公司制等现代企业制度，浙江"混合经济"蓬勃兴起。当年，民营企业升华集团收购浙江省轻纺供销有限公司51%的国有股权，开创了浙江省属大型国有企业股权转让的先例。现在，浙江物产集团以混合所有制和整体上市的方式，打响近年来浙江新一轮国企改革的"第一枪"；省海港集团重组，设立宁波舟山港集团；省能源集团重组长广集团；省农发集团重组黑龙江新良集团……

在浙江，民营经济的发展，不仅没有挤压国有经济的发展空间，反而为国有经济的改革与发展创造了良好的外部条件和竞争环境。

2006年初，习近平在接受记者采访时说："更难得的是，浙江形成了民营经济和国有经济比翼齐飞、相互融合、相得益彰、共同发展的局面。"

打造政府新形象

—

2002 年底，一份调研报告在温州引起震动。当地一些政府机关的"衙门痼疾"，已在一定程度上成为温州经济发展的严重阻碍。企业普遍反映：最艰难的是用地，最麻烦的是审批，最头痛的是检查，最反感的是"三乱"。

素有"中国第一农民城"之称的温州龙港，遇到的问题更严峻。在从"农民城"到"产业城"转变的过程中，一些公司甚至龙头企业外迁。"几十家企业都搬走了。"时任龙港镇党委副书记曹庆植回忆。

作为一个经济快速发展的省份，党政机关的工作作风、办事效率，一定要适应经济社会发展的客观需要。在习近平的推动下，浙江通过机关效能建设，打造"高效、廉洁、勤政、务实"的政府新形象，再创体制机制新优势，以此推动新一轮发展。

2002 年 12 月，省委十一届二次全体（扩大）会议刚结束，习近平就奔赴几个民营经济大市——宁波、台州、温州考察。在这次考察中，再创优势、深化改革、转变作风等成为他强调的关键词。

2003 年，一场起源于温州的"效能革命"，吸引了无数人的目光。

"就是从小事入手，并不是疾风骤雨般的改革。"时任温州市直机关工委书记王仁贤回忆。2003 年 8 月 15 日上午，温州召开了全市机关效能建设动员大会，近 6000 名干部参加。"效能革命"第一枪，即实施四条禁令：严禁有令不行、严禁办事拖拉、严禁吃拿卡要、严禁态度刁蛮。时任温州市委书记李强表示，推行"效能革命"不是要处理多少人，而是为了建立长效的管理机制。

在龙港，曹庆植称赞这场"效能革命"来得及时。"那时，龙港提出了'人人都是投资环境'的口号。"效果立竿见影。实行"效能革命"后，外地投资企业纷至沓来。2003 年下半年开始，五个超亿元高新技术项目落户龙港，十多家外迁企业相继回流。

1998 年从北京回到龙港创业的应仲树，是这场"效能革命"中"千名干部下基层"活动的受益者。他在龙港创建了中国礼品城，苍南县委和龙港镇党委专门派两位科级干部，担任"驻企指导员"，帮了企业很大的忙。应仲树说，以前自己就像是蒙着眼睛跑机关，有了指导员之后，在机关里办事就方便多了。

2003 年 12 月 12 日，习近平到龙港考察，去了中国礼品城。应仲树告诉习近平，自己的两个园区已经引进 500 多家企业，解决了上万人的就业问题。他陪同习近平来到一个礼品店。店里有泰国的锡器，有瑞士的军刀，还有来自我国台湾地区的琉璃。

习近平有点惊讶，笑着问："你们是怎么把全世界这么多礼品汇集到龙港的，又是怎样将它们销往世界各地的？"

应仲树回答："整个苍南，有十万农民供销大军，我自己也是一个供销员，原来一直走出去，现在我想引进来，就地留住这支大军。中国礼品城提供了一个平台，而且我想网上网下一起，打造永不落幕的礼品城。"

"很好，这个思路很好。"习近平听完连连夸赞。

中国礼品城和义乌小商品市场不一样的地方是，哪怕就卖一个，也以批发价售卖，因为就地销售降低了成本。

红火的中国礼品城，正是"效能革命"后，温州营商环境的一个缩影。

习近平充分肯定了温州的做法。没过多久，温州机关效能建设的经验被推广到全省各地。

2003年10月，浙江开始第三轮行政审批制度改革。2004年起，全省全面开展机关效能建设。仅2004年，浙江省本级取消95项行政许可项目，废止规范性文件218个，取消行政事业性收费项目75项，累计减少收费100亿元；行政审批改革进一步深化，全省各级清理部门文件3.5万余个，取消许可事项8000余件，下放审批事项2000余件。2004年7月，省政府审议通过《浙江省行政许可监督检查办法》，加强对行政许可审批事项的监督，严格规范相关行政程序。

习近平曾结合浙江案例说，要努力建设服务型政府、法治政府、有限政府。特别是推进行政审批制度改革，浙江从3000多项政府审批减少到800多项，成为全国审批项目比较少的一个省。浙江通过机关效能建设，大大提高了办事效率。审批项目减少了，政府可以腾出更多的精力来搞好服务；市场这只手壮大了，政府又可以进一步转变职能来把该管的事情管好，把不该管也管不好的事情交给市场。

据省社会科学界联合会统计，1999年浙江率先在全国开展行政审批制度改革，2002 年、2003 年分别进行第二、第三轮改革。到 2004 年，机关效能建设已经覆盖 6053 个省市县机关部门、1497 个乡镇和 2353 个具有行政管理职能的单位。

二

构建服务型政府，如果说"效能革命"是刀刃向内的体制机制再造，那么让行业协会协助进行行业管理、提供公共服务，则是向外借力，不仅能降低政府行政成本，也更有利于市场经济发展。

加入世界贸易组织，对浙江而言既是机遇，更是挑战。2002 年，中国"入世第一案"发生在温州。习近平冷静观察、洞幽烛微，他说，在改革发展到进一步向完善的市场经济体制迈进，与世贸规则和国际惯例接轨的新阶段，我们要继续发扬敢闯、敢冒、敢干的创新精神，坚决冲破一切妨碍发展的思想观念，坚决改变一切束缚发展的做法和规定，坚决革除一切影响发展的体制弊端。

以推进行政管理体制改革为着力点，习近平带领省委不断加大改革力度，让政府这只"看得见的手"从具体市场活动中脱离出来，腾出精力在公共产品供给和公共服务领域发挥更好作用。

在"入世第一案"中，温州烟具行业协会就发挥了不可替代的作用，最终官司取得全胜。

2002 年，欧盟提出对中国出口的打火机进行反倾销立案调查。调查起因是温州打火机过于便宜，一个温州产的金属外壳打火机在欧洲最低售价只要 3 欧元。

反倾销案立案后，虽然温州商人们在大小聚会中不断谈起此事，却没有人出面应诉。

最后，出面应诉的是温州烟具行业协会。2002 年 7 月 5 日，协会召集各个打火机厂商在温州开会，请对外经济贸易大学的相关专家现场开讲，通报相关情况和世界贸易组织规则。组织会议的同时，协会还组织应诉企业以温州东方打火机厂有限公司申请市场经济地位、以浙江大虎打火机有限公司等 15 家企业进行无损害抗辩。在温州企业完整地证明了它们的产品与欧洲厂商的产品之间有巨大差别之后，欧盟选择了撤诉。

浙江的发展活力在市场、在民间、在体制机制。在市场化取向的经济改革道路上，浙江一直领风气之先。深化改革，就是进一步给市场松绑，进一步激发微观活力；就是要管好政府的"有形之手"，让闲不住的手收起来，让伸得过长的手收回来。

在深入调研的基础上，习近平对浙江模式形成和发展的特点作出了生动概括，认为浙江模式走的首先是"体制创新之路"，即通过积极推动农村经济体制创新、产权制度创新、流通体制创新、投融资体制创新等，克服发展条件的局限，调动和释放老百姓的创业热情。

"那时候一系列的改革，体现问题导向，是加快转型升级的改革，是增强浙江经济后劲的改革。"时任省发展和改革研究所所长卓勇良评价，"浙江在习近平带领下，2003 年就已经开始考虑转变经济发展方式，并开始向集约式发展道路迈进。"事实也证明，这一选择是对的。

在"之江新语"专栏中，习近平生动而深刻地阐述了他的"改革观"："我们在各项改革中，经常通过试点的方法，取得若干经验后再推广。既然是做试点工作，前人没有做过，就要有'敢为天下先'的精神，解放思想，大胆地闯，大胆地试，怎么有利于发展就怎么改革；就是要超越原有的体制，从根本上冲破束缚发展的桎梏。"

习近平是这样说的，也是这样做的。在浙江工作期间，他重视、鼓励基层改革创新，探索形成了许多成熟的改革经验。从农村工作指导员、科技特派员制度到"山海协作工程"，从基层"民主恳谈"到村务监督，从"千村示范、万村整治"到建设美丽乡村，从领导干部下访到坚持和发展"枫桥经验"……不但为浙江开辟了全面深化改革的阳关大道，更赋予浙江人民不断改革的无尽动力。

一轮轮改革不断深化，一个更具发展活力的浙江，呈现在世人面前。

三、科技创新赢得未来

下好自主创新先手棋

一

2003 年 3 月 17 日，北京，乍暖还寒。在全国两会紧凑的日程安排中，习近平给自己加了一件事：重返母校清华大学。

水木清华，历经近一个世纪的风雨沧桑，走出无数学者、大师。进入熟悉的校园，习近平觉得分外亲切，带领浙江省党政代表团一行，加快了脚步。

回母校，是为了一件大事、要事、急事——为浙江转型发展引入"超级大脑"，希望得到清华大学在科技和人才等方面的支持。

浙江人杰地灵，大院名所却不多，这成为一块短板。2003 年的一份大学排名表，列出了 15 所中国一流大学和 100 所中国百强大学。一流大学名单中浙江仅有浙江大学；百强大学中，浙江只有 2 所，而江苏有 12 所，上海有 10 所，陕西、福建、湖南、辽宁、安徽、四川等省的数量都超过浙江。

一边是滋养青春时代的清华园，另一边是满载情怀理想的主政地，习近平真心诚意地希望促成浙江与清华大学的合作。

双方会谈中，习近平既展示"优势"，也坦陈"弱势"：浙江的市场经济体制较为完善，区域经济发展特色明显，人民群众勇于创业创新，全省上下充满生机和活力；同时，从整体上看，浙江的产业结构层次还比较低，经济的整体素质和竞争能力都有待提高，需要进一步优化升级科技创新能力。浙江不进则退，小进也是退。

提升科技创新能级，这是浙江的强烈渴望。这次洽谈，初步形成建立浙江清华长三角研究院的合作意向。2003 年 12 月 31 日，浙江省人民政府与清华大学签约共建浙江清华长三角研究院。在签约仪式上，时任清华大学理学院常务副院长周海梦被聘为研究院首任院长。

2004 年春节刚过，周海梦等七人来到嘉兴，搬进临时办公场所。离开北京来到浙江，而且是到一个暂时还没有实体的研究院，有的人心里有些不安定。对于研究院的发展和研究人员的工作、生活，习近平非常关心，经常主动询问。

2004 年 3 月 23 日，习近平来到嘉兴，特地去看研究院的选址。因上半年国家实施宏观调控，项目土地被冻结半年。

早春的风还略带寒意，站在一片空地上，习近平同科研人员聊了许久，畅谈浙江乃至全国的科技工作，畅想科技发展的未来。离别时，习近平恳请大家暂时克服一下眼前的困难。

研究院总部大楼创新大厦的建设规划工作有条不紊地进行着，土地"解冻"后，项目立即进入审批，很快就获得通过。2005 年 4 月 10 日，创新大厦举行奠基仪式，习近平亲自赶到嘉兴参加，并与时任清华大学校长顾秉林一起为大楼揭牌。

三年后，研究院总部大楼落成，科研管理团队建立起完整架构，规模也从七人扩大到近百人。2008 年 10 月，已到中央工作的习近平到嘉兴市嘉善县考察，专门去研究院设在嘉善的生物技术与医药研究所调研。他颇有感触地说："当年研究院创建时和总部大楼奠基时我都来过，这次看到研究院发展很快，成果已经显现，做出了很好的成绩，感到很高兴。现在看来，我们引进清华研究院是正确的，选择落户在嘉兴也是正确的。"

2014 年，研究院成立 10 周年。让大家惊喜的是，习近平总书记仍然惦记着研究院。他在浙江省委和清华大学联合报送的报告上作出重要批示："浙江清华长三角研究院 10 年来的探索实践说明，省校合作是优化科技资源配置、促进科技成果转化、实现科技与经济融合的有效模式。希望总结经验，再接再厉，不断巩固省校合作成果，全面深化科技体制改革，努力把长三角研究院建设成为具有先进水平的新型创新载体，为推动区域创新体系建设作出更大的贡献。"

当年引进的创新之火，已成燎原之势。截至 2021 年底，研究院已在重点创新领域组建 3 个国家级研发中心、8 个省级重点实验室和重点创新平台及多个专业化研究院。研究院科技服务网络覆盖长三角区域 50 多个县（市、区），年服务企业超万家。

在习近平的推动下，2004 年，中国科学院和浙江省正式签约共建中科院宁波材料技术与工程研究所，此后几年内，双方共建的院所遍布全省各地市；2005 年 6 月 6 日，省政府依托浙江大学，与美国加州纳米技术研究院联合共建浙江加州国际纳米技术研究院，该院后来成为全国纳米领域唯一一家国家级国际联合研究中心……

至 2007 年底，全省引进、参与共建科技创新载体 530 家，引进科技人员 13437 人、科技成果 1178 项，申请专利 1037 项，投入研发经费 18.98 亿元。

揽四方菁华，纳八面来风。"要在全国乃至全球范围配置创新资源，为我所用，以开放促创新。"正如习近平所言，一个个创新载体广纳丰富资源，推动浙江加快迈向自主创新大省。创新成为引领浙江发展的第一动力。

二

2006年1月9日，全国科学技术大会开幕，这是继1956年全国知识分子会议、1978年全国科学大会、1995年全国科学技术大会之后，我国科技发展史上的又一个里程碑。会后不久，中共中央、国务院发布了《关于实施科技规划纲要增强自主创新能力的决定》。

整个科技界，为"自主创新"四个字热血沸腾。带队参加大会的习近平，深深感受到会场内外那股时不我待、奋起直追的激情。

他不止一次和浙江参会代表们说：我们一定要走出有浙江特色的自主创新路子。

参会的宁波海天集团股份有限公司总裁张剑鸣心潮起伏。正是由于尝过核心技术受制于人的苦头，海天集团坚持每年投入销售额的5%作为科技创新研发经费，从而成长为年产注塑机1.5万台、年销售额30亿元的国家级重点高新技术企业。

会议间隙，张剑鸣赶忙找到习近平，报告了海天集团多年来在提升自主创新能力上取得的进展。"自主创新就是我们企业家的心声。请习书记来海天调研指导！"

企业直接面向市场，创新需求旺盛，创新冲动强烈。听完张剑鸣的介绍，习近平欣然答应：我一定去看看。

一个多月后，2月23日，习近平如约来到海天集团考察。

"先看看我们的工程技术开发和产品展示中心吧。"张剑鸣兴冲冲地领着习近平走进一个大型展厅。

眼前是一台台各种型号的注塑机,一些工人和技术员正在现场操作。高速、精密、节能、环保……这些设备在各个方面都瞄准了注塑机的世界制高点。

习近平沿着一长列机器边走边看,走了整整一圈后,问张剑鸣:"你们注塑机的自主知识产权怎么样?"

张剑鸣回答:"机器都是我们自主研发的,知识产权全都是自己的。"

习近平点点头说:"这不简单。你们有什么好办法?"

张剑鸣马上介绍,海天集团原是一家社办小农机厂,为了提升科技创新能力,集团在自主研发上不惜投入,不断深化与北京化工大学、浙江大学等高校及科研院所的合作。目前正在参与国家高技术研究发展计划——"863"计划项目,合作方就是浙江大学,而且北京化工大学的一位老专家长年驻扎在这里。

"积极参与'863'就是企业的科技创新,借'梯'登高是妙招!"习近平称赞。

考察结束,张剑鸣的父亲、海天集团创始人张静章送习近平下楼离开。见张静章年事已高,下楼梯时,习近平一直搀着他。

"辛苦了书记,辛苦您扶我啊。"张静章说。

"您是企业的第一代,您才辛苦。"习近平紧紧握住张静章的手。

在宁波,习近平整整调研了三天,深入北仑区、江东区、海曙区和大榭开发区,考察了八家在科技进步与自主创新方面做得较好的企业,对科技新产品看了又看,与企业家和技术人员聊了又聊。

自主创新能力的提升，产业结构的转型升级，离不开企业这个创新主体，也需要高校和科研院所提供创新供给。

早在2002年12月17日，习近平就到浙江大学调研，他说："我到浙江两个月零六天了，一直想着要尽早来一趟浙大。"他把浙江大学定为联系点，先后18次到浙江大学调研。

"大学必须面向主战场，服务于国家科技战略，服务于区域创新体系建设，服务于经济社会各个领域的发展。"一席话，寄托了习近平对高校这个创新引擎牵引浙江自主创新发展的厚望。

三

从省委办公厅拿回关于召开全省科学技术大会的报告后，上面一处醒目的批注，让省科技厅厅长蒋泰维印象深刻。

批注来自习近平。在报告文稿上，他在会议名称上画了圈，旁边空白处写着"全省自主创新大会"。

"全省科学技术大会"这个会议名称，原本是参照此前召开的全国科学技术大会拟定的。习近平作出修改，意图十分清晰：会议的导向性要更加明确，把"自主创新"像一面旗帜一样高高举起来。

2006年3月20日，全省自主创新大会召开。在这次会议上，浙江提出：用15年时间，到2020年进入创新型省份行列，基本建成科技强省。

这个目标在浙江"一石激起千层浪"，在全国也引起不小的轰动。科技创新一时成为热门话题。

早些年，浙江的科技投入在全国只处于中游水平，在讨论修订

《浙江省科学技术进步条例》等规范性文件时，关于是否明确规定财政用于科学技术的投入指标，存在大量的争论。不少人认为高新技术是锦上添花，经济发展主要还是靠传统产业拉动。

在习近平看来，建设创新型省份，建成科技强省，这是时代赋予浙江的历史使命。他明确指示，财政科技投入的增长幅度，要明显高于全省整个财政支出的增长幅度。

一项项强有力的举措，如同擂响的战鼓，浙江以背水一战的勇气、过华山天险的气魄、攀科学高峰的智慧，走上科技进步和自主创新之路。2002 年至 2007 年，全省研究与试验发展经费内部支出由 54.29 亿元增至 281.6 亿元，五年翻了两番多，从全国第 9 位上升到第 6 位。研究与试验发展经费占 GDP 比重由 2002 年的 0.68%增至 2007 年的 1.5%，从全国第 15 位升至第 6 位。截至 2007 年上半年，全省共有 25 家国家认定的企业技术中心、362 家省认定的企业技术中心和一大批市认定的企业技术中心。

一幅壮丽多姿的创新发展画卷，在浙江大地徐徐展开。

鸣响"数字浙江"发令枪

一

2003 年 1 月 16 日，新落成的浙江省人民大会堂内，省十届人大一次会议开幕。

代表们凝神静气注视着台上，等待既是省委书记又是代省长的习近平作政府工作报告。

"数字浙江是全面推进我省国民经济和社会信息化、以信息化带动工业化的基础性工程……"政府工作报告中，全面阐述了"数字浙江"的构想，浙江由此进入数字化建设的"新赛道"。

"数字城市""电子商务""加快建成全省信息应用体系主体框架"……一个个新颖的词语和说法，串联出一个清晰的信号：未来，"数字浙江"将会作为浙江的一项战略性任务、基础性工作和主导性政策来布局实施。

什么是"数字浙江"？

台下的人大代表，无论来自城市还是乡村，无论是企业家还是员工，大部分都觉得，这个概念太新奇了。

要说电脑，大家已经不陌生。但要论互联网，可还远远没有普及。1994年，中国首次接入国际互联网。2003年，杭州每百户居民家用电脑拥有量是45.37台，联入互联网的只有不到2户，更别说网购了。

此时的世界，互联网泡沫危机从美国席卷全球，整个互联网产业跌入历史最低谷。

眼前的"危"，蕴含着未来的"机"。时代转折点上的决策，往往是最关键的，也最具考验。

21世纪，数字化浪潮不可阻挡，习近平作出一系列部署，鸣响了"数字浙江"的发令枪。

2003年4月15日，"国家信息化专家论坛·中国经济50人论坛"在杭州举行。习近平向数百位国内学术界、企业界知名人士和政府部门负责人介绍，浙江正围绕建设"数字浙江"，大力推进以政府、企业、城市为重点的各领域的信息化进程。习近平判断，信息化给社会经济结构、组织形式、行为方式带来的强烈震荡和重大影响，将绝不亚于工业革命；信息化也是加快实现工业化和现代化的必然选择。

9月，在省信息化工作领导小组的统筹下，《数字浙江建设规划纲要（2003—2007年）》面世，内容涵盖经济、政治、社会、文化等方方面面。

至2007年，《数字浙江建设规划纲要（2003—2007年）》确定的各项工作任务全面完成。据国家统计局发布的《中国信息化水平评价研究报告》，2006年浙江省信息化水平评价指数为60.44，位居全国第四，省区第一。

发展路径的选择从来不是偶然的。2021年2月18日，省委召开全省数字化改革大会，提出打造全球数字变革高地，数字化改革成为浙江自主创新鲜明的底色、闪亮的名片。

二

进入21世纪，在很长一段时间内，中国互联网络信息中心（CNNIC）调查互联网最令人不满意的地方，"网速太慢"总是高居榜首。

互联网、光纤网络、数据中心……如果缺少这些关键的数字化基础设施，"数字浙江"建设只能是空中楼阁。

2005年3月30日和4月4日，习近平专门抽出整整两天时间，在杭州对通信运营产业、高新技术产业、IT产业和软件产业进行专题调研，其中一站是中国电信浙江公司。

习近平首先参观了中国电信的信息化建设成果展览。手摇式电话、BP机、小灵通、卫星电话、宽带互联网……听着工作人员讲解中国电信发展史，看着眼前不断迭代的信息产品，习近平认真思考着。

在全省互联网和光纤网拓扑模型前，习近平停下脚步，特意询问了解浙江和杭州的互联网发展状况以及在全国所处的位置，鼓励中国电信浙江公司要进一步加大力度推进互联网、光纤网等新型信息化基础设施的部署和升级。

参观"农村党员电教"板块时，习近平拿起中国电信"新视通"设备，与正在党员电教室开展党建工作的玉环县清港镇扫帚山村党支部、村委会新班子成员视频连线。习近平勉励他们要多运用先进的手段进行学习和交流，切实发挥基层党组织的作用，为群众多办实事。

得知中国电信浙江公司当年要完成全省村村通电话、通宽带和300个农村信息化示范村建设任务，习近平说，这是极有意义的，要好好抓，往实处抓。

这一年，也是"中国电子商务年"。5月，在上海举行的2005中国国际电子商务博览会传出消息：2005年，中国电子商务交易总额有望突破6000亿元人民币，电子商务市场前景诱人。

浙江能否把握机会？业内人士说，得看硬件设施跟不跟得上。

当年，全国共有北京、上海、广州、南京、武汉、成都、天津、西安八个中国公用计算机互联网核心节点，杭州不在其中。这意味着，全国网民访问杭州的网站服务器层级和节点较多，对浙江互联网公司的运营发展极为不利。

习近平认真听取时任中国电信浙江公司党组书记、总经理张新建关于这些问题的汇报，遇到专业知识时，还请他画图辅助介绍。

在习近平的推动下，中国电信浙江公司及时向总部汇报"数字浙江"建设的战略部署与举措，建议将杭州升级为全国互联网第九大节点，进一步提升浙江互联网层级与品质。建议得到总部的充分认同和支持。

杭州的中国公用计算机互联网核心节点建成后，与其他八个核心节点全互联，转发流量一度达到全国第二。这在很大程度上改变了中国互联网的发展格局，为浙江网络强省建设打下了坚实的基础。

三

杭州是"数字浙江"建设绕不开的城市。

2003 年 4 月 28 日在杭州调研时，习近平明确指出，杭州作为区域中心城市，不能简单地搞重工业。他为"天堂"杭州调整内涵：过去是"风景天堂""西湖天堂"，下一步是"硅谷天堂""高科技天堂"。

"硅谷天堂"，是一种全新的城市气质，重在创新氛围。习近平常常悉心听取创业者的意见，并换位思考，把自己当作创业者，去体会他们的需要。

在"数字浙江"起跑时刻，华为第一次与浙江牵手，就相中了杭州。

2003 年 3 月，华为技术有限公司与美国 3Com 公司达成合作意向，合资成立"华为3Com"，并把主要运营机构设在杭州。

但是，对于在杭州落地项目，华为公司有顾虑：

"'铁打的营盘流水的兵'，外来企业真能在本地政府搭的台上唱好戏？"

"如果和政府发生分歧，听谁的，怎么听？"

"异地新办公司投入大，风险高，产出也需要时间，双赢自然最好，万一失败谁负责？"

"高科技公司需要创新的文化氛围和高素质人才作支撑，土地、资金、服务等配套保障也不能缺，浙江能不能提供？"

……

一次又一次的磋商，一次又一次的沟通，一次又一次的将心比心，以诚相待的浙江打动了华为公司。

2005年12月28日，在习近平见证下，华为第二次与杭州市"握手"——华为杭州研发中心项目正式签约。华为公司有关负责人说，杭州具有较好的产业基础、研发条件和技术人才，研发中心建成后，可以使研发生产基地与充满活力的浙江市场贴得更近。

之后，双方合作之路越走越宽。2007年4月17日，华为杭州全球研发中心项目正式启动。2017年，浙江省人民政府与华为公司签署战略合作协议，携手进军云市场，浙江发展迅猛的信息经济如虎添翼。不仅仅在杭州，华为与全省各市、各行各业的合作，也纷纷敲定。

"数字浙江"蓬勃发展，牵动IT界浙籍企业家的心。习近平大力支持中国电信浙江公司和浙江大学共同举办"春回燕归·浙籍IT精英峰会"，让这些企业家共聚一堂，为"数字浙江"建设添砖加瓦。

2006 年 3 月 28 日，西子湖畔，春燕衔泥。中国 IT 界的浙江籍精英，整装登场。

会上，习近平亲切而深入地与他们交流、对话。习近平说，浙江人才济济，浙江籍企业家在国内 IT 产业界享有盛名，此次回乡共谋反哺家乡经济发展，倾注着对家乡的热爱；希望浙江籍 IT 企业家常回乡看看，发展 IT 等高新产业，推动浙江经济社会更快更好发展。

2006 年至 2012 年，"春回燕归·浙籍 IT 精英峰会"连续七年在杭州举办，就像一块磁石，吸引了网易、中兴等多家知名通信企业入驻浙江。

历史地看，任何一项重大改革的确立，都有一个长期的过程。当年的"数字浙江"建设，为今天数字经济成为浙江经济增长的主引擎、转型升级的主动能、创业创新的主阵地奠定了基础。

从浙江制造到浙江智造

一

耿卫东，浙江大学计算机科学与技术学院教授。多年来，他依托浙江大学计算机辅助设计与图形学国家重点实验室，与制鞋厂开展产学研合作，没有想到的是，省委书记成了他们的"用户"。

2007 年 1 月 5 日，新年伊始，习近平把第一个调研活动安排在浙江大学。一到浙江大学玉泉校区，习近平就来到"曹光彪高科技大楼"东楼 103 室，听取教育部计算机辅助产品创新设计工程中心的汇报。

这个中心依托浙江大学计算机科学与技术学院，聚焦浙江区域经济发展，整合设计、技术、商业、用户及文化等元素进行创新，推动传统产业转型升级，助力浙江制造业迈上新台阶。

在这间不到 40 平方米的会议室里，习近平待了将近一个小时，对耿卫东主持的数字化制鞋项目兴趣浓厚。

当时，浙江制鞋业约占全国市场份额的 40%、全球的 20%。但产业整体发展水平粗放，加上劳动力成本上升、原料价格上涨，导致利润很低。

耿卫东带领的团队，与制鞋重镇温州的一些制鞋企业开展合作，开发出了基于立体视觉的三维脚形测量技术，并整合集成自主研制的制鞋 CAD 工业软件，构建了数字化制鞋流程，可以根据脚的图像生成精准的三维模型。按照这个模型制作出的鞋楦，能与用户脚形精准契合。用数字信息技术实现鞋子的个性化定制，能够极大地减少浪费，并提升产业附加值。

习近平一直关注浙江如何用信息技术赋能，助力传统制造业转型升级。耿卫东的汇报让习近平眼前一亮，他问了一系列问题。

"你看我手工也可以量脚，为什么需要你的科技来做这件事情？"

"为什么你觉得这个技术有潜在的应用前景？"

……

汇报结束，习近平意犹未尽。看到会议室里放着一台采集脚形图像的设备，听说只用一分钟就能得到脚的三维模型，习近平提议要体验一下。

"同学，我需要做些什么？"习近平亲切地问一旁帮助测量的学生。

"请习书记脱鞋、脱袜。裸脚测的数据最精准。"

冬天，室外温度只有个位数，室内就算开着空调，温度也不高。机器摸上去也是硬邦邦、冷冰冰的。

身边的工作人员想拦住他脱袜。习近平挥了挥手，按照采集要求，干脆利落地照做了。

他光着一只脚，直接就踩在玻璃平台上。上下左右 10 台数码相机的快门"咔嚓"响动，拍下了习近平的脚形。

待习近平坐下来穿好鞋袜，计算机屏幕上已经出现了脚部三维模型，用时不过 30 秒。习近平走过去仔细观看三维模型，又察看房间里一些已成型的鞋楦，拿起一只端详着，继续追问：

"虚拟三维模型怎么样才会变成实体的鞋子？"

"和传统方法做的鞋子比，新技术做的鞋子有什么不一样？"

"成本到底能节约多少？"

"现在应用得怎么样？难不难？"

……

一连串问题，耿卫东一一解答。

此时，已经大大超过原定的考察时间。省委办公厅的同志不得不打断两人热烈的交流，提醒该去下一个考察点了。习近平拉着耿卫东，边走边继续交谈，一直交流到上车为止。

二

2003 年 2 月 15 日晚 7 点，噼噼啪啪的鞭炮声不时响起。习近平在车上，度过了又一个没有和家人团聚的元宵佳节。

连续三天，调研的主题都是浙江企业的装备制造水平。在几天前定下的事关全省经济社会发展的 21 个调研题目中，"加快建设先进制造业基地"是习近平领头承担的三个课题之一。

"先进"两个字，成为解锁浙江发展困境的密码。尤其是中国加入世界贸易组织后，改革开放先行地浙江，先一步面临争夺国际市场的挑战。

浙江曾经凭着市场先发优势，形成一批在全国具有较强竞争力的优势产业，而且块状经济蓬勃发展。可一放到国际市场，优势就没有了：产业层次低，技术创新能力弱，可持续发展能力不强……

习近平认为，对浙江来说，走新型工业化道路，重点就是要抓制造业，根据国际产业的转移与发展趋势，打造先进制造业基地。"先进制造业基地绝不是低附加值产业的集聚地，更不是中低档次产品的加工基地。"他多次强调，先进制造业的主体，必须是高附加值的产业。

2004 年的全省经济工作会议上，习近平进一步提出"腾笼换鸟"思路，让"俊鸟"引领浙江经济。

随后，《浙江省先进制造业基地建设重点领域、关键技术及产品导向目录（2005—2007 年）》《浙江省欠发达地区制造业发展导向目录（2005—2007 年）》《浙江省限制和淘汰制造业落后生产能力目录》《浙江省建设先进制造业基地财政专项资金管理暂行办法》……一项项政策紧锣密鼓地出台，引导、服务、助推着全省加快产业结构优化升级。

几年里，台州装备制造产业相关基地、温州鹿城轻工产业园、宁波临港重化工基地纷纷落成。一个个优势特色产业，既各有侧重，又相互"抱团"，"点""块""面"铺成一张先进制造基地建设的版图。

给农业插上科技翅膀

———

从上山遗址那一粒有万年历史的稻米，到7000年前河姆渡的稻作文化，稻米对于浙江有着非同一般的意义。

稻米，看似代表传统农业，但在当代，浓缩着农业科技的精华。

2004年1月6日，浙江省人民大会堂，习近平等省领导和院士专家共话加强科技创新大计。中国水稻研究所的一位专家亮出一束所里新选育的脆茎水稻品种，吸引了全场人的目光。相比韧劲十足、难以处理的传统水稻茎秆，这种脆生生的稻秆蛋白含量高，一折就断，更便于加工成饲料。

这给习近平留下了深刻印象。三个月后，在富阳调研粮食问题和检查春耕工作时，习近平特意来到中国水稻研究所。

中国水稻研究所是国家级水稻研究单位。第一实验大楼一楼，简直是大米的世界。有的稻米营养价值比普通的高，有的味道特别好，还有的不仅易种植，而且产量高……这些销售到全国各地的大米产品，是那些年中国水稻研究所产研结合的成果。

习近平观摩了许多高新科技项目，夸赞现场展示的大米质量好，并兴致勃勃地走进温室，折了一根水稻，感受稻梗的韧度。他提醒大家，虽然当下已经能够吃饱饭、吃好饭，仍要时刻绷紧粮食生产的弦，高度重视粮食生产，落实水稻生产科技措施。

中国水稻研究所拥有一批拔尖人才，曾荣获国家自然科学奖、国家技术发明奖、国家科技进步奖等重量级奖项，习近平对此表达了敬意。有人反映说，中国水稻研究所是中央单位，为什么浙江要大力支持？习近平明确表示，要高度重视中国水稻研究所，关心它的事业，把它视如己出，一视同仁，在科研经费、科研项目上优先安排。他还要求富阳对中国水稻研究所给予重视、倾斜支持，并引以为荣。

2005 年，中国水稻研究所荣获国家科技进步奖一等奖。时任所长程式华说，取得丰硕成果，离不开习书记的关心和支持。

习近平离开浙江后，依旧记挂着中国水稻研究所。2007 年 9 月，农业部公布"十五"全国农业科研机构综合科研能力评估结果，中国水稻研究所在 1077 个农业科研机构中脱颖而出，以 107.74 的总分名列第一。为此，习近平专门发来贺信。

二

在如诗如画的西子湖畔，冲上一杯西湖龙井茶，匀齐成朵，喝一口齿颊生香。

位于西湖景区梅家坞的中国农业科学院茶叶研究所，是我国唯一的国家级综合性茶叶科研机构。

2004 年 4 月 12 日，早晨八九点钟的阳光，化开缭绕的云雾。在"龙井 43"优质无公害茶园里，手脚麻利的采茶女们正忙着采摘鲜叶。

习近平穿过茶树垄，走到她们中间，边聊家常，边看茶树品种。

走出茶园，习近平来到农业部茶叶化学工程重点开放实验室，与科技人员深入交流。从"龙井 43"聊开去，科技人员们介绍得很仔细：新品种选育和繁育技术研究、良种示范基地筹建、茶树良种更新换代进度、茶园良种化程度……

茶树品种的选育和繁育技术的应用，直接关系着茶好不好喝、好不好卖，也关系到茶农的收入。"龙井 43"在中国现代茶树育种工作中具有里程碑意义，在 1978 年召开的全国科学大会上，获得了全国科学大会成果奖。

在茶研所龙冠公司的制茶车间，工人们正在加工制作龙井茶。

"茶叶为什么要摊放？"

"炒茶时锅温是多少度？"

"制茶专用油是什么成分？"

2004 年 4 月 12 日，习近平到中国农业科学院茶叶研究所调研

"摊青作业有什么标准?"

……

习近平详细询问每个步骤,还半蹲下拿起炒制中的茶叶,感受叶片的大小、湿度、香气。他说,茶叶生产和加工技术非常重要,这里面学问很多。好茶来之不易。

习近平花了近两个小时,仔仔细细地了解茶叶从鲜叶到茶产品的全过程。他嘱咐茶研所和龙冠公司,要进一步加强无公害茶、有机茶生产技术的研究与推广,积极改进传统茶叶加工技术,完善加工工艺,推进茶叶深加工技术研究,不断提高茶叶加工水平和茶叶附加值,提升浙江茶叶质量安全和市场竞争力。

"科技要不断加强,在文化上也可以多下功夫。比如有名人来,就让他们亲自种一棵茶树,来年从树上采点茶给他,有种互动,不是很好吗?"中午12点多了,习近平还在给茶研所出点子,建议他们打造"体验经济"。

以科技为先导,茶研所的茶产业科研一直在进步:选育的"中茶108",抗病基因更优,产量更高,口感更澄香;利用神舟十一号搭载的种子,回收后成苗一棵;建立了有害生物绿色防控技术体系;在茶叶精深加工和茶树营养调控等方面均取得新的进展……

优质的茶种,让农户的收益成倍增加;茶中贵族西湖龙井,越来越亲民。

科技人才的娘家人

—

2005 年 11 月 17 日，在杭州研发新药已近三年的海归博士丁列明，在焦虑纠结多个夜晚后，决定给习近平写一封信。

归国以来，丁列明和团队克服重重困难，创办贝达药业，并完成了一种极具前景的新型肺癌靶向药的临床前研究。

写信前一个月，丁列明向国家食品药品监督管理部门提交了临床试验申请，并打听审批所需的时间。答复让他头皮发麻：因申请项目非常多，仅排队等候审批，就需要 10 到 14 个月。

没有批文，临床试验就无法推进。丁列明心急如焚。他和团队的其他成员都是海归科学家，对国内政策环境非常陌生，一时不知该如何是好。

"贝达药业正在研发的盐酸埃克替尼，是我国自主创新的新一代抗癌分子靶向药，具有自主知识产权，也是肿瘤病人梦寐以求的理想药物。同时，国外同类产品已经悄然登陆中国市场，售价之高，让大部分病人只能望'价'兴叹……"

这封给习近平的信，几乎承载了丁列明和他的团队最后的希望。当然，自己的请求能否得到省委书记回应，丁列明心中完全没底。

出乎丁列明意料，仅仅过了五天，11 月 22 日，习近平就在这封信上作出批示。信中不少关键内容，习近平还仔细画了下划线。根据习近平的要求，省经济贸易委员会、省食品药品监督管理局等部门有关领导迅速来到贝达，了解新药研发进展和企业需求；同时立即与国家有关部门协调，推动审批加速。

科研之路道阻且长，这封回信，照亮了丁列明的追梦之路。

七个月后，2006 年 6 月，国家食品药品监督管理局批准盐酸埃克替尼进入临床试验。这就是中国第一个进入临床的化学类靶向抗癌药——凯美纳。

临床试验进展顺利。2010 年，凯美纳和进口药正面较量进行双盲试验。凯美纳表现好过进口药。

2011 年 8 月 12 日，贝达药业在北京举行发布会，凯美纳正式上市，价格只有进口药的六成。

2015 年，丁列明凭借该项目，获得国家科技进步奖一等奖。

在人民大会堂，习近平总书记接见国家科技进步奖获奖代表时，丁列明抓住机会，说了一番肺腑之言："我们从内心感恩祖国，是祖国给了我们更好地实现自己价值的平台和机会，让我们能为人民的健康作贡献……"

这是丁列明第一次有机会和习近平当面交流。习近平鼓励的目光，让丁列明久久难忘。

二

2007 年 1 月 5 日，对于刚刚硕转博的 22 岁浙江大学学生郑晓静来说，是紧张又期待的一天——省委书记要来求是高等研究院观看"大鼠机器人"演示，她是主要操作人之一。

"大鼠机器人"是一个基于生物医学和工程技术交叉融合的"脑机接口"研究项目，通过电极刺激大鼠特定的脑区，来指挥大鼠行动。

项目很"新"。一方面，它在2006年5月才启动，是求是高等研究院的第一个交叉学科项目，涉及生物医学工程、计算机、医学和高分子等多个专业；另一方面，它主要由青年教师和学生共同完成，参与项目的学生年纪都不过二十来岁。

那天，郑晓静早早来到浙江大学生物医学工程与仪器科学学院，进入六楼实验室做准备。她一边与同学反复练习操控大鼠走迷宫，一边竖耳留意楼道里的动静。

9点左右，习近平到了。

新建的求是高等研究院还没有专门的实验室，由管道房改建的临时场地非常狭小。习近平和一众人挤在一起，认真听浙江大学生物医学工程与仪器科学学院教授、时任求是高等研究院常务副院长郑筱祥介绍实验的大致情况和主要机理，不时点头。

演示开始了，郑晓静负责操作鼠标，习近平就站在她身后。大家隔着玻璃，静静观看演示房里大鼠的运动。

实验前面进行得非常顺利，但进行到一半时，突然出现了问题，大鼠并没有像往常一样根据指令右转。尝试几次后，大鼠还是没有作出任何反应，演示实验只好中断。

习近平担心同学们尴尬，在实验中断后就轻轻走开了。走出实验室，他对郑筱祥说："做得很好，年轻人应该多尝试学科交叉研究，努力将实验成果与临床等应用方面结合起来。"

不过，郑晓静没有听到这句评语。在习近平离开后，她一直待在实验室里和其他同学讨论大鼠在实验中失控的原因，直到被老师喊下楼去合影。

郑晓静借机为实验不顺利表达愧疚和歉意："习书记，非常不好意思，不知道是什么原因，这次实验出现失误，大鼠之前的表现一直都非常好……"

习近平面带微笑宽慰她说："没有什么，实验中出现失误是很正常的。你做的事情是非常前沿的，希望你们继续加油，能在这个研究方向上做出更多的探索。"

谈话间，习近平的目光扫过团队成员一张张青春洋溢的脸庞。"你们很年轻呀！"习近平高兴地挨个向大家了解专业学习情况。

合影之后，习近平又与师生们一一握手，勉励大家争取早日取得新的突破。

当着郑筱祥的面，他再一次表达对年轻团队的赞许：这是学术前沿的研究，特别是你们都是年轻人，很有希望。

习近平还问起项目应用情况，并提出两个要求：一要与世界接轨；二要往应用方面转化，要跟国家安全、临床科学等相结合，为人民造福。

回想那年，寒冬腊月，演示房里没有空调，郑晓静和同学们的手冻得冰凉，但是直到现在，他们依然对那双温暖有力的大手记忆犹新。

2007 年 1 月 5 日，习近平到浙江大学求是高等研究院观看"大鼠机器人"演示后与学生交流

三

给不在乎"板凳要坐十年冷"的科学家们，送去徐徐"暖风"和融融"热气"，一同把板凳焐热——不少科研工作者回忆起习近平，言谈间总是满含感动和敬佩。

2003 年 1 月 26 日，经 568 位中国科学院和中国工程院院士参与评选，"2002 年中国十大科技进展新闻"揭晓，入选的其中一项是"浙江省农科院培育出世界上含油量最高的油菜新品系"。习近平随即给省农科院写了贺信，祝贺省农科院病毒学与生物技术研究所所长陈锦清和他领衔的团队。

读着贺信，陈锦清又是惊讶又是感动。在研究成功前，他顶着巨大压力。十年前，他放弃日本优厚的工作条件回国，带领团队苦苦攻关，研究遭遇多次失败，课题组的研究人员八年来没发过奖金，九名研究员为了这项课题耽误了评职称。

三个月后，习近平来到省农科院，走进陈锦清所在的病毒学与生物技术研究所生物技术实验室。二楼实验室外的走廊上挂着展板，呈现的是科研团队的科研思路、工作进展等情况。习近平一边仔细浏览，一边饶有兴致地听陈锦清介绍。

"我们研发的'反义 PEP 基因'，是具有自主知识产权的技术，相当于基因工程'外科手术'，能有效地调控光合产物的分配，提高种子的含油量。这项技术的价值，不仅在于提高菜农收益，它还是开发'生物质能'新能源的突破口……"

陈锦清尽量用通俗的语言解释艰涩的专业知识。习近平不仅认真听，还和科研人员一起探讨。陈锦清发现，习近平有相当的农业科技知识积累，追问的几个问题都直击关键。陈锦清一下子觉得和习近平很投缘。谈到尽兴时，习近平还请他结合海外经历，大胆提出对国家农业科研发展的看法和建议。

离开实验室前，习近平对陈锦清轻声道："十年磨一剑，今朝试锋芒。"

听到这句话，陈锦清心里涌起一阵暖流。从他回国到成功研制高油油菜，刚好十年。和风细雨般的十个字，字字千钧、直抵人心。直到如今，已过退休之年的陈锦清，仍在科研一线运用生物技术研究农业。

习近平对待科学家们，始终怀抱谦逊之心、带着敬重之情。

在看望浙江大学老教授时，习近平对下楼来接自己的郑树说："您年纪大了，不应该下来接我，应该是我上去看您呀。"他一边上台阶一边扶着郑树，生怕老教授有什么闪失。

在看望我国材料科学与工程教育领域的开拓者王启东教授时，习近平主动坐在短沙发上，把宽敞的长沙发让给王启东夫妻俩。他向王启东仔细了解浙江大学的情况，认真请教怎样把浙江大学建设得更好。

每次考察前，习近平都会先认真、全面、仔细地做好功课。

研制出甲肝减毒活疫苗的中国科学院院士毛江森家中的客厅里，摆放着一张他与习近平的双人合影。照片摄于 2005 年 4 月 12 日，两人站在绿油油的草坪前，笑得灿烂。

那天，习近平专程到浙江省医学科学院病毒病研究所调研科技创新情况。毛江森向习近平详细介绍省医科院在科研创新和科技服务方面所做的工作，尤其是甲肝病毒研究的最新进展。

研究所二楼门口的墙壁上，"创新服务"四个大字分外显眼。这是毛江森提炼出的院训，几天前刚刚挂上去。习近平一上楼，马上注意到了墙上的院训。

"为什么要提这四个字呢？"习近平问。

毛江森回答说："'创新'指的是科技创新，是我们的工作路径；'服务'指的是服务人民，是我们的工作目的。"

习近平听了很赞赏："医科院几十年的历史，证明这个院训是实事求是的，是先进的，真正体现了为人民服务。"

省委书记和自己说家常话，关心自己的研究领域，一点也没有官架子，这让毛江森至今仍津津乐道。

四

浙江科技工作者常说：习书记是我们的"后勤部长"。在习近平的要求下，各级党委、政府对科技工作者的支持更多了，为他们解决了不少实际生活问题，在待遇上也给予适当倾斜。

2003年，在全省人才工作会议上，习近平提出"三个坚决"：坚决冲破一切影响人才发展的陈旧观念，坚决冲破一切束缚人才发展的做法和框框，坚决冲破一切禁锢人才发展的体制障碍。

四校合并后的浙江大学，师生分散在六个校区。多校区管理带来许多新问题，其中最紧迫的就是教职工的住房问题。

新建的紫金港校区作为大学基础部，只有教学设施和大一、大二学生宿舍，教师住房十分紧张，尤其是不少年轻教师面临"两同事合住一间房，要想结婚再找房"的窘境。同时，学生和老师分住两处，导致教学时间之外，学校对学生教育、生活、思想等管理工作存在许多空白与隐患。在习近平的大力支持下，这一问题迅速得到了解决。

西溪校区是原来的杭州大学，许多老教师仍住在老旧的杭大新村公寓。学校原计划对老公寓原拆原建，大部分教师就搬出去临时租房住。但因为各种各样的原因，拆建工作不断拖延，寄住在出租房的老教师们苦不堪言。

习近平得知后，多次过问，大力支持浙江大学在西溪校区、华家池校区等地合理优化空间布局，兴建教工住宅。在全国许多高校还在忙于解决教师住筒子楼问题时，浙江大学的教师们率先住上了新房。

搬进新家那一年的学校年终联欢会上，一批教师在台下拉出横幅——"我们今天有家了"。

2003年4月28日，习近平到省农科院调研时，农业科技人员反映在科技创新中面临的困难和问题：农业科研周期长、见效慢，育成一个水稻、蔬菜新品种需要8至10年，木本水果时间更长，需要15至20年；农业科技工作者的服务对象是农民，工作大多是公益性的，提供的是公共产品，体现的是社会效益，需要更有力的政策支持……

习近平听了当即表示，财政要不断加大对这方面的支持力度，要始终关心、支持在农业科研单位工作的科技人员。

省农科院大部分科技人员是资深老专家。受制于"同城待遇"问题，他们的待遇与科研贡献不成正比。在这次调研中，习近平详细地向大家了解了相关情况。

公益类科研机构一直是改革的难点，全国正在探索初期。在省委、省政府的高度重视下，那次调研过后没多久，省农科院便成为全国首个纯公益性质的农业科研单位。困扰省农科院已久的"同城待遇"问题也得到了解决，大大稳定了农业科技队伍。

抓创新驱动发展，要时不我待、只争朝夕，这是习近平在浙江工作期间的鲜明态度。

从 IT 企业到科研院所，从流水线厂房到大学实验室……习近平身体力行地诠释着科技进步和自主创新在他心中的分量，以超常规举措，带领浙江走出日益宽广的创新驱动发展之路。

创新是引领发展的第一动力。2020 年 6 月 18 日，省委十四届七次全体（扩大）会议通过了《关于建设高素质强大人才队伍 打造高水平创新型省份的决定》。这一重磅举措，宣示了浙江坚持实施人才强省、创新强省首位战略的决心和信心。

经历百年未有之大变局，我们比过去任何时候都更加需要增强创新这个第一动力。浙江正强化创新驱动发展，全力建设"互联网＋"、生命健康、新材料三大科创高地，打造发展新优势，努力为国家科技自立自强贡献更多浙江力量。

四、统筹城乡开启幸福路

让城与乡渐行渐近

—

2004年3月23日，初春的江南满眼绿意，生机勃勃。一早，一辆中巴车从省委大院开出，朝嘉兴驶去。

这是习近平到浙江工作后，第11次踏上嘉禾大地，也是他在跑遍浙江所有县、对全省情况了然于胸后，决定启动的一次专项调研。他轻车简从，除了时任省委副书记、省纪委书记周国富，时任省委常委、秘书长张曦，时任副省长陈加元之外，随行的就只有省委办公厅、政研室的几位同志。

车子一路向北，视野愈发开阔。位于浙北杭嘉湖平原的嘉兴，地处长三角中心腹地，一马平川，土地肥沃，水陆交通便利，自古就是繁华富庶的地方，有"鱼米之乡""丝绸之府"的美誉。改革开放的东风，更是让这块宝地散发光芒：人均GDP已超3000美元，在中国城市综合竞争力排名中位居第37位，所辖5县（市）均进入全国百强前50名，城市化水平为45%……

这串亮眼的数据，折射出嘉兴城乡之间、区域之间的均衡发展，也显示出此次调研的深意。

2002年，党的十六大首次提出统筹城乡经济社会发展的战略部署，开启了破除城乡二元体制的历史进程。2003年，党的十六届三中全会明确提出，"坚持以人为本，树立全面、协调、可持续的发展观，促进经济社会和人的全面发展"。其中，统筹城乡发展居科学发展观"五个统筹"之首。

当时的浙江，地区生产总值多年来年平均增长 13% 以上，但城乡差距一直是一个隐忧。2002 年，城乡居民收入比是 2.37：1，2003 年这个比值扩大到 2.43：1。这意味着农民和城市居民的收入水平与生活质量的差距在扩大。同时，人们也切身感受到，农村的教育、文化、卫生、体育等社会事业和基础设施建设，远远落后于城市。

如何扭转城乡差距扩大的趋势？怎样打破城乡二元分割的体制和结构？怎样把城乡发展作为一个整体，科学筹划、协调推进？怎样形成以城带乡、以乡促城、城乡互动的发展格局？……对于浙江来说，每个问题都是通向现代化征程中必须要跨过的坎儿。

透过车窗，习近平凝望着眼前这一片热土。当下，全省各地正积极探索城乡一体化发展之路，如何总结经验、推广好的做法，尤为重要。

"规划科学是最大的效益，规划失误是最大的浪费，规划折腾是最大的忌讳。"在发展之路上，规划的确至关重要。到达嘉兴后，习近平首先调研的也是规划。

面对嘉兴市城乡空间布局一体化、城乡交通布局一体化的多媒体演示和总体规划图板，习近平饶有兴致地观看着，并不时与时任嘉兴市委书记黄坤明交流。

小巧玲珑的嘉兴，人口仅 300 多万。2003 年 3 月全国两会期间，习近平指出，嘉兴市城乡协调和区域发展水平相对较高，经济发展比较快，综合实力比较强，完全有条件在统筹城乡发展、推进城乡一体化方面作出探索。落实习近平指示，嘉兴率全省之先，启动了城乡一体化实践，把城乡一体化作为此后一个时期经济和社会发展的五大战略之一。市委、市政府还成立了城乡一体化工作领导小组，研究制定了《嘉兴市城乡一体化发展规划纲要》，并在2004年以市委一号文件下发，嘉兴成为全国第一个制定出台城乡一体化发展规划纲要的地级市。

在这份发展规划纲要中，嘉兴把3915平方公里的陆域面积作为"一盘棋"考虑，提出城乡空间布局、城乡基础设施建设、城乡产业发展、城乡劳动就业与社会保障、城乡社会发展、城乡生态环境建设与保护"六个一体化"。在实践中，通过资源整合，比如实行城乡一体化供水、垃圾处理，建高中园区、文化中心、农产品交易市场等，使整个城市各方面功能更加完善，布局更加合理。

嘉兴的实践，让人眼前一亮；嘉兴人统筹城乡发展、争取走在全国前列的决心，更是让人精神为之一振。习近平要亲身感受一体化带来的城乡面貌的变化，兴致勃勃地登上七层高的壕股塔，一览整个中心城区的布局。

多年后，嘉兴的同志回忆起习近平这次调研，不约而同地用"与众不同"甚至是"史无前例"来形容——调研很深入，4天内，去了38个调研点，到了6个县（市、区）；调研很全面，考察了城乡规划、基础设施、劳动就业、社会保障、生态建设、文化教育和卫生等工作；调研成果很丰富，先后召开3次座谈会，广泛听取干部群众对户籍管理、医疗统筹、粮食安全等的意见建议，在调研结束当天，还召开全省统筹城乡发展、推进城乡一体化工作座谈会。

习近平在一次次实地调研、一次次与干部群众的交流中，深深思考着浙江统筹城乡发展的现实基础和突破口。一系列前瞻性、战略性、全局性的谋划，已经开始。

二

就在 3 月 23 日下午，嘉兴 101 路公交车司机沈水根，在始发站嘉兴火车站，见到一批特殊的乘客。

走在最前面的这位，个子高大，看上去很面熟。老沈突然反应过来，心里一阵激动："这不是常在电视新闻里看到的习书记吗?!"

等所有乘客上车，老沈稳稳地将车子驶出车站。

推进城乡一体化，习近平很关注农村交通建设，因为这与农村居民日常生活密切相关。只有路更通畅，人的往来更便利，一体化的"物理条件"具备了，城乡融合的"化学反应"才有可能实现。

簇新的 101 路公交车，共有 37 个座位，从嘉兴城区开往凤桥镇三星村，全程超过 20 公里，连接着城与乡。

正是江南好时节，坐公交车外出的乘客也比较多，大家前门上、后门下，很有秩序，而且坐完全程只需 2 块钱，乘客们都说城乡公交好。

十多分钟后，车子停靠在嘉兴一中站。习近平从座位上起身，很自然地走到售票员金利君旁边，和他聊起天来。18 岁的小金，欣喜之余还有点紧张。

"小伙子，你们这车很不错啊。他们向我介绍说，这路公交车改变很大，你说说，有什么变化?"习近平笑着问。

别看小金年纪小，跟车也才一年多，但恰逢嘉兴大力推进城乡交通一体化，他的感受可不少。

过去，老 320 国道就像是嘉兴城乡的"楚河汉界"。国道以东，城市公交定时定点日夜穿梭，票价有财政补贴；国道以西，只有不定时的民营中巴车沿途吆喝，有时候票价也让人摸不着头脑。

以前的 101 路，就在国道以西，属于个人承包的农村公交线路，采用的是 19 座的小客车。发车间隔时间不固定，没有设置固定站点，乘客招手即停，行车时间有长有短，高峰时段车上人挤人，一些乘客好不容易挤上车了，还得担心上班迟到。

"现在好啦，不管是城里、农村，公交车都由公交公司统一运营。座位多了，车里也宽敞了，沿线有固定的停靠站点，还有规范的发车时间，乘客满意多了。特别是沿线凤桥镇上的农民，进趟城比以前方便很多哩。"小金很自豪地说。

习近平边听边点头，还问小金沿线城乡老百姓的反应、乘客的需求、高峰期客流量等情况。沐浴着三月的春风，大家说说笑笑，车内车外都是怡人的风景。

时间过得很快，40 分钟后，车子缓缓停靠在三星村站。

习近平下车前，特意走到前门驾驶位旁，一边和老沈握手，一边向他点头致谢："师傅辛苦了，你开车很稳当，平常要注意行车安全啊！"

下车后，习近平觉得了解还不够深入，想继续听一听村民对公交车运行的意见。他走到附近村民中间，问大家现在进城方不方便。村民们你一言我一语，纷纷点赞城乡公交，说公路都通到了村口，坐公交车就能进城。嘉兴的同志在旁向习近平介绍，嘉兴全市已开通 36 条城乡公交线路，通达 30 个乡镇 238 个建制村。

习近平高兴地说："推进城乡一体化是个系统工程，要整合资源，完善布局。"

调研过程中，有村民反映，余新镇乍嘉苏高速公路接口处人来车往，希望能安装交通红绿灯。习近平当即要求有关部门解决。

这段经历，让习近平亲身感受到城乡基础设施一体化带来的便利。在之后召开的座谈会上，他特别提道："嘉兴已实施交通一体化，实现了半小时交通圈，到所有县（市）都在半小时之内，城区已经实现一刻钟交通圈。而且现在正在实施城乡公交一体化，我们还搭乘了一段公交车，一下子就开到郊区去了，比较畅顺。"

十年后，嘉兴的公路密度居全省首位，是全省平均水平的180%，实现各城镇 15 分钟上高速、各中心城区 30 分钟直达、与周边城市之间 60 分钟互通的"153060"目标。

从道路互通开始，城与乡相向而行，渐行渐近。

三

嘉兴秀洲区，老 320 国道向西，坐落着一个叫殷秀的村庄。

这里地处城郊，村民主要以种植蔬菜为业，生活条件都不错。这里也是嘉兴较早一批开始城市化的小村。2000 年，嘉兴城区的西片开发，原秀洲新区征迁，殷秀村村民一下子变成了"市民"。

"做个城里人当然好喽！我们干了一辈子活，就是要过和城里人一样的日子。"殷秀村村民柴连根一家与 300 多户人家一起，在 2003 年初搬入安置小区，并在新家过了一个热热闹闹的农历新年。

但也有人认为，农民毕竟大半辈子都生活在农村，"进城"后，不管是生活习惯还是生活保障，都会遇到困难。

城乡一体化的进程中，"村民"变"市民"，怎样保障村民的生活？村民的获得感到底强不强？村民对一体化到底认不认同？这是习近平调研中尤为关注的问题。

柴连根、刘春花等五位村民，受邀参加由省委书记亲自召集的村民座谈会。

走向殷秀村村委会三楼会议室时，刘春花心里还在犯嘀咕：省里的领导要过多久才来？自己一会儿还要给小外孙做饭哩。

正想着，会议室的门开了，原来习近平早已在会议室等着他们。习近平站起身，走向村民们，和他们一一握手，并招呼他们坐下。

"今天请你们来，就想啊，听听你们的心里话。现在是城里人了，你们生活习不习惯？保障怎么样？工作好不好找？另外，如果对征地拆迁、干部队伍等方面有任何问题，要随时提出来。"习近平说完，就拿起笔，准备在笔记本上记录。

村民们没想到，一开场就轮到自己发言，而且省委书记还要记录，心里很紧张，生怕说错。习近平于是放下笔，和蔼地笑着，继续说道："大家就随便聊聊，现在家里几口人，在哪里工作，收入怎么样……"

在习近平的鼓励下，村民们的话匣子慢慢打开了。当时，嘉兴已经提出逐步取消二元户籍制度，农村劳动者就业限制正全面放开，失地农民参加城镇职工基本养老保险、一体化的城乡居民合作医疗保险等制度正加速建立和完善……

习近平最关心的，是失地农民的就业保障问题。每个人发言的时候，他都会问："生活有没有受到影响？工作有没有着落？退休后有没有保障？"

柴连根说，征地意味着保障，征地后不仅有养老保险，而且还有房子分。一户人家基本能分到两套，住一套，还能租出去一套，这就有了一个稳定的生活来源。身边村民都盼着城乡一体化的进程能快点，再快点。

3月26日下午，在深入调研考察的基础上，习近平在嘉兴召开全省统筹城乡发展、推进城乡一体化工作座谈会，听取嘉兴、杭州、宁波、绍兴、金华五市的工作汇报，并就城乡一体化作了系统的阐述，提出浙江完全有条件在统筹城乡发展、推进城乡一体化方面走在全国前列。

嘉兴调研后不到一个月，习近平就在"之江新语"专栏发表了评论文章——《从全局高度统筹城乡发展》。同一年，他还主持制定《浙江省统筹城乡发展推进城乡一体化纲要》，推动"六个统筹"——统筹城乡产业发展、统筹社会事业发展、统筹基础设施建设、统筹劳动就业和社会保障、统筹生态环境建设和统筹区域经济社会发展。

由此，浙江成为全国最早发布和实施城乡一体化纲要的省份，开创了统筹城乡发展、推进城乡一体化的新局面。至2020年，浙江城乡居民收入水平已经分别连续20年和36年位列全国各省（区）首位，而且城乡居民收入比降至1.96∶1，自1993年以来比值首次低于2，位居全国前列。

"如果能再遇到总书记，我们一定要向他汇报，十多年来，殷秀2000多名村民都过得很好。总书记当年关心我们工作、生活上的各类保障，现在这些方面已全部向城里人看齐，我们是真正的城里人了！"殷秀村村民说。如今，殷秀村所在地已经改名中山社区，和城市其他社区没有区别，起早摸黑下地劳作的村民，早已融入朝九晚五的城市生活。

围绕人展开的城乡一体化

—

在全省各地全面推进城乡一体化之时，来自基层的一个现象，引起习近平的高度关注。

浙西衢州，一块小小盆地被两侧的河谷和丘陵环抱，一度是浙江的经济欠发达地区，生产总值常年在全省排倒数。2003 年，衢州市 118 万农村劳动力中，初中及以下文化程度的占 85%，绝大多数缺乏专业技能。

统筹城乡发展，人的因素最重要。如果农民没有转变为农业和农村现代化的主力军，如果他们无法成为工业化、城市化的积极参与者和成果享受者，一体化就会失去根基。衢州针对农村劳动力文化素质偏低、培训不足的情况，启动了"万名农民素质工程"。

2003 年 7 月 25 日，习近平专程来到衢州劳务输出大县常山考察调研，在青石镇农民培训基地停留了很长时间。

夏日热浪滚滚，培训教室里的气氛更是火热。电脑培训班上，十来个农村姑娘在练习电脑打字；缝纫培训班上，一批妇女在练习裁剪，还有一批在练习缝纫。她们全神贯注地学习着，对她们来说，更多的努力，就意味着更多的工作机会、更高的收入。

正逢课间休息，习近平走进电脑培训班。青石镇河上弄村女青年汪静芳还在利用下课时间练习打字。

"培训免费吗？"

"项目可以自己选吗？"

"你觉得培训班办得怎么样？"

"学会后准备做什么？"

……

习近平走到汪静芳旁边，问得很仔细。

汪静芳很受鼓舞，回答说："政府买单给我们培训，为我们提高素质提供了机会，很实用。"

"政府买单"，是常山县为鼓励农民参加职业技能培训推出的一项制度。在推进"万名农民素质工程"的过程中，常山创新推出劳动力"培训券"，面值分 50 元、100 元两种。各乡镇根据培训计划到县人事劳动部门领取，并把"培训券"分发给各培训对象。培训对象可根据自己的需求，到县内的十多家培训点参加技能培训。培训点凭收到的"培训券"，到县人事劳动部门兑取现金。

小小的培训班，给传统闭塞的农村带来希望的种子，让人感到有一股蓬勃的力量在生长。这些从培训班里走出的农民，将陆续走出大山，拥抱外面的世界。有这样一支受过市场经济熏陶、具有较高素质的劳动力队伍，对欠发达地区加快发展具有重要的意义……

习近平高兴地比喻道："这是新时期'农民讲习所'！"

"农民收入每年要增长，全部守着这方土地，肯定是不现实的，必须走出去，非农化，这是件大事。"在习近平的推动下，2004 年 5 月，省委办公厅、省政府办公厅印发《关于实施"千万农村劳动力素质培训工程"的通知》，要求从 2004 年至 2010 年，全省完成对 1000 万农村劳动力的培训——这是一个关于人的"千万工程"。

2004 年国庆节后不久，习近平再次到衢州调研，依然挂念着农民素质培训工作。他在调研中提出，要按照市场需求开展农民就业技能培训，有组织地向省内外输送农村富余劳动力，形成一定规模的劳务经济；要把职业教育的发展和农民培训结合起来，既要规范化、高标准培养技术"蓝领""灰领"，也要提高农民的创业能力，发展劳务经济。

一边鼓励农民进城、推进农民非农化，一边解决农民进城后的后顾之忧。在统筹城乡发展中实现人的全面发展，习近平对此有着周密的考虑。

二

以人为本推进城乡一体化发展的考虑，其实早已蕴含在更早的一次调研中。

2002 年 12 月 27 日，习近平第一次到义乌，第一站并不是到小商品市场，而是直奔有"中国衬衫之乡"之称的大陈镇。吸引他的，是当地正在进行的"小五化"建设。

2001 年，义乌市委组织学习团，去珠三角学习发展外向型经济的经验。到了才发现，义乌与珠三角城市的差距不是别的，而在于城乡之差。回来之后不久，义乌就尝试在农村开展路面硬化、路灯亮化、卫生洁化、家庭美化、环境优化的"小五化"建设。大陈镇的大陈二村，就是其中建得好的典型。

走入大陈二村，看村不是村：不见纷乱拥挤的厂房，不闻嘈杂心烦的噪声，只见村中宽敞的镇中路、学生路纵横交错，公交车顺畅穿行，白墙红顶的欧式农民住宅一排接着一排，家家门前花红草绿。

习近平一边走，一边了解村集体经济、村民生活以及实施旧村改造的情况，同时也了解到了其他村的困惑——它们到底应该怎么发展、往何处去？毕竟每个村的基础不同，不可能村村都能变成大陈二村。

这困惑并非义乌独有，而是全省各地都需厘清的问题。义乌调研的第二天，习近平特别谈了自己对农村城镇化的理解："农村城镇化，并不是村村都要城镇化，还要根据村庄的布局，有的发展为中心镇，有的建设成新农村，有的则逐步萎缩。小城镇和新农村建设关键体现在质量上，规模上的大小不要刻意追求。将来实现城乡一体化，也不是说所有人都要生活在城里，关键是农村的生活质量不差于城市，所有人都能共享现代文明。"

重"面子"，更重"里子"；重一体化，更重人。就像习近平常说的，要跳出"三农"发展"三农"，城乡一体化也是如此。不能只在一体化上做文章，更要在保障农民群众的物质利益、民主权利基础上，增强他们的自我发展能力。

接下来对龙游县和金华、衢州两市市区的调研中，他嘱咐当地干部，要研究农民进城务工后的居住政策。总的导向是，要放开城市准入条件，方便农民进城，对农民一视同仁。同时，千万不要急着收回他们在农村的土地，不要急着拆掉他们在农村的房子；要仔细研究引导农民进城的办法，让农民这边进得来，那边回得去，来去自由，左右逢源，有进取之路，无后顾之忧。

此后，浙江渐次开展了以农村产权制度改革为核心的"新土改"，在农村产权全面确权的基础上推动金融下乡、发展普惠金融的"新金改"，推动户籍制度改革的"新户改"，以及提升城乡基本公共服务均等化水平的"新社保"等。这些城乡综合配套的改革都紧紧围绕人展开，为城乡一体化发展不断注入新动力。

念好"山海经"

一

山呼海应，协调共赢。

浙江山多、岸长，山海共生，绿蓝泼墨，构成一幅壮美的图景。

展开这幅图，将杭州临安清凉峰镇与温州苍南大渔镇相连，就出现了一条有特殊意义的线——"清大线"。

这条线，从区域发展的角度看，将"山海"分割。线的西南侧，群山绵延，耕地稀缺，包括丽水、衢州全境以及杭州建德、淳安、温州苍南、泰顺等县市的部分区域，属浙江欠发达地区；线的东北侧，水系纵横，土壤肥沃，集聚着自古繁华的杭嘉湖、宁绍平原及甬台温等地，经济社会发展总体较好。

如何跨越"清大线"，念好"山海经"，成为浙江全面建设小康社会必须解答好的问题。

2002年11月，习近平就以代省长的身份主持浙江"山海协作工程"情况汇报会。会上，省内部分发达县与所有欠发达县开展结对帮扶。这已经不是一般意义上的扶贫，习近平对"山海协作"有一个非常深刻的界定：是缩小地区差距、促进区域协调发展的有效载体，是培育新的经济增长点、不断提高浙江综合实力的必然要求，是促进共同富裕、实现人民群众根本利益的重要举措。

在"山"与"海"握手、"山"与"海"对接的热烈氛围中，也有个别发达地区领导对这项工程不够重视，"山热"遇"海冷"，成为推进落实中的难点。比如2003年，就是否还要搞规格高、规模大的"山海协作工程"系列活动，有的地方和部门还存在一些不同看法。

当时，习近平已任浙江省委书记。省政府经济技术协作办主任姚少平向他汇报情况后，习近平明确说，这个活动要年年搞，我们开这个会，就是表明省委对推动这项工程的态度和决心；活动不光是总结部署，还有项目合约、劳务合作、为民服务等一系列内容；假如没有这些，开会也是需要的，有利于统一思想，形成共识，合力推进。

在选会址时，有人建议定在衢州市火车站广场，但也有不同意见，认为车站广场人来人往的，安全保卫工作难做。习近平给出了一个明确的回答："就在那里举行，可以形成'山海协作'的声势

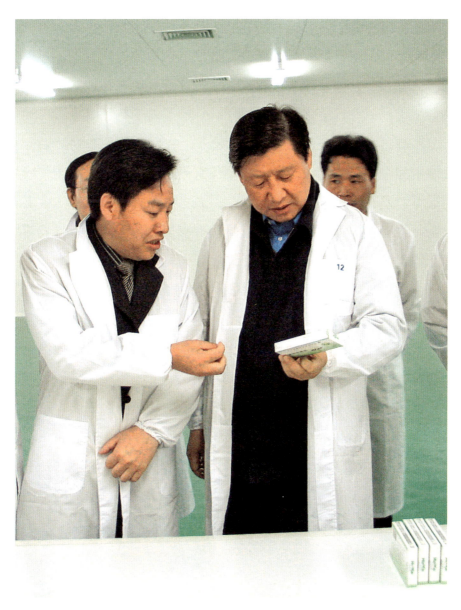

2004 年 11 月 24 日，习近平在丽水市莲都区考察"山海协作工程"项目

和效应。"事实证明，活动效果确实很好。

"深刻洞察到'山热''海冷'现象，在衢州这次会上，习近平同志明确表态，如果你不重视，我就把你换到欠发达地区工作，你就会感受到该不该重视。"姚少平回忆说，"这一招还真灵。"

"山海协作"的氛围渐渐浓烈起来。之后两年，系列活动分别在丽水和舟山举行。每次活动，不仅有体现当年"山海协作"成果的展览，还有省级部门派出的医疗、教育、科技、农业等十余支专家队伍到现场服务。习近平不仅每次都参加开幕式，还亲自看望服务队伍。

至此，三个欠发达市都承办过"山海协作工程"系列活动了，下一步怎么办？省协作办向习近平请示。习近平说，要保持定力，深入推进这项工程，力度只能加大不能削弱，可以在发达地区轮流举行。

闻讯后，发达地区各市领导纷纷表示愿意接棒。系列活动2006 年在台州举行，之后又到了温州、金华等地，各地的热情被更大程度地调动起来了。"山"与"海"携手同行，不仅为"山"这一边提供了发展新引擎，也为"海"那一边拓展了发展新空间。

二

习近平心中的"山"与"海"，不局限于浙江，还包括浙江对口支援的中西部地区。

2002 年 10 月，习近平刚调任浙江，姚少平就在某天上午接到习近平身边工作人员的电话。

"浙江现在一共对口支援多少地区？"对方问。

"八个。"姚少平准确地报出数字。

"习省长交给你一个任务，代拟八封信。习省长特别叮嘱了，信中要体现党中央对中西部贫困地区的关心，表达我省做好对口支援工作的决心，阐述我省继续做好对口帮扶的具体举措。"对方继续说。

电话来得突然，正在外面办事的姚少平很激动，他在心里不住地感慨："习省长刚到浙江，工作千头万绪，心里却已装着对口帮扶地区的事，这就是高度的政治责任感啊！"

省内一些同志认为，浙江自身也有不少需要帮扶的欠发达地区，中央下达给浙江的对口支援任务太重，所以对这项工作不是很理解。习近平不这么看。他多次谈道，"加快欠发达地区发展步伐，不仅是一个很重要的经济问题，也是一个关系到国家长治久安的政治问题，是治国安邦的大事"，"一个国家的区域协调发展很重要，区域协调发展没有绝对平衡，但是一定要协调，差距扩大带来的东西肯定是内耗性的"。

信很快就起草好了，经习近平审阅和签名后，分别发往浙江对口支援的重庆涪陵区、万州区，四川广元市、南充市，新疆和田市，西藏那曲市，贵州黔东南苗族侗族自治州、黔西南布依族苗族自治州八个地区，在当地引起强烈反响。大家没有想到，刚到浙江工作的习近平，如此关心千里之外的他们，心里无比温暖。

很快，2003年新春佳节将至，中央要求各地解决好特困人员的过节问题。省协作办接到习近平的指示，组织慰问团，带着大米、食油、棉被等，赴四川南充、广元两地慰问。

姚少平回忆说:"许多当地老百姓热泪盈眶,他们握着我的手说,感谢党中央的政策,感谢浙江无私帮助,浙江没把我们当外人看。这是帮扶地区百姓发自内心的感恩之情哪!"

2004年5月,习近平带队赴四川广元、南充和重庆涪陵调研考察对口帮扶工作,明确指出,要把对口帮扶工作作为自己的"责任田"来种,对口工作要长期扶持,越做越好。10月,习近平又召开浙江省对口支援和国内合作交流工作会议,作出全面部署,有力推动浙江对口支援工作再上新台阶。

三

2004年5月16日,四川广元市元坝区天雄村的村民都起得很早。这天,他们准备去村口欢迎心中的重要客人。"浙江的大领导要来看我们呢!"村民之间,兴奋地传递着消息。

天雄村,位于白龙江、清江河、嘉陵江交汇处,深山里的村民几乎都没到过浙江,但对浙江的援川干部很熟悉。八年了,正是在浙江干部的帮助下,村里有了果园,种上了成片的蔬菜,农家盖起了砖瓦楼房,水泥道路通到了家门口,村民们很是感激。

村民张国勇穿着自己唯一的西服,小心翼翼,生怕弄皱了。前几年,在浙江农技人员的帮助下,他种了几十亩红提子,如今每亩收入上万元,一下子成了"小康户"。说起这件事来,他就笑得合不拢嘴。

突然,眼尖的村民瞧见几辆车,沿着崎岖蜿蜒的山路驶来。大家伙儿一起迎上去,就像过节一样热闹。习近平走下车,热情地和村民打招呼，随后走入张国勇的果园，老远就向他伸出了手。

张国勇没想到领导会主动伸手，虽然手已经洗得干干净净了，还是往西装上擦了擦，习近平一把紧紧握住他的手："有什么关系，不脏！我也当过农民。"张国勇又是感动，又是惊喜，一下子不知说什么好。

"我看今天你很高兴，但是呢，有点紧张！你看，衣服扣子都扣歪了。"习近平一边说，一边帮张国勇把扣错的扣子解开，并重新扣好，还帮他拍了拍西装上刚沾上的土。周围的人都笑了，气氛一下子变得轻松。"浙江的领导真是把我们当自家人看。"村民纷纷感叹。

第二天，习近平又一路奔波，到南充市西充县多扶镇西三井村。村里昔日光秃秃的荒山种上了雷竹，大棚内生长着朵朵灵芝。桐庐县对口帮扶办主任张一飞退休后，在这里兴办广丰农业开发公司，发展雷竹、茭白和灵芝种苗基地，带动当地 10 万农民年人均增收 500 元。习近平很高兴，关切地询问张一飞和当地农民生产生活情况，并强调说，帮扶不仅仅是"输血"，更重要的是"造血"。要坚持企业运作、市场导向、优势互补、互惠互利，把帮扶与协作结合起来，提高当地自身发展的能力，使帮扶更具实效性和连续性。

从村里到村口，要走近半个小时。调研结束后，村民们坚持要一路送习近平到村口。他们拉着习近平的手说："我们过上了好日子，离不开浙江人民的援助。"习近平说："这是党中央的号召，是我们应尽的义务，也是你们自己努力奋斗的结果。"

一步一履间，满是深情。习近平在繁忙的工作中尽量挤出时间，到贫困地区调研考察，亲自推进对口帮扶工作。随行的时任省政协主席李金明，对此依然印象深刻："习近平同志说得非常清楚，对口帮扶这项工作只有比以前搞得更好，才算履行好我们的职责。"

不少曾在省协作办工作过的同志都记得一件事，习近平原本已安排了到贵州省调研对口帮扶工作，但一直没能成行。直到2007年3月，在全省领导干部会议上交接时，习近平还专门委托接任省委书记的赵洪祝完成此项活动。后来赵洪祝专程去了贵州。

2007年3月26日，刚刚调任上海的习近平，第一时间又给八个地区去了信，表示将继续给予帮助。在信中，他还就未能如愿前往西藏那曲市、贵州黔东南苗族侗族自治州和黔西南布依族苗族自治州，特意向当地表达遗憾和歉意。

八封信，从浙江到上海，心意拳拳，有始有终。

全面小康一个也不能少

—

2000年9月，浙江启动"百乡扶贫攻坚计划"。2002年底，该计划如期完成，浙江成为全国第一个没有贫困乡镇的省份。

但是，平均数下的不平衡现象引人深思。低水平、不全面、不平衡的小康——2003年初，在跑遍浙江11个市后，习近平这样总结。

尤其是革命老区、欠发达地区等，那里的困难群众最多，习近平很挂念他们。上高山，入海岛，走在田埂上，进到渔民家，山里人的苦、海边人的难，他都记在心里。

习近平曾说，全面小康要求的，不仅是"小康"，重点和难点更在"全面"二字。这好比一只木桶的装水容量，不是取决于最长的那块板，而是取决于最短的那块板。习近平认为，"不能把贫困村、贫困人口带入全面小康社会"。在 2003 年 1 月 13 日的全省农村工作会议上，他提出："现代化建设不能留盲区死角，实现全面小康，一个乡镇、一个人都不能掉队。"

全省农村工作会议召开后不久，农历新年将至。天寒地冻，从余姚市区出发，车程 3 个小时，习近平来到四明山革命老区考察。

当时，浙江 26 个欠发达县（市、区）中，属于革命老区的就有 17 个。四明山深处的梁弄镇横坎头村，是全国 19 个抗日根据地之一——浙东（四明山）抗日根据地的指挥中心。这里虽然是"浙东红村"，但村里连条像样的水泥路都没有，村民人均年收入不足 2700 元，村集体负债 20 多万元，当地人发出"横坎横坎，横看竖看看不到头"的感叹。

习近平对革命老区有着特殊的感情，走在横坎头村高高低低的山路上，他道出自己的肺腑之言："'老区'这两个字，在中国革命史册上闪烁着血肉奉献的光辉，但在现实的解释中又常常糅进了喜忧参半的内容。喜的是，老区在中国革命历程中留下的丰功伟绩永远令人敬仰。忧的是，仍然有一些老区由于多方面原因，在摆脱贫困、走向富裕、实现小康的路途上步履艰难。想到这些，我们常常会产生深深的愧疚感。我们不能让这种愧疚感永远延续下去！"

全面小康，老区人民也不能少。习近平与镇里、村里的同志围坐在一起谋划发展之路，对梁弄镇提出建设"全国革命老区全面奔小康样板镇"的殷切期望。习近平说："老区建设能不能搞好，扶贫开发有没有成效，欠发达地区是否可以实现跨越式发展，关键要看那里的干部群众有没有不等不靠、自力更生的创业精神，有没有艰苦奋斗、苦干实干的拼搏精神，有没有积极进取、勇于创新的开拓精神。"

三个"有没有"，说到了横坎头人的心坎里。2003年2月8日，农历新年上班第一天，村两委就开会研究，给习书记写信汇报工作打算。在这封信中，横坎头人提出加快中心村建设、在老区中率先实现全面小康的目标。

不久后，横坎头村党总支书记张志灿就收到了习近平的回信。捧着这封回信，他逐字逐句地念给村民们听："来信收悉，看到你们村两委在新年上班的第一天就研究全村的发展大计，我感到非常欣慰。对你们下一步的目标打算和工作措施，我完全赞同。希望你们在新一年里，深入贯彻落实党的十六大精神，按照省委十一届二次全会的工作部署，发扬老区的优良传统，保持艰苦奋斗、自力更生的精神风貌，解放思想，与时俱进，加快老区开发建设，尽快脱贫致富奔小康。"

一晃15年过去了，横坎头村翻天覆地换新颜。村民用勤劳的双手育苗木、栽果树、修沟渠、治大溪、建公园、开农家乐……2017年，名不见经传的小山村，已成为全国红色旅游经典景区；1000多亩农田八成种上了樱桃树，亩产效益最高达3万多元；村民年人均可支配收入27000多元，是2003年的10倍。

2018 年 2 月 10 日，横坎头村召开党员大会。会上，大家提议给习近平总书记写一封信，说说村里的变化，再把村里获评"全国文明村"的喜讯告诉总书记。12 日，一封由 143 名党员代表签名、饱含老区人民深情的书信，从横坎头村发出。

3 月 1 日，横坎头村收到回信。"15 年前到你们村的情景我都记得，我一直惦记着乡亲们。"总书记的回信情真意切、满怀关爱。信中说，"这些年，村党组织团结带领乡亲们艰苦奋斗，发展红色旅游，利用绿色资源，壮大特色农业，把村子建设成了远近闻名的小康村、文明村，乡亲们生活不断得到改善，我感到十分欣慰"。

习近平总书记接着说："办好农村的事情，实现乡村振兴，基层党组织必须坚强，党员队伍必须过硬。希望你们不忘初心、牢记使命，传承好红色基因，发挥好党组织战斗堡垒作用和党员先锋模范作用，同乡亲们一道，再接再厉、苦干实干，结合自身实际，发挥自身优势，努力建设富裕、文明、宜居的美丽乡村，让乡亲们的生活越来越红火。"

前后两封回信，跨越 15 年，但习近平对革命老区人民的关怀从未间断。

二

访贫问苦、问计于欠发达地区干部群众，是习近平在浙江工作期间调研的重点方向。

浙中山区县武义，20 世纪 90 年代开始探索下山脱贫，几年下来已颇有成效，在全国都小有名气。2003 年 6 月 13 日，习近平专程来到武义，并召集当地五位下山脱贫代表村村支书一起座谈。

坐下来后，村支书们掏出准备好的汇报材料。习近平注意到了他们的"小动作"，笑着说："今天来就是想看看你们下山后的生活怎么样，最喜欢听你们讲讲心里话。"

新九龙山村村支书邓寿明，用歪歪扭扭的字准备了两页的汇报材料，看到省委书记如此亲民，他干脆把稿子放在一边，深有感触地说："我们下山前在高山村时，都是一根藤上的苦瓜。现在下山脱贫了，我们都是一根藤上的甜瓜！"

听了这个形象的比喻，习近平笑了，问："老邓啊，你是什么文化水平？"

"小学！"邓寿明回答。习近平很惊讶，表示不敢相信。

有了这个"小插曲"做铺垫，其他四位村支书也不再念稿子了，一一道出自己的切身体会。

听着大家描述下山脱贫带来的新气象，习近平提出要去村民家里看一看，一群人就近来到一户下山脱贫的村民家。习近平随手拿起小方桌上的遥控器，手里按着遥控器，眼睛盯着电视机，一边和围拢来的村民们聊天：

"电视能收几个台？"

"清晰度高不高？"

"下山后生活好不好？"

离开农户家，习近平又来到泉溪镇上潘新村。之前，村支书邱舍林还焦急万分，因为村里还没有造办公用房，省委书记来了，没地方坐怎么行？得知习书记想去家里看看，他舒了一口气，就在自己家里摆了一张长长的桌子。

不过，邱舍林还是有点忐忑，这样招待省委书记，总觉得不太周到。谁知习近平下车后，就像老熟人一样握住邱舍林的手，一路从村口走到邱舍林家，拉着老邱同坐在一条板凳上。

原来之前的担心完全是多余的，邱舍林心里涌上一股暖流。他放宽了心，说起了往事："在山上时，山高田少，路也没有，要走10里路才能坐到车，村里10年没娶过新媳妇，也没有新生娃娃。几个读书的娃娃，要走15里路，到最近的后汤村小学念书，真是难啊。现在好了，我们的生活完全不一样了！"

的确，搬下山的村民生活经历着翻天覆地的变化。当地政府给出政策优惠和补贴，让他们在新村造新房，全村水、电、有线电视都安装入户。最关键的是，村民不闲着，有的去家门口的工业区做车工、钳工，有的参加县里组织的劳务输出，到上海、广东和浙江省内其他地区打工，整个村子充满活力。

"真不简单！"习近平感慨地说。

"山上还有多少村民没搬下来？"习近平转头问时任武义县扶贫办主任董春法。"你要更加关心帮助还没有下山的村民，帮助他们搬迁下山，过上幸福生活！"习近平反复叮嘱。

座谈会结束时，习近平起身到村里转了一圈。他突然想起了什么，对邱舍林说："我再到你家楼上看看。"

老邱的儿子新娶了媳妇，家里二楼刚刚装修过，又亮堂又整洁。习近平走上二楼，站在客厅一张沙发边上，手撑着沙发靠背，对老邱说："你这里宽敞，比我住得还宽敞。下山好啊，你们过上幸福生活，我打心眼里为你们高兴！"

后来，武义下山脱贫的经验在全省推广，成为浙江扶贫的特色工作，改变了浙江山区许多贫困人口的生活面貌。同时，武义"下山脱贫、异地发展"的相关经验被纳入《可持续发展之路——中国十年》画册，还作为 2004 年全球扶贫大会的交流材料，向全世界推广介绍。

2003 年至 2007 年，浙江省委、省政府围绕全面建设小康社会，把减轻欠发达乡镇相对贫困、提高农民增收能力和收入水平作为主要目标。对 361 个欠发达乡镇，省财政共安排专项扶贫资金 10.5 亿元，实施项目 6500 个，推动产业帮扶、异地搬迁、设施建设和公共服务覆盖等举措的全面落实，大大增强了低收入农户和欠发达乡镇自主发展能力。

三

帮扶困难群众，习近平多次强调，各级党委、政府一定要在扶持政策、工作力度等方面大力支持。

2007 年春节前夕，加快实施"欠发达乡镇奔小康工程"座谈会在龙泉召开。会上，丽水有干部提出，给低保户的补助能否给足、给全额。

原来，按照政策，低保户申请补贴要扣除自家从事生产所得部分收入，比如卖菜、卖柴所得等。但现场也有干部提出，不扣除劳务所得，低保户就相当于拿了"双份"的钱，对其他人不公平。

习近平脸一沉，当场表态："不要跟老百姓算这个小账，我看补助力度还可以大一点！"

习近平在"之江新语"专栏中写道："有的县每年从省里拿到

的财政转移支付有几千万元，却拿不出几十万元的低保金。如果对群众有感情的话，这些钱是拿得出来的，也是应该拿出来的。"

回首往事，浙江的很多干部都说："欠发达地区干部群众对习书记的情意，是习书记一趟一趟跑出来的。"

那些场景，深深地印刻在当地人的记忆里——

在衢州，2002 年 12 月，习近平冒着寒风冷雨，去衢江区云溪乡看望因特大山洪而被异地安置的灾民。他走进 82 岁杜学集老人的家中，嘘寒问暖，拉着老人的手，问他们搬过来之后救灾物资有没有落定、建房子的钱够不够，穿什么衣服，吃的菜哪里买。习近平还专门看了老人家里的米袋子，打开菜柜看中午吃剩下的菜。

在景宁，2005 年 8 月 10 日，习近平顶着 37℃的高温，从杂草丛生的黄泥小路爬坡而上，勘察一处地质灾害点，汗水沿着额头不断流下来。调研结束后，车子发动了，习近平还站在车边，嘱咐当地干部要自力更生，带领山区群众早日实现小康。他同时表示，省委、省政府将继续加大帮扶支持力度，通过下山脱贫、"五大百亿工程"、"欠发达乡镇奔小康工程"等，助推景宁快速发展。

在龙泉，2007 年 1 月，习近平踩着泥泞山路，走进竹垟畲族乡茶叶种植基地，在山间同茶农一起算增收账。天色渐暗，习近平没有马上结束调研，他继续问当地的干部：省里支持欠发达乡镇奔小康的政策，在乡里落实得怎么样？有没有发挥作用？省里派下来的对口帮扶单位发挥了什么作用？接下来还想要省里怎么帮助？

欠发达地区的发展，始终牵动着习近平的心。2007 年即将离开浙江时，习近平在全省干部会议上说，很想再跑一跑这些地区。

在习近平的关心推动和全省干部群众的努力下，浙江欠发达乡镇变了样。数据显示，到 2007 年底，浙江 361 个欠发达乡镇农民人均年收入达到 4500 元，比 2002 年翻了一番多；80% 以上的欠发达乡镇农民人均年收入超过全国农民平均收入。

"全面小康，一个也不能少"，浙江干部群众始终牢记着这一份温暖的重托。这些年来，浙江打响脱贫攻坚战，交出了一份份漂亮的答卷。

2012 年，浙江新确立 4600 元的省级扶贫标准，比国家标准 2300 元高出一倍。2015 年，26 个欠发达县（市、区）一次性全部"摘帽"，全面消除家庭人均年收入 4600 元以下的绝对贫困现象，成为全国第一个较高水平完成脱贫攻坚任务的省份。

"全面小康，一个也不能少"，浙江孜孜探求，更为自己立下高远目标。紧盯产业发展、社会保障、公共服务、集体经济薄弱村增收等，与乡村振兴战略、"山海协作工程"升级版、基层治理创新等有机结合，浙江朝着更高质量城乡、区域协调发展目标不断迈进。

如今，肩负高质量发展建设共同富裕示范区的光荣使命，浙江又站在了全新的起点上。

五、跳出浙江发展浙江

用好"地瓜理论"

一

2001 年，中国加入世界贸易组织。作为沿海开放省份，浙江迎来巨大的时代机遇。

2002 年底，省行政中心 1 号楼的一间会议室里，省外经贸厅班子所有成员围坐在会议桌旁，向习近平汇报工作。此前听说，在福建工作多年的习近平一直主张大力发展外向型经济，对开放发展有着独到的认识，因此大家对这次会议格外期待，汇报得也格外细致。

听完汇报，习近平意味深长地说：加入世界贸易组织标志着我国对外开放进入一个新的阶段，要以更加积极的姿态，在更大范围和更深程度上，参与国际合作与竞争。

对民营经济大省浙江来说，对外开放意义重大。出任浙江省委书记刚一个月，习近平就来到民营经济先发地区台州、温州调研，深入浙江民营经济的肌理血脉。

这对温州乐清的德力西集团来说，犹如一场"及时雨"。

此时，浙江民营企业正面临发展瓶颈，小的难做大，大的难做强，强的难做活。德力西集团试图通过自主投资建设和资本运作等多种方式，面向全国布局发展。集团董事局主席胡成中心里没底，因为一些人对民营企业到省外投资既不看好，也不支持。

来到新工厂的沙盘前，胡成中向习近平汇报了企业的生产经营情况和发展规划。

听完汇报，习近平鼓劲道："省委、省政府支持你们'走出去'，不仅要去抢占全国市场，还要去抢占国际市场。"他说，像德力西，就可以考虑把研发总部、营销总部放到上海，这更有利于企业的长远发展。

一路走来，习近平听到不少德力西式的烦恼，也看到浙江民营企业喷薄欲出的发展势头。这一切都让他意识到，眼前的浙江正处于发展的关键阶段。

浙江 GDP 增速已持续十多年超过 10%，充裕的民间资金四处寻找投资机会。2002 年，以民间投资为主体的非国有投资，占浙江全社会固定资产投资的 65%，但浙江土地面积小，自然资源相对贫乏，用地、供电都十分紧张，资源约束问题非常突出。

缺地、缺电、缺水，生生卡住了一心追求发展的浙江人。血液里流动着活跃市场因子的民营企业家，开始把目光投向省外，加快了到外省投资发展的步伐。全国媒体纷纷报道这股"浙商旋风"，在陕西、湖北等地，浙江快速取代广东、上海等省市，成为投资最多的省份。

这股"旋风"，引发了一场关于开放的争论。有人批评这是"去浙江化"，浙江人的钱、银行贷款被大量带到了省外，资本外流、企业外迁，对经济发展不利。

如何看待本地企业远走他乡、墙外开花？是收还是放？一时间，思想不统一。

尽管初来乍到，但习近平很清楚，答好眼前这道摆在浙江发展

"十字路口"的考题，至关重要。他循着一贯的作风，开始走访全省各地，进行细致调研。

2002年12月2日，习近平在听完省经济贸易委员会的汇报后，一针见血地回应了浙江经济发展中的问题："现在有很多民营企业家到外省去，首先我们不能人为地限制他，而且他到外边去也未必是坏事，企业做大做强后总有扩张的需求，无可厚非，但你要看看他的根是不是还扎在浙江，不能把整个根都给拔走了。"

深入浅出的分析，让在场的许多人印象深刻。时任省政府办公厅副主任孙志丹记得，当天习近平就明确地说，我们在国际上都要"走出去"，外省当然可以去。

彼时的浙江，正处于进一步扩大开放的关键时期，习近平抓住问题的症结，在多次调研中强调，要高度重视企业外迁、资金外流的利弊分析。他还明确表示，在市场经济条件下，生产要素的优化配置和跨区域流动，是一个必然的规律。

此后，他又陆续在多个场合细致分析，浙江资本的"走出去"，究竟是外逃还是外扩，一次又一次在全省统一思想。同时，他也走进企业，鼓励企业向外扩张，拓宽发展空间。

在一次次的辩证剖析中，浙江的各级干部感悟着不一般的开放理念。

二

企业"走出去"，是为开辟更广阔的发展空间。习近平心中，一个宏大战略开始酝酿。

2004 年 5 月 13 日，习近平率领一支考察队伍从杭州出发，向西而行。出省时长超过 10 天，走访四川、重庆、湖北三个省市，代表团成员包括时任省政协主席李金明，时任省委常委、秘书长张曦，时任省委常委、常务副省长章猛进和各市主要领导及省级有关部门负责人。

考察时间之长、走访省市之多、团队规模之大，都预示着这次考察的不同寻常。李金明认为，尽管当时考察的直接目的是对口帮扶，但是习近平的想法远不止于此，更多的是谋划东西部合作、走向共同富裕的战略构想。

5 月 16 日，习近平一行来到娃哈哈四川广元分公司考察。公司门口拉货的汽车排起长龙，呈现在习近平眼前的是一派繁忙景象。

李金明曾在杭州市工作，对娃哈哈集团有限公司比较了解。他主动向习近平介绍，娃哈哈最早是校办工厂，第一次"走出去"就是到长江三峡对口帮扶，建立了涪陵分公司。也正是靠那次"走出去"，企业打开了局面，相继在宜昌、广元等地设立分公司，利用当地的市场、资源和劳动力优势，与自身资金、技术和管理结合起来，快速实现低成本扩张，产值相继突破 50 亿元、100 亿元。

习近平听了很高兴，这正是他心目中"走出去"跨越式发展的样板。他当场肯定娃哈哈走出了一条企业运作、市场导向、优势互补、互惠互利的产业扶贫路子。

当时流传着一句话，凡是有人的地方就有浙江人。代表团每到一站，都能碰到浙商，不少企业已经发展成当地的支柱企业。

每到一地，习近平都安排与当地的浙商座谈。坚信生意无地域、市场无疆界的各地浙商，给习近平留下深刻的印象。他相继为重庆、湖北的浙江省企业联合会授牌，鼓励企业大显身手、大展宏图。

基于这次考察，习近平从战略全局视野出发，提出参与中西部开发，是浙江在 21 世纪头 20 年战略机遇期中必须抓住的一个重要机遇，浙江经济要跳出浙江发展浙江，浙江企业要走出浙江发展自己。企业"走出去"，是在更大范围内配置资源的需要，是在更大空间内实现更大发展的需要。对此，一定要正确认识，积极推动，乐观其成。

两个多月后，习近平在"之江新语"专栏上发表题为《在更大的空间内实现更大发展》的短论。文中引用了著名的"地瓜理论"：地瓜的藤蔓向四面八方延伸，为的是汲取更多的阳光、雨露和养分，但它的块茎始终是在根基部，藤蔓的延伸扩张最终为的是块茎能长得更加粗壮硕大。

10 月 29 日，在全省对口支援和国内合作交流工作会议上，习近平再次系统阐述了这一理念。他说，必须正视浙江目前所处的发展阶段，遵循经济发展的客观规律，积极主动开展对口支援和国内合作交流。

从观察思考、调研考察，到屡屡发声、开会部署，"立足全局发展浙江，跳出浙江发展浙江"由此登上浙江经济社会发展的舞台，成为浙江的重要发展理念。众多浙企在这一潮流中不断壮大。

多年后，当时分管开放工作的副省长王永明对这一理念有了更深的体悟："走出去"的浙商，迅速成为全国最活跃的企业家群体；省内腾出来的空间，给了浙江经济重新"打地基""盖楼房"的机会。现在浙江风生水起的新兴产业，很多都得益于习近平任上的"腾笼换鸟"。

开启长三角一体化进程

—

长江三角洲，是中国乃至世界经济版图上重要的一块。这片特殊的土地，承载着特别的期待。

2002年10月22日，履新浙江的第11天，习近平把出行的第一站选在嘉兴。在当天的调研座谈会上，他问当地干部，嘉兴处在上海和杭州之间，该怎么利用区位优势，做好自己的文章。

当年12月，习近平第一次调研湖州，作出了一个极具前瞻性的判断："如果说中国经济是世界经济的一大亮点，那么长三角的发展则是中国的最亮点。"

一个月后，在省十届人大一次会议上，习近平作政府工作报告，首次提出"主动接轨上海""积极推进长江三角洲地区经济一体化发展"。

2001年，沪苏浙地区以占全国2.2%的陆地面积、10.4%的人口，创造了占全国22.1%的国内生产总值、24.5%的财政收入和28.5%的进出口总额。

长三角之重，在于其战略意义。它不仅可以成为中国基本实现现代化的"试验田"，而且可以成为提高我国综合实力和经济国际竞争力的"重量级选手"。

在 2003 年省委、省政府领导的 21 项调研计划中，"主动接轨上海、积极参与长江三角洲的合作与发展"被列为第一项，工作负责人一栏里，填的就是习近平。

"主动接轨，就是要乘上海之船出海，攀上海之梯登高，借上海之力发展。"2003 年 2 月 18 日，《浙江日报》刊登了对习近平的专访。他指出，沪苏浙要建立合作新机制，互促共进、取长补短，而要真正实现全方位、多层次、宽领域的合作，就要把思想观念的融合作为先导。

但在当时，省内不少干部对接轨上海心存疑虑。在一些地市和部门，有"无需接轨"的狭隘观念，有"无法接轨"的消极态度，也有"无从接轨"的畏难情绪。

相比突破行政壁垒的制度创新，地方和部门同志在思想认识上的"破冰"，显得更为迫切。

2003 年 3 月 21 日，全国两会一结束，习近平便带着 60 多人组成的省党政代表团，到长三角主要城市"走亲"。以往，各部门、各地市单独去沪苏考察的情况常有，全省上下组成这样一个"大团"倒是第一次。

这次出行，一共六天，成员们最大的感受就是震撼。

在上海浦东新区，习近平带着代表团成员们感受"开放"释放出的能量。一家家跨国公司在此设立全球性研发机构，一个个工业园区里随处可见不同国家的国旗，资本、人才、技术纷至沓来，上海这一长三角的"龙头"高高昂起。

在江苏，习近平最想让大家感受"开放"带来的机遇。昆山经济技术开发区一跃成为国家级经济技术开发区，不少机构都把招商办事处设在上海。这个原本靠天吃饭的农业县，靠引进外资，发展外向型经济，闯出一条"昆山之路"。

回杭州的大巴车上，代表团成员们讨论得格外热烈。有人由衷感叹："上海、江苏的发展思路和发展气魄，真真实实地让我感到了什么叫'山外有山，天外有天'！"更多的，是一种共识："上海辐射出的资源，确实能够为我们所用！要想加速追赶势头迅猛的江苏，浙江必须提出更高的目标。"

看到了差距，才能找到方向。在习近平的推动下，接轨上海的重要性逐渐为大家所认识。

2003年3月27日，回到杭州后的习近平，头一件事就是主持召开省委工作会议。

会上，习近平拿出的对标数据，引发与会者的深思：2002年江苏生产总值已突破万亿元大关，浙江仅为江苏的72%，相差近3000亿元；上海人均生产总值接近5000美元，浙江仅2000美元，不及上海的一半，即使发展较快的杭州、宁波，也才3000多美元……

把浙江放到长三角的新坐标里，其经济总量、产业层次、科技进步等方面，特别是对内对外开放方面，与上海、江苏还有很大差距。

"尺有所短，寸有所长，我们与沪苏两省市相比，各有各的优势和特色，也各有各的短处与不足。"习近平说，主动接轨上海、积极参与长江三角洲地区合作与交流，就是接轨机遇，接轨发展，接轨国际化和现代化。在这个问题上，谁认识清、起步早、行动快，特别是与上海贴得紧、靠得牢、合作好，谁就能抢占先机，赢得发展。

2003 年 5 月，浙江省委、省政府出台《关于主动接轨上海　积极参与长江三角洲地区合作与交流的若干意见》，这是习近平到浙江后主导推出的首个对内对外开放重大举措。

在习近平的推动下，全省上下掀起"学沪苏之长，抓解放思想，兴开放之举，促浙江发展"的热潮。2003 年下半年，上海市党政代表团、江苏省党政代表团相继回访浙江；苏浙两省举办以"接轨上海"为主题的各类推介会、洽谈会、投资说明会、研讨会近百场，平均不到两天就有一场；各市纷纷由书记、市长或副市长挂帅，率领所辖县（市、区）以庞大阵容赴沪推销、招商。

来来往往间，人流、车流、信息流、资金流的涌动，开始成为长三角的新气象。2003 年因此被认为是长三角一体化的"元年"，深深地印刻在长三角一体化的历程中。

二

2003 年 3 月的一天下午，习近平的办公室里，接进一个特殊的电话。

电话那头是正泰集团的南存辉。他向习近平汇报，在电视新闻里看到省里要求主动接轨上海、打造先进制造业基地，为响应省委、省政府号召，结合企业实际，想把正泰打造成国际性先进电器制造企业，并希望能向习书记当面汇报有关情况和设想。

"可以啊，你来吧。"习近平热情地回复。

当时，在产业链的前瞻布局上，正泰有着转型升级的迫切需求。怀揣实施国际化战略、打造先进电器制造企业方案，南存辉急切地从温州赶到了杭州。

这是他又一次见到习近平。时光回到 2002 年 12 月，在正泰工业园一间简易的接待室内，习近平见到他就笑了："十多年前，我就与你见过面了。"那是习近平在福建省宁德工作时对正泰的一次考察。

在 2002 年温州的那次考察中，习近平详细询问了正泰的企业规模、发展后劲等情况。听完汇报，习近平说，正泰是民营企业的佼佼者，现在发展势头喜人，省委、省政府会一如既往地给予关心和支持，也希望正泰能够续写创新史，实现新飞跃。临走前，习近平又勉励南存辉："以后正泰有什么重要的事情，可以直接来杭州，到办公室来找我。"

于是，这会儿，南存辉走进了习近平的办公室。技术如何创新，市场怎么布局，金融如何配套，项目怎么落地，在上海如何打造世界一流的输配电基地……习近平耐心地听他汇报。

"正泰很积极，响应速度非常快，是省里最早响应号召并拿出实际举措的企业之一。"习近平与南存辉前后交流了两个多小时。

经过多番比较，反复考察用地规模、交通要素和政策条件等，最终，正泰选定上海松江，建设正泰电气松江工业园。松江是上海的"南门"，靠近浙江嘉善。

2007 年的第一天，新厂房投入使用。

园区落成仅半年多，就迎来一位重要的客人。2007 年 8 月 23 日，习近平调任上海市委书记后不久，专门抽时间到园区考察。

8 月的上海，一场大雨过后，厂区里还未完全修整的道路有些泥泞。习近平并不在意弄脏鞋子，穿行在工业园里，考察得非常仔细，不时向南存辉提问：

"正泰在温州做低压电器，在这里主要做什么？"

"这里的人才都是上海本地人吗？"

……

南存辉汇报了在上海开展电气装备制造以及发展国际业务的情况，并逐一介绍了在场来自大江南北的技术人才。习近平听后很高兴，笑着说："你们把全国各地的人才都聚拢来了！"

"几年前，您提出让我们主动接轨上海，融入长三角，最开始还很难真正理解您的战略意图，哪有省委书记叫企业到外地去发展的？现在看起来，只有这样，才能把上海的、全国的、全球的优势资源整合进来，把浙江发展得更好！"南存辉很感慨。

"浙江发展也好，上海发展也好，都是接轨全国、接轨全球的发展机遇，企业一定要用好这些资源，再接再厉，乘势而上。"习近平说。一行人边参观边讨论，原定 40 分钟的考察时间，延长至 1 小时 20 分钟。

为更紧密地接轨上海，发展输配电设备制造产业，正泰想在嘉兴一带做配套项目，但一时解决不了用地问题。让南存辉尤为感动的是，向习近平汇报后，得到了他的支持，问题很快得到了解决。

2019 年 10 月，总投资 35 亿元的正泰智慧能源华东科创产业园（今正泰智能华东产业园）在嘉兴科技城正式开工建设。2021年 12 月，一期建设完成，待三期全部建成后，该产业园将与正泰电气松江工业园协同发展，为智能制造产业发展增添新的动力。

三

跨过海，连接大上海，这个"梦"已经在宁波人的心中萦绕多年。

习近平到浙江后第一次去宁波调研，就对这座宁波人梦想中的大桥十分关注。"宁波在北接上海这个问题上觉悟早、行动快、办法多。特别是建设杭州湾跨海大桥，确实是我们北接上海的一个壮举。"习近平说，要千方百计争取早日把大桥建成。

杭州湾是世界三大强潮海湾之一，沿岸有十余公里滩涂，海底还有沼气。在这样复杂的条件下开建世界最长的跨海大桥，最大的难题是建造过程中没有经验可循。宁波从1993年就开始针对大桥建设开展论证，从建桥的必要性到选址，论证材料堆起来有四五层楼高。

2003年5月27日，习近平到慈溪调研，杭州湾跨海大桥工程指挥部总指挥王勇的心中兴奋和不安相互交织，他从工程建设的角度，道出了自己的担心。

王勇的这些担心，习近平都听进去了。"大桥建设是一场硬仗，开弓没有回头箭，后面的工作还很艰巨，不打硬仗，不可能轻轻松松得个世界第一。"停顿了一下，习近平又勉励道，"大桥建设举世瞩目，当前，还要抓紧把工程前期审批工作做好，把队伍组织工作做好。"

这番话，让王勇倍添信心。6月8日，杭州湾跨海大桥正式奠基，周边的老百姓大清早就步行数公里，自发来到现场观看。迎着海风，习近平亲自启动大桥南岸滩涂区试验段工程的开工按钮。

总投资 134.54 亿元、全长 36 公里的杭州湾跨海大桥，在建设过程中挑战了多个不可能。当遇到资金困难时，习近平号召民营企业家积极配合支持大桥投资建设。他多次视察大桥工程，不仅就安全生产问题细细叮嘱王勇，亲切地与大桥的建设者们合影，更为他们鼓劲："我们自己要把自己的桥搭好，真正建造一座世界第一的、世界一流的大桥，真正地推动长三角一体化健康发展。"

大桥建设的近 1800 个日日夜夜里，广大建设者顽强拼搏，攻克了一道道技术难题，刷新了一项项世界纪录。

2008 年 5 月 1 日，杭州湾跨海大桥迎来全线通车的历史时刻。已到中央工作的习近平专程发来贺信："杭州湾跨海大桥是目前世界上已建成和在建中最长的跨海大桥。它的建成通车，对于完善华东地区交通布局、优化发展环境，对于提高浙江对内对外开放水平、实现率先发展目标，进而推动长江三角洲区域共同发展，都具有十分重要的意义。"

五个月后，习近平到浙江调研，踏上杭州湾跨海大桥。他找来王勇，详细询问通车后的交通安全、车辆分流、桥下通航等情况。

这一天下着小雨，杭州湾海面愈发清灵，近舟远屿的线条时隐时现。习近平撑着伞，问题一个接一个，大家的思路不断清晰起来。

收起伞，习近平独自走上还在施工中的观景平台。脚下，是奔涌不息的大海；身边，是车流不息的大桥。习近平静静端详着，流露出欣慰而自豪的神情。

几分钟后，他转过身来说："大桥的建设是浙江创业史的缩影。浙江人做事有一种说干就干、敢为人先的勇气。而且，不干则已，

2006 年 7 月 12 日，习近平在杭州湾跨海大桥嘉兴市海盐段建设工地慰问工人

2008 年 5 月建成后的杭州湾跨海大桥

干起来一定会按照科学态度办事，比较务实。"

"浙江建成了世界一流大桥，为接轨上海、融入长三角创造了良好的条件。"习近平说，当时，建设大桥并不是什么条件都具备的，很多事也没有前人做过，但最终大桥还是建成了。他与大桥指挥部的建设者们一一握手道贺："祝贺你们！"

在习近平心中，杭州湾跨海大桥是遵循科学发展观，以工程科技进步和创新拉动经济社会发展的生动样本。2014年国际工程科技大会现场，习近平主席发表主旨演讲，向全世界讲述了杭州湾跨海大桥的故事："我在浙江省工作了五年，亲历了全长36公里的杭州湾跨海大桥的修建。这一工程不仅促进了当地从交通末梢到交通枢纽的飞跃，更通过物流、资金流、信息流的汇聚和扩散影响了经济社会发展各个领域，促进了苏浙沪经济圈发展。"

桥的跨越，路的互通，心的相连，长三角一体化的图景越来越清晰。

四

2004年2月5日，习近平把春节后调研的第一站放到了嘉善，巧的是，这也是习近平跑遍浙江所有县（市、区）前，特意留下的一个"空白点"。

一下车，他笑眯眯地跟大伙说，来浙江工作一年多时间，到今天，终于把全省11个市和90个县（市、区）都跑完了，也算是在嘉善画完了一个圈。

嘉善地处苏浙沪两省一市交会之地，是精致的江南水乡。春秋

146

时期，这里是吴国和越国的交界地，故称"吴根越角"。虽然 507 平方公里的县域面积不大，但在习近平眼中，这里正是浙江接轨上海的"桥头堡"。

"既不靠山，也不临海，但我们靠着上海这个最大的'海'。"紧邻上海的区位优势，使嘉善人对"接轨上海"有天然的亲近感。嘉善所在的嘉兴市，一成多的农副产品销往上海，二成多的工业产品为上海支柱产业配套，三成多的出口商品通过上海口岸出去，四成多的游客来自上海，五成多的引资项目源自上海。这特殊的"一二三四五"，足以见证两地的紧密度。

时任嘉善县委书记高玲慧，在习近平来之前，反复揣摩着调研考察的行程安排。嘉善虽小，但一直在扎实推进接轨上海的工作，她想把近年来嘉善发展外向型经济的成果，特别是招商引资成果展示出来。

这天，考察行程排得细密而紧凑，习近平上午走完几家工业企业和西塘古镇，下午又抓紧考察了几家电子信息类企业。待到会场坐下、高玲慧开始汇报时，时间已经不早了。

"不着急，慢慢说。"觉察到高玲慧不断加快的语速，习近平特意叮嘱了一句，还不时点点头，记录几句。

自全省主动接轨上海、优化投资环境、加大招商引资力度后，嘉善利用外资上了一个新台阶，外向型经济成为经济发展的一大亮点。但随着长三角中心城市群的整合，嘉善面临着其他城市的强劲竞争。不管是在基础设施建设、政策配套还是产业层次上，都出现苏浙两翼"北重南轻"的现象。

"嘉善紧邻上海，地处长三角的核心区块。要充分发挥区位优势，主动接轨上海，努力建设成为我省开放型经济的前沿阵地。"
习近平充分肯定了嘉善的工作，并勉励嘉善要搞平台建设，要强化
特色、突出重点，努力成为浙江承接上海产业延伸、吸引外资集聚
的重要基地。

时至今日，当年在场的所有人都对那一天印象深刻：不光是因
为嘉善一直以来接轨上海的努力找到了方向，还因为这一天是元宵
节，一个寓意全家团圆的日子。

"习书记，都快到 5 点了，要么就在嘉善吃个便饭再回去吧。"
高玲慧说。

"不了。"习近平亲切又真诚地回应道，"我们还是回杭州去。
今天是正月十五，是万家团圆的时刻，你们抓紧回家，回去过元
宵节。"

在浙江工作期间，习近平先后三次到嘉善调研视察，不仅亲自
指导接轨上海的具体工作，更为当地干部带来全新的思维方式和工
作方法。

2005 年 4 月，习近平第三次来到嘉善，希望嘉善在主动接轨
上海、扩大开放、融入长三角方面迈出新步伐。他特别谈道：接轨
上海要讲究方法，既要顺势而为，更要"借船出海"；嘉善不仅要
抓住产业接轨这一重点错位发展，更要围绕"上海需要什么，我们
能做什么，我们能给什么"设计工作和活动载体，逐步与上海建立
起更广泛的紧密型合作服务关系。

"黑猫白猫，抓住老鼠就是好猫。你们接轨上海、接轨杭州，
最后，能够发展生产、推动经济就是好的结果。"高玲慧始终记得
习书记的嘱托：嘉善要善于取长补短，借助上海这个大平台，更好

地融入国际国内经济大循环。

5月8日，嘉善县委、县政府出台历史上第一份"借力"上海促发展的计划——《嘉善县2005年接轨上海行动计划》，有针对性地梳理出81项重点工作任务。

在习近平的指导和关心下，嘉善锚定"开放兴县"的大思路，逐步形成外商、台商、浙商、国资四管齐下的全县"一盘棋"招商机制，走出一条小县大发展的路子。

2008年，已到中央工作的习近平，把嘉善确定为学习实践科学发展观活动的联系点。

2013年，嘉善成为全国唯一的县域科学发展示范点。

2019年11月，嘉善又被纳入长三角生态绿色一体化发展示范区，成为苏浙沪皖"四手联弹"一体化篇章里的生动音符。

五

当浙江人、浙江企业成为长江三角洲地区经济一体化进程的催化剂时，长三角这片古老又年轻的土地，正逐步冲破行政区划带来的藩篱。

就在2003年浙江省党政代表团的长三角之行期间，在绿树环抱的上海西郊宾馆翠园厅，习近平用16个字表明来意："虚心学习、主动接轨、真诚合作、实现共赢。"他首次向上海有关领导提出倡议：在现有基础上，建立三省市党政主要领导层的定期会晤机制。

此前，沪苏浙两省一市于2001年4月共同建立了沪苏浙经济合作与发展座谈会制度，先后召开的千岛湖会议和扬州会议，已在推动一体化进程中发挥实际作用。

但习近平认为，从更高的决策层面加强沟通，沪苏浙能够以更长远的战略眼光来共促发展。他提议建立高层会晤机制："如果没有合理规划，使各地间形成优势互补，长三角经济带很容易地区产业过于雷同，最终会浪费长三角地区黄金般的资源。"

为更有效地落实沪苏浙经济合作与发展座谈会的有关议题，2004年11月召开的长三角城市经济协调会第五次会议上，首次建立议事制度，并充实了常设机构。过去七年仅有一名兼职工作人员的联络处，升格为常设办公室，下设包括专题工作在内的一些工作组，会期也从过去的两年一次改为一年一次。

习近平的倡议，也在两年后得到实质性落地。2005年12月25日，首次长三角两省一市主要领导座谈会在杭州西子湖畔召开。西子宾馆夕照厅，沪苏浙三地的最高决策层闭门聊起"悄悄话"。

这次聊天愉快且高效，会议室大门敞开时，天色已晚。西湖雨势稍歇，蒙蒙细雨里，习近平带队，邀请沪苏两地领导前去参观西湖西进工程，这是杭州立足生态恢复古西湖的重要工程。

杨公堤畔，新挖的水荡和连绵的山峦相依，迂回曲折，水面上小岛点点，一行人的背影也逐渐融入这片景致中。

西子湖畔，一套"高层领导沟通协商、座谈会明确任务、联络组综合协调、专题组推进落实"的合作机制，就这样正式形成了。2008年，座谈会首次邀请安徽参加，两省一市变三省一市。

政策举措在落地，联动示范效应在提升……2018年，长三角一体化发展上升为国家战略，三省一市攥指成拳，上海龙头高昂，苏浙皖各扬所长，朝着面向全球、辐射亚太、引领全国的世界级城市群进发。在"一体化"和"高质量"深入人心的今天，三省一市正以跨越关口的魄力和全面发力的态势，勇夺发展的制高点。

进一步发展的天地在海上

—

习近平对海很有感情。长期在沿海省份工作的经历，使他对海洋经济有了深刻的理解。

刚到浙江不久，习近平就展现出经略海洋的雄心。20 年前的浙江，经济发展还局限于陆域经济，具有明显优势的海洋资源尚未得到有效开发。习近平很有远见地分析道："新世纪新阶段浙江经济进一步发展的天地在哪里？在海上！"

当时，许多干部对海洋经济这个概念还比较陌生，习近平的一番话掀起一股学习的热潮。2003 年 5 月中旬，一场浙江海洋经济专题大调研拉开了帷幕。

那时，"非典"疫情还没有结束，连往日热闹的普陀山也十分冷清。习近平与省委、省政府有关部门及地方负责人、专家学者，一同越海跨岛，行进在浙江绵长曲折的海岸线上。他们从上海坐船到大小洋山，随后到嵊泗、岱山、普陀、定海，再到北仑、三门、象山，船换车、车换船，整整颠簸了四天之久。每到一个地方，习近平都请人拿出地图，边看边讨论。

5月16日，刚结束调研的习近平风尘仆仆地赶到宁波，立即召集宁波、温州、嘉兴、舟山、台州等七个与海紧密相关地市的负责人，参加加快海洋经济发展的座谈会。

习近平清晰地指出，浙江发展海洋经济，要以规划为先导，以科技进步和体制创新为动力，以港口城市和中心海岛为依托，以发展临港大工业为突破口，走出一条具有浙江特色的海洋经济与陆域经济联动发展的路子。

这场大调研，是浙江建设海洋经济强省的原点。三个月后，全省海洋经济工作会议召开，习近平系统阐述发展海洋经济对扩大开放、增强经济综合实力的重要意义。他指出，海洋经济是开放经济。加快发展海洋经济，建设海洋经济强省，是加强长三角合作与交流、进一步扩大开放的重要途径。

对这次会议，习近平很重视，从会期、文件到参会人员名单，一一亲自审定。时任省海洋与渔业局局长夏阿国记得，习近平把他们准备会后出台的文件，仔细看了几遍，反复斟酌修改，把题目中的"发展海洋经济"改成了"建设海洋经济强省"。不久，省委、省政府出台了《关于建设海洋经济强省的若干意见》。

如果说，最初陆域经济的拓展生发了"跳出浙江发展浙江"的理念，那么建设海洋经济强省，则是"跳出浙江发展浙江"在辽阔海洋的生动演绎。浙江经略海洋的宏伟篇章由此翻开崭新的一页。

二

2003 年 1 月 16 日，省十届人大一次会议上，来自舟山的省人大代表既期待又有些紧张。他们一任接着一任提议案，一直盼望着舟山能建设大桥连接大陆。当时的千岛之城孤悬海上，渔业资源减少，渔民生活困难，老百姓迫切希望改变这样的窘况。

当听到习近平念出"舟山大陆连岛工程"几个字时，代表们兴奋无比。趁着休会，其中一位代表赶忙跑回驻地，打开电脑，给身在舟山的同事们传回一封电子邮件：千岛舟山变半岛的日子不远了！

消息很快传遍舟山，当地人喜出望外，激动万分。

早在 2002 年 12 月 18 日，习近平在参加省委十一届二次全体（扩大）会议时，特意选择参加舟山组的讨论。舟山代表说，一条渔船早上出去捕鱼，捞上来一只柴油桶，下午再去，又捞上来一只柴油桶，整天都没有渔获。舟山渔民的困境，一字一句，习近平都记在心里。

没过一个月，2003 年 1 月 5 日，顶着刺骨的海风，习近平首次踏上舟山岛。"我在福建沿海地区工作将近 18 年，对海有浓厚的感情，闻海腥味的时间跟你们一样长，船坐得也很多。"习近平的一番话，一下子拉近了和大家的距离。

上了岛，他就接连察看连岛工程、沈家门渔港、扬帆船舶集团、深水网箱养殖基地、水产品加工企业，尤其关心渔民转产转业情况。资金足不足？技术缺不缺？他走入一户户渔民家中，一边问困难，一边出主意，时不时嘱咐舟山的同志为渔业增效、渔民增收提供服务。

一路过来，他了解了舟山当前的困难，更看到了未来巨大的潜力，提出了"三个有利于"的关键论述："大力发展海洋经济，有利于我省扬长避短充分发挥资源优势，实施可持续发展战略，增强发展后劲；有利于我省抓住机遇，进一步拓展新的发展空间，拓宽经济领域，增强综合实力；有利于我省扩大开放，积极参与长江三角洲地区经济合作与发展，大力发展外向型经济，增强国际竞争力。"他还提出，舟山是大力发展开放型经济的一条重要"蓝色通道"。

要成为"蓝色通道"，必须构筑一条全天候通往大陆的通道。舟山人提出要建连岛工程，但当时舟山的年财政收入仅 10 亿元左右，连岛工程需要投入 100 多亿元，不少人认为这是天方夜谭。

习近平思考的，却是这座海岛的永续发展。他认为，基础设施的互联互通，是一个区域开放的基础，更是海洋经济与海岛发展的"牛鼻子"。

2003 年 5 月，再次来到舟山考察的习近平，提出去看一看大桥选址。他穿上救生衣，坐上船，迎着海风前往金塘岛考察。

时任舟山市市长郭剑彪坐在习近平身边，拿着地图，指着大桥规划的线路为他细细讲解。习近平一边看一边说，舟山连岛工程不能单纯从解决舟山交通不便的角度来看待，它是海岛与内陆的重要纽带，是宁波－舟山港一体化的重要纽带。

7 月的一个晚上，习近平主持召开省委常委会会议，听取各地市学习"八八战略"情况的汇报。郭剑彪代表舟山发言。会议规定每人发言不超过五分钟，汇报到连岛工程时，时间刚好到了。

"汇报时间到了，我就不多说了。"郭剑彪有些遗憾地说。

没想到的是，主持会议的习近平立即接话道："没关系，接着讲!"

当时连岛工程是"出了名"的，好几次舟山提出希望省里支援，但都因为成本和回报问题而搁置。

郭剑彪心想：习书记既然让我讲，那我就实事求是地讲。于是，他从建设连岛工程对推进海洋经济发展的重要意义，讲到大桥建设的主要情况和前景分析。习近平听得很认真，还不时记录。

在场许多人意识到，实际上，郭剑彪汇报的内容，习近平早已熟谙，请他继续发言，是要通过一定范围的讨论研究，进一步统一大家的思想认识。

此后，每到舟山，习近平必问连岛工程，不止一次明确表态支持这个项目。在大桥建设遇到资金困难时，2004年底，习近平召开省委财经领导小组工作会议，拍板决策，由省交通集团出资51%，宁波出资25%，舟山出资24%。不仅如此，习近平还考虑到舟山财政比较困难，要求省财政再拿出1亿元给舟山，作为注册资本金。

在习近平的亲自擘画和大力推动下，大桥建设得以顺利推进。2009年12月25日，舟山跨海大桥全线试通车，习近平专门发来贺信。

舟山告别"海岛时代"，进入"大桥时代"。如今，车行桥上，两侧烟波浩渺，壮阔无垠。交通运输的便捷，物流人流的通畅，深刻改变了舟山人延续千年的生产生活方式。

"舟山这几年发展变化很大，现在的样子已完全认不出了。"2015年5月，习近平第14次踏上这块土地。凝望熟悉的大海，他深情地说："我喜欢海边，喜欢海岛，尤其喜欢舟山。"

如今，他深爱的这片海岛，早已成为浙江对内对外开放的前沿阵地：浙江自由贸易试验区落子舟山，宁波舟山港跃居世界第一大港，舟山群岛新区、舟山江海联运服务中心等汇集于此……

三

在浙江加快发展海洋经济的版图中，宁波舟山港是光彩夺目的一笔。

2020年3月29日下午，宁波舟山港穿山港区集装箱码头，各种颜色的集装箱一眼望不到边。一辆中巴车穿越风雨而来，习近平总书记从车上下来，撑着雨伞朝2号集装箱泊位走过去，驻足良久，眺望着世界第一大港热火朝天的景象。

在业务调度大厅，习近平总书记听取了港区发展和复工复产情况汇报。在一楼大厅，他同港区职工代表亲切交谈，深情地说，他对这里、对宁波港很有感情。

今天的宁波舟山港，货物吞吐量连续13年位居全球港口第一，是全球第三个3000万级集装箱大港和第六大加油港。

回到2000年，宁波港已正式对外开放21年，但集装箱吞吐量仅90.2万标箱，排名列国内第7位、世界第67位。如何发展壮大，困扰着宁波港人。

2002年12月，习近平前往北仑港调研。一行人乘车来到全国最大的25万吨级原油码头，一下车，刚好看到一艘即将离港的大型船舶。习近平仔细察看了船舶作业情况，目送船舶离港。

优良的港口条件、壮观的码头景象，习近平深感宁波港、舟山港有很大的潜力。他指出，宁波港不仅是宁波的最大优势，也是浙江的最大优势，海洋经济发展前景很好，有深水岸线，可以多建深水码头。

习近平的鼓励，让原本徘徊不前的宁波港人为之一振。这之后，宁波港人下决心开始建码头、拓航线，开启"二次创业"。

多位宁波舟山港一体化发展的见证者回忆，习近平在第一次考察宁波的时候就提出，要加强与舟山的联合，逐步推进宁波港、舟山港的一体化发展。当时，宁波有实力，舟山有潜力，双方也各有各的打算。此外，海关、边检、边防、海事等口岸单位，有的直属中央，有的由地方管理，体制问题纷繁复杂。

习近平从世界港航发展格局、区域竞争态势、两港资源互补等视角，深入浅出地分析形势，不断凝聚共识。

他多次指出，宁波、舟山两港共处一个区位，共享一条航道，共用一处港城，完全可以在合理分工基础上进行整合，以一个港口、一个品牌参与国内外航运市场竞争，这是一件需要尽快突破的大事。

他一边在理念层面统一思想，一边在执行层面推动发展。

舟山金塘岛，有现代化的大型集装箱集散枢纽——大浦口集装箱码头，它以"国际物流岛"的姿态，雄踞杭州湾南岸与甬江入海口之间。

舟山衢山岛，有全国最大的矿石中转码头——鼠浪湖矿石中转码头。一艘艘超大型的矿砂船频繁靠泊，来自全球各地的铁矿石在此汇聚、中转，深入长江经济带腹地。

谁又能想到，这两块生机勃勃的热土，当年均是弹丸渔村？这是习近平亲自选定的两块"宝地"。

2003年5月，习近平专程察看金塘大桥选址，得知金塘岛弹丸之地竟有长27公里、深15米以上的岸线后，他来到金塘大浦口岸段考察，叮嘱身边的干部，这是一块宝地，是很好的天然良港，开发前景广阔。

2005年6月13日，习近平登上岱山衢山岛，再次考察舟山深水岸线资源。他指出，随着大小洋山和宁波港、舟山港建设的加快，六横岛、金塘岛、衢山岛作为尚未开发的宝地，资源优势日益显现，嵊泗、岱山的区位优势也日益凸显，舟山的发展前景不可限量。

两次点石成金，为宁波-舟山港换来两把对外开放的金钥匙。

在习近平的一次次推动下，两港一体化终于拉开序幕。2005年12月20日，宁波-舟山港管理委员会挂牌成立，他亲自前往揭牌。

直到现在，很多人仍然记得习近平在揭牌仪式上的铿锵话语："港口兴，则城市兴；港口兴，则经济兴。打破行政区划限制，整合宁波港和舟山港资源，实现宁波-舟山港一体化，是面向未来的必然趋势。"

2006年1月1日，"宁波-舟山港"名称正式启用，按照"统一规划、统一品牌、统一建设、统一管理"的原则继续深度整合，一个崭新的东方大港雄姿初露。

此后，习近平仍密切关注两港一体化进展。

2006 年初的一天，宁波港集团接到省里通知，习近平想在访问美国期间，专程去全球著名的组合港——纽约－新泽西港考察，希望能做好衔接工作，以发展两港友好关系。

原来，习近平了解到，尽管当时宁波－舟山港的吞吐量已经超过纽约－新泽西港，但纽约－新泽西港是全球港口一体化的典范，他希望通过两港的交流合作，使宁波－舟山港能更快迈向世界一流港口行列。

5 月，习近平率领浙江代表团赴美考察，其间，专程前往纽约－新泽西港。他仔细考察了港口，与港口事务管理局执行主席会谈，并见证两港合作协议的签署。

12 月 27 日，宁波－舟山港集装箱年吞吐量首次达到 700 万标箱，习近平亲赴码头，按下了第 700 万标箱的起吊按钮。

2008 年 11 月，宁波－舟山港集装箱年吞吐量首次超 1000 万标箱。公司向已到中央工作的习近平写信报喜。习近平特地让秘书打电话来表示祝贺和鼓励：继续做大做强，走在前列。

2009 年，宁波－舟山港货物吞吐量达到 5.7 亿吨，自此成为全球第一大港。2015 年 9 月，宁波舟山港集团有限公司揭牌，两港实现以资本为纽带的实质性一体化，宁波－舟山港中间的短短一横正式成为历史。

从最初的宁波、舟山两港，到随后的宁波－舟山港，再到今天的宁波舟山港，看似是名称变化，实则是这个全球第一大港不凡的发展历程。如今，宁波舟山港已跻身全球集装箱吞吐量前三，成为衔接服务中西部广大腹地与"一带一路"沿线国家和地区的战略支点。

2020 年的宁波舟山港穿山港区集装箱码头

从外贸大省到开放大省

—

2004 年是浙江开放发展史上重要的一年。这一年，先是召开那些年来唯一一次全省对外开放工作会议，会后一个月省委、省政府即发布《关于进一步扩大开放的若干意见》，提出要实现从"外贸大省"向"开放大省"跨越，全面提高全省对外开放水平。

在各地调研中，习近平谋划了一张特殊的对外开放"路线图"——

对于嘉兴、杭州、湖州，强调特别要注重"北接上海、东引台资"，做好利用外资这篇大文章，整体推进杭嘉湖地区外向型经济发展；以更加积极的姿态，参与长江三角洲地区的经济合作与发展，全力推动外向型经济再上一个新台阶。

对于宁波、台州、温州，他叮嘱，要紧紧抓住开放这个最大的优势，进一步扩大开放，在利用内资和引进外资"两条腿走路"中，加快推进经济发展。

对于金华、衢州、绍兴，他提出，各个地方都要努力实行对外开放，跟国际接轨，提高国际竞争力。发展开放型经济不是权宜之计，而是一个长远战略，要抢抓历史性机遇。

从"外贸大省"到"开放大省"，一词之变，反映出习近平思考的是全方位、多层次、宽领域、高水平的浙江对外开放战略布局。

2006 年 4 月 13 日至 16 日，首届世界佛教论坛在浙江杭州、舟山举办，37 个国家和地区的 1200 余人齐聚浙江，与会者来自佛教界、学术界、企业界、文艺界、政界等。

这次论坛是我国促进世界文明对话的创新之举，具有深远的意义。

可在申办初期，没有大型活动承办经验的舟山人颇为忐忑。"同时申办的有三亚、无锡、西安，这三座城市所在省的省委书记分别给国家宗教事务局写了信，表达希望承办的愿望。我们了解到这个情况后心想，该不该向习书记汇报？他会不会出面？"时任舟山市市长郭剑彪回忆说。

没想到，听了舟山的汇报，习近平不仅爽快地答应写信，还亲自给国家宗教事务局打电话联系，主动了解申办的详细情况，随后更带队到国家宗教事务局，与相关同志座谈，表达浙江想要承办世界佛教论坛的真诚愿望。他表示，舟山有难处，浙江会举全省之力支持舟山办好这个论坛。

就这样，从申办开始，习近平多次听取汇报，全力协调。论坛举办期间，他更要求负责统一协调工作的时任省政府副秘书长楼小东，在每一场活动的开始和结束时分别报告一次。"外事无小事。当时习书记就提出，办好了，有利于促进各国的文化交流，促进浙江经济社会发展，促进社会和谐。同时，我们不仅可以积累承办国际大型活动的经验，更可以扩大宣传，提升浙江的影响力。"楼小东说。

习近平始终十分重视扩大社会、文化、教育等各领域的对外开放,积极推进缔结国际友好地区、友好城市文化交流活动。我国第一所引进世界优质教育资源的中外合作大学——宁波诺丁汉大学,正是习近平在浙江工作期间促成创建的。此外,温州肯恩大学也是在他的关心和见证下创办的。

时任副省长王永明说,习近平到来后,开了浙江对外开放的许多先例。比如,从2003年起,习近平每年都会参加在宁波举办的中国浙江投资贸易洽谈会,并接待重要外宾,显示浙江对于招商引资和对外开放的重视,也使得浙洽会这个开放大平台的影响力越来越大。

"习书记看重的,不仅仅是传统的外贸、外资,更是社会、文化等全领域的对外交流互动,这也意味着浙江对外开放进入一个全新的阶段。"多年从事外经贸工作的浙江干部感叹,"这位领导懂行!"

二

2003年3月,在浙川两省经济社会发展情况交流会上,习近平十分坦诚地与兄弟省份一同分析浙江的"短腿"。

"浙江的短腿是什么?浙江民营经济很好,但利用外资方面不如江苏,不如上海,不如广东,甚至也不如山东和福建。我们实际利用外资是30亿美元。"接着,习近平一口气报上一串数字:福建是42亿美元,山东是60亿美元,江苏是120亿美元,广东是160亿美元,仅苏州就有46亿美元……

习近平记挂着要补上利用外资这条"短腿"。在嘉兴、温州等地调研时，他用了一个形象的比喻：利用民资和利用外资，"两条腿走路"总比"一条腿走路"好；况且，引进外资不仅仅是引进资金，更重要的是引进先进技术和管理经验，引进新的理念，引进品牌和市场营销网络。

从密集的行程就可以看出，习近平对引进外资亲力亲为：2005年10月28日，会见西门子股份有限公司全球总裁兼首席执行官柯菲德；10月31日，分别会见日本栃木县代表团、韩国SK集团首席执行官崔泰源；11月4日，会见韩国全罗南道代表团……

仅摩托罗拉公司，习近平在浙江工作期间，就多次会见其负责人，并访问美国总部。2006年7月4日，习近平出席杭州摩托罗拉移动通信设备有限公司举行的第6000万台手机下线仪式和向浙江省捐赠手机仪式。时值盛夏时节，他冒着高温，深入企业车间，考察手机生产线，关切地询问职工的工作和生活等情况，并向他们表示慰问。

时任省外经贸厅副厅长傅杜尔，多次陪同习近平接待新加坡、俄罗斯等国驻华使节和外商。他印象最深的是，习近平向外方介绍浙江投资环境时不按固定"套路"，不管对象是谁，他都能像唠家常一样谈笑风生，对于来访者的任何一个话题，他都能自然得体地接上。

杭州萧山国际机场与香港机场管理局的合资，正是习近平亲自招商的大项目。

2002年3月3日，国务院印发《民航体制改革方案》，要求全国各地机场实行属地管理。当时，2000年投入使用的杭州萧山国际机场发展速度很快，远远超过规划时的设想，迫切需要进行业务拓展。

　　省委、省政府拍板进行合资兴建，杭州萧山国际机场组建调研团队，考察香港、休斯敦、哥本哈根等许多机场。当时，合资项目的汇报要通过几个层级才能到省委书记那里。由于习近平的重视，时任董事长陈海玫多次直接向他汇报。

　　2004 年的一天，章猛进接到习近平的一个电话，说有一件大好事要告诉他。原来，习近平从国外考察返程，到香港中转，正好在香港国际机场考察对接合资事宜。"当时，我担任常务副省长，习书记告诉我，香港机场方面愿意出资 100 亿元，他叫我和其他领导一起协调项目用地，尤其是要协调好萧山和杭州萧山国际机场之间的关系。"

　　关于合资后谁管理这一问题，香港方面提出派管理层担任总经理。"总经理究竟谁当的问题，当时也存在争议。"章猛进记得，最终习近平拍板，同意香港方面的要求，他认为，不仅要引进香港的资金，更要引进香港先进的经营管理理念，努力提升浙江的国际综合竞争力。

　　合资之后，杭州萧山国际机场的发展更为迅猛。"过去我们一直想增加国际航班，曾经找过国航、东航、厦航等航空公司，可得到的回复是，国内航空公司大飞机没那么多，加上还要考虑经济利益，只好搁置。合资后，借助香港国际机场的知名度，原本对我们不了解的国外航空公司，也和我们合作了。"时任杭州萧山国际机场有限公司总经理王震江说。

　　杭州萧山国际机场与香港机场管理局的合资，是内地民用机场首次整体进行的对外合资，有力推动了民航业的改革发展。

三

2005年1月16日至22日，习近平率领由600多人组成的浙江代表团，参加"港澳·浙江周"活动，主动"走出去"，宣传浙江、扩大影响、促进合作。

开幕式当晚，在香港演艺学院歌剧院内，台上是引来阵阵掌声的精彩绍剧《真假悟空》，台下是浓浓的浙江乡音，忆桑梓，道乡愁，谈合作。

在香港、澳门期间，习近平一天要参加30多场活动，往往没吃早饭就要出发，每次用餐时都安排了会见活动，经常晚上10点多才回到酒店。除了参加"港澳·浙江周"系列活动，习近平还与当地一些报社、杂志社的社长和总编辑见面，拜访香港中华总商会、香港中华厂商联合会、香港苏浙同乡会等，召开在港浙籍人士座谈会。

到了澳门，习近平又拜访澳门中华总商会、澳门厂商联合会，与澳门知名人士座谈。"习书记参加演讲、重大项目签约，与方方面面的人士都进行会面交流。他还特别重视商会社团，与民间力量合作，为浙江开放服务。"傅杜尔记得，习近平在百忙中，还不忘跟他们交代，对送来花篮的机构和个人要及时送去感谢信，感谢他们对浙江的关注和支持。

最终，那一次"港澳·浙江周"，共签订投资项目153个，总投资额62.58亿美元，其中就包括具有标志性意义的杭州萧山国际机场与香港机场管理局的合资项目。

自那以后，"美国·中国浙江周""法国·中国浙江周"等活动

166

接连举办。习近平多次出国招商，宣传浙江。"省委书记引领，带来的不仅仅是签约成果，更是两地之间整个年度甚至持续多年的密切经贸往来，这远不是过去我们工商联系统或统战系统去拜访几个人、开展几个活动可以比拟的。"多次随团出访的时任省政协副主席、省工商联会长徐冠巨说。

当时，浙江招引外资不仅声势浩大，更频频涌现新模式、新举措。"以民引外"正是当年浙江利用外资新的突破点。一方面，民企需要引进外资缓解资金压力，提高技术管理水平；另一方面，重新整合利用民企的闲置厂房、土地资源，也能提高浙江的资源利用率。

"对民企与外企合作，习书记一直很支持。"时任德力西集团有限公司总裁胡成中说。2005年11月26日，中央领导同志在习近平的陪同下，在温州雪山饭店与企业家座谈，当时参加的有18位温州企业家。胡成中第二个发言："当时，我们和施耐德的合资正处于艰苦的谈判过程，外界也有很多质疑的声音。"

听完汇报，习近平说，现在中国已有8000多亿美元外汇储备，我们缺的不是资金，而是先进的技术、先进的管理和销售的全球网络。德力西有销售网络优势、成本优势和中档产品定位的优势，双方股权各占50%的合作，既发挥了自己的优势，又保持了中国的民族品牌。

像这样的大型合资项目，在审批上难免会遇到些困难。习近平专门安排省外经贸厅厅长冯明，陪着一起跑北京，去商务部协调审批工作。最终，这个当时浙江最大的"民外合资"项目顺利拿到了通行证。

正是在习近平的全力推动下，世界500强企业沃尔玛入驻浙江，日本三井住友在浙江设立第一家外资银行，东京海上日动火灾保险株式会社成为浙江第一批外资保险公司之一。浙江省利用外资规模水平不断提升，在全国的排名也不断攀升，从 2002 年的 30 亿美元，一跃到 2007 年习近平离开浙江时的破百亿美元，相当于 2002 年之前 20 多年的总和。

四

2006 年 11 月 1 日，习近平在"之江新语"专栏上发表一篇短论，题为《"浙江人经济"拓展浙江经济》。

文中写道："'浙江经济'不是'浙江人经济'，前者立足点在地域，是地区经济的概念，是 GDP 概念；后者立足点是人，更多的是文化概念，是 GNP 概念。这表明了浙江的经济发展模式不仅是富民强省的发展模式，而且也是能够为全国乃至世界经济作出重要贡献的发展模式。"

发表这篇文章时，习近平在浙江已工作了整整四个年头，"跳出浙江发展浙江"又迎来了升华。

那些年，浙江人积极"走出去"所创造的成就，屡屡让习近平惊喜不已。2006 年，在江西举行的一场经济社会发展经验报告会上，习近平愉快地谈起浙江产品的"走出去"。他介绍，浙江制造的产品具有低成本优势，这是浙江中小企业的成功之道，使得浙江生产的不少产品在全国乃至全世界都具有很强的竞争力。

为了让浙江产品和企业走得更远，习近平反复调研，提出加快先进制造业基地建设，实施外贸多元化战略，进一步拓展国际市场空间。他多次到北京拜访中国科学院、中国工程院的院长和院士，邀请他们来浙江指导，为产品升级、企业转型、国际竞争力提升，找寻突破口。

习近平一直十分重视新兴市场。在 2003 年 3 月 27 日的省委工作会议上，他提出，要鼓励、支持企业和产品"走出去"，不断巩固和深度开发美、日及欧洲、东南亚等传统市场，积极拓展南美、非洲等新兴市场，努力做到传统市场寸土不让，新兴市场见缝插针。

王永明记得，他曾多次在习近平的要求下，前往新兴市场国家考察。"有一次习书记找到我，和我分析了俄罗斯远东地区的市场。"习近平认为，浙江对俄罗斯远东地区有进口木材的需求，浙江的日用消费品也正符合那里的需要。过去，浙江只有到地中海、美洲传统市场的航线，如果能开通到符拉迪沃斯托克（海参崴）的航线，增加往来交互，或许能开发出一片全新的市场。"正是在习书记的积极要求下，2003 年，我们特地去了一趟，先行开通了宁波到符拉迪沃斯托克的航线。"

2005 年 7 月 14 日至 16 日，习近平率团访问老挝。访问期间，双方谈到浙江省与老挝开展经贸合作与交流事宜。时任省外经贸厅副厅长夏海伟记得，代表团刚刚返程，省工商联就召集了一次会议，传达习近平的指示要求。

"当时，习书记提出，尽快组织企业以老挝为切入口，向周边国家辐射发展。"在清晰的指示下，当年 11 月，一支由政府部门负责人与企业家组成的商务考察团随即组建，前往老挝、泰国等国家考察。这些市场，日后均成为浙江参与"一带一路"建设的重要目的地。

王永明回忆起一件往事：2003 年前后，浙江的一次能源几乎全从省外调入，其中石油对进口的依赖度最高。为了解决能源问题，习近平把清洁能源的进口作为一个突破口。位于宁波的浙江省首个液化天然气接收站，就是在习近平的推动下建成的。"当时，习书记很重视清洁能源，他多次告诉我，要用好浙江的港口优势，多方面寻找气源。"

关于进口的作用，习近平曾在"之江新语"专栏上发表了一篇短论。文章中写道："长期以来，受凯恩斯经济学理论的影响，我们一直将投资、消费和出口看成是拉动经济增长的'三驾马车'，而将进口看成是国民经济的'漏出'。但实践证明，进口对增加要素供给、推动技术进步、改善人民生活具有不可替代的作用。"

十多年后的 2018 年，在习近平总书记亲自谋划和部署的世界首个以进口为主题的国家级展会——中国国际进口博览会上，熟悉的话语再度响起：中国主动扩大进口，不是权宜之计，而是面向世界、面向未来、促进共同发展的长远考量。

"中国开放的大门不会关闭，只会越开越大。"回想当年，习近平在浙江时就强调，立足浙江发展浙江、跳出浙江发展浙江，要坚持"走出去"和"引进来"相结合，充分利用"两种资源、两个市场"。在习近平"跳出浙江发展浙江"战略的引领下，浙江坚定不移走高水平的自立自强之路，实施高水平的改革开放。中央提出加快形成以国内大循环为主体、国内国际双循环相互促进的新发展格局，浙江将坚决贯彻落实，以更加自信的心态、更加坚定的步伐，扩大开放、拥抱世界。

六、"平安浙江"护航发展稳定

"平安报表"保平安

—

2004 年 2 月 10 日，省十届人大二次会议宣布，上一年全省生产总值达 9200 亿元，同比增长 14%。这一幅度，远超全国的 9.1%。

经济高速增长的同时，社会的和谐稳定却屡遭挑战。

人富了，为什么安全感反而少了？浙江生活条件那么好，为什么还会发生影响安全稳定的事件？

这是"成长的烦恼"。习近平说，作为经济发达的东部省份和市场经济的先发地区，浙江在许多问题上比别的地方先期遇到，这些问题的显性化与群众越来越高的预期，在一些方面已构成突出的矛盾。

对于这些无经验可借鉴的新问题新挑战，党员干部中出现了两种截然不同的态度。

一部分人觉得，这是经济高速发展的必然，是非交不可的"学费"，只要经济指标好看，出现一些这样那样的问题可以理解，大可不必上纲上线；还有一些人则觉得，改革与发展都没有稳定重要，在自己任内，"不求有功，但求无过"，当"太平官"最好。

如何处理好改革、发展、稳定这三者之间的关系？习近平思考得很深入——"必须建立健全一整套良好的和谐社会运行机制"。

2004年1月29日，省委理论学习中心组学习会上，习近平首次明确提出"平安浙江"的设想。

2月23日，习近平召开书记办公会议，进一步对"平安浙江"建设展开讨论，作出部署。

第二天，省委常委会敲定推进"平安浙江"建设的若干事项：发布相关文件，举行动员大会，明确职责分工。

5月10日，省委十一届六次全体（扩大）会议召开，作出《关于建设"平安浙江"促进社会和谐稳定的决定》。习近平在会上宣布，省委决定成立建设"平安浙江"领导小组，他担任组长。领导小组办公室设在省委政法委，作为领导小组的日常办事机构。

在这次会议上，习近平全方位阐述了自己的"平安观"：

——"平安浙江"中的"平安"，不是治安好、犯罪少的狭义"平安"，而是涵盖经济、政治、文化和社会各方面的宽领域、大范围的广义"平安"。

——强调"平安"，并不是放松改革与发展，更不能因为在改革与发展的过程中出现一些影响"平安"的问题，就因噎废食，不思改革，不抓发展，这样不是"平安"而是"平庸"。

——富裕与安定是人民群众的根本利益，致富与治安是领导干部的政治责任。推进经济发展是政绩，维护社会和谐稳定同样是政绩。

——领导干部要树立正确的"政绩观"，坚持"两手过硬"，学会"十指弹琴"，把建设平安社会、促进和谐稳定放在十分重要的位置，努力做好这方面工作，推动物质文明、政治文明、精神文明协调发展。

"没有平安的浙江，就没有全面小康的浙江；没有和谐稳定的浙江，就没有繁荣富裕的浙江。"浙江的路怎么走，习近平一锤定音。

二

"又被退回来了……"

"那就继续改……"

对省平安办的工作人员来说，2004年的这个夏天，注定难忘。

省委十一届六次全体（扩大）会议开过不久，他们就接到省委下达的任务：起草《浙江省平安市、县（市、区）考核办法》。

放眼全国，这样的考核没有先例，怎么制定？省平安办主任夏阿国把所有工作人员召集在一起进行"头脑风暴"，最后决定按社会治安、安全生产和社会稳定这三个维度考核。

第一稿交到省委办公厅，第二天就被退回来了，修改意见很简单：请继续完善。

第二稿、第三稿……2004年8月16日，这份考核办法终于向全省公示。

这几个月里发生了什么？夏阿国的笔记本里记得清清楚楚：一次次调研，一次次征求意见；7次大修改，40次小修改！

最终问世的100条具体指标，是根据习近平提出的"大平安"理念，围绕"五个更加"总体目标——经济更加发展、政治更加稳定、文化更加繁荣、社会更加和谐、人民生活更加安康，以及"六个确保"具体目标——确保社会政治稳定、确保治安状况良好、确保经济运行稳健、确保安全生产状况稳定好转、确保社会公共安全、确保人民安居乐业，不断扩充和细化完善得来的。

考核办法出台后，习近平给各地提了个要求：三年内，绝大多数市、县应达到平安创建的目标。

一时间，大家反应强烈：这个目标是不是太高了，能不能实现？一次省里大会结束后，夏阿国向习近平"求情"："要么目标再定低一点？"

"平安应当是一个普遍性的基本要求，是一条底线。如果连平安都难以确保，还谈什么发展，还谈什么改革？"习近平没有直接回答，可夏阿国听懂了。

之后，省平安办把列入考核的100条具体指标，逐一分解到各个职能部门，列入干部任期目标，考核结果与政绩挂钩。与此同时，考核办法还设置"一票否决"事项，督促各地、各部门时刻将人民生命安全放在首位。

这一整套机制的建立，让各地对平安建设前所未有地重视起来。

2006年2月，省委建设"平安浙江"考核抽查组分赴各市及部分县（市、区）开展平安建设考核抽查工作。回来后大家交流心得，相似的一幕在各地都可以看到：

抽查组所到之处，各地党政领导干部一把手的案头上除了"经济报表"，绝大部分还放着一份"平安报表"。他们说，辖区内发生了什么事，许多干部的第一反应就是对照"平安报表"，看看哪里做得还不到位。

一份"平安报表"，让平安更加可触可感。浙江省内人民群众安全感满意率从 2004 年的 92.33% 上升到 2005 年的 96.39%，人民群众的安全感有了明显提升。

三

2006 年 3 月 28 日，杭州市下城区区委书记翁卫军难掩内心的欣喜——他要去领奖了！

这一天，省委召开建设"平安浙江"电视电话会议，在前期抽查和核准的基础上，经省委建设"平安浙江"领导小组研究、新闻媒体公示等规定程序后，第一批由省委、省政府命名的"平安市"和"平安县（市、区）"将被授牌，下城区榜上有名。

过去这一年，和很多地方的一把手一样，翁卫军曾非常焦虑。

下城区拥有杭州繁华的商业地带，31 平方公里的土地上，有常住和外来人口 50 余万，南来北往的游人、商旅更是不计其数。尽管全区地方年财政收入达到 30 亿元，人均 GDP 已达 4700 多美元，但社会平安状况一直困扰着党委和政府，偷、盗、抢等案件的发案率一度居高不下，各类社会矛盾纠纷频频发生，群体性上访时有发生。

"考核机制出台后，我们绷紧了平安这根'弦'。"翁卫军说，为了提升平安状况，下城区探索出一系列创新举措，在"小平安"建设上，通过"人防＋物防＋技防"，投入 3000 万元在城区重点位置全方位安装摄像头，使社会治安不留空白。同时，还组建了一支新型社会治安综合治理队伍——平安总队，人员包括民警、协警、经警、民兵、城管、保安及社区志愿者等。在当时，这支 1.24 万人的队伍，是杭州市城区中规模最大的。

2005 年，下城区刑事案件总量第一次出现下降，真正实现了"经济报表"和"平安报表"两手抓，两手都硬。

这仅仅是个开始。

历届省委、省政府坚持一张蓝图绘到底，一任接着一任干，各地把建设"平安浙江"作为一项长期战略任务，成立以党委主要领导为组长的平安建设领导小组，一级抓一级、层层抓落实，构建起严密的平安建设组织体系。

这一体系，让平安建设进一步被放到经济社会发展大局中来谋划和推进。每月，摆在各级党政主要领导案头的"平安报表"，成为研判本地区平安建设重点难点、补齐短板的重要参考。

这一体系，使浙江跑出经济高速发展和社会平安稳定两大"加速度"，人民群众安全感满意率连续 18 年位居全国前列，2021 年更是达到 97.25％。在浙江，社会越来越安全，群众越来越安心。

四

鱼米之乡缺米了！

2004 年春节后，浙江市场上主要粮食供应出现短缺，价格上涨较快，中央一度紧急调度车皮给浙江运送粮食……

"苏湖熟，天下足。"相当长的时间里，浙江的粮食生产都能自给自足。但改革开放以来，浙江经济社会快速发展，工业化和城市化进程不断加快，外来人口急剧增加，农业产业结构也发生了很大变化，粮食产量逐年减少。

习近平对此有着清醒的认识：靠国际市场保不了中国的粮食安全，中国人自己的问题还是要靠自己解决，浙江更不能完全依赖别人，必须立足自身，练好内功。

2004 年 4 月，正值春风拂面、草长莺飞的好时节。

富阳市全国种粮大户老沈正在田头料理。

"老沈!"

听到远处传来的招呼声，老沈放下农具，抬头望见轻车简从的一行人。

"老沈，这位是省委书记习近平同志，向你了解点情况。"随行人员介绍。

"我从来没见过这么大的'官'!"这位种粮大户一下子拘谨起来，连手上的泥点都忘了擦。

习近平毫不在意，上前紧紧握住他的手。之后，两人并排走在泥泞的机耕路上，一边望着田里的早稻秧苗，一边拉起家常。

"知道中央和省委关于支持粮食生产的政策吗?"

"今年准备种多少亩水稻?"

"种粮能有多少收入?"

"农资供应和价格怎样?"

习近平逐一询问，还掰着手指与他一起算账。

老沈介绍，自己去年没有种植早稻，今年赶上政策优惠，打算种早稻170亩、晚稻400亩，稻鸭共育240亩，另外，自己还在各级政府和有关部门扶持下买了一台价值8万元的收割机，现在春耕生产的各项准备已经基本就绪。

习近平听了十分高兴，转头对随行人员说："农民是最务实的。只要市场需要、政策到位、种粮赚钱，农民一定会多种粮。"

日头偏西，习近平来到春华村，与镇村干部和种粮大户座谈，详细了解春耕生产、农资供应、科技下乡等情况。

听了大家的发言后，习近平说，民以食为天，食以粮为本，任何时候都必须高度重视粮食问题，任何时候都必须有足够的粮食储备，任何时候都必须确保粮食供应。

在这次座谈会上，习近平要求各级党委、政府一定要把保证粮食生产和供应放在极端重要的位置，认真而不是敷衍地、严肃而不是轻率地、务实而不是浮躁地抓好这方面工作。要靠政策引导，千方百计调动农民的种粮积极性；靠科技推动，切实提高粮食单位面积产量和质量；靠市场调控，运用客观经济规律，抓好粮食生产和供应。

前往富阳调研春耕前，习近平还专程到浙江粮食主产区嘉兴调研。

这一趟行程，他不仅考察了嘉兴农产品交易市场、嘉善干窑粮油工贸有限公司和嘉善商城粮油及副食品批发交易市场，还召开市、县领导和粮食加工、经营企业负责人及种粮大户参加的座谈会。

会上，他明确要求把扶持粮食生产的各项政策措施落到实处，及时落实免征种植粮油作物的农业税，对粮食种植大户实行直接补贴，提高各级粮食部门"订单"收购粮食的价外补贴，专项奖励减少抛荒成效显著的基层干部和种粮大户，切实减轻种粮农民负担，千方百计调动种粮农民积极性；认真贯彻国务院关于保护基本农田的"五个不准"措施，进一步加强基本农田保护，加快高标准基本农田建设，坚决制止全年性抛荒，减少季节性抛荒，提高土地复种指数，保证必要的粮食播种面积，提高全省的粮食自给率；加大优质高产粮食新品种的选育和推广力度，加强农业科技指导和服务，努力提高粮食单产水平。

这两次集中调研，给当时正处于踟蹰中的浙江粮农吃下了"定心丸"。

五

20 世纪 60 年代，诸暨县枫桥区的干部群众在社会主义教育运动中，创造了"发动和依靠群众，坚持矛盾不上交，就地解决，实现捕人少、治安好"的"枫桥经验"，成为全国政法战线上的一面旗帜。

习近平一到浙江工作，就高度重视继承、创新和发展"枫桥经验"。

2003 年 11 月 25 日，在纪念毛泽东同志批示"枫桥经验"40周年暨创新"枫桥经验"大会上，习近平指出：不断创新"枫桥经验"，必须着眼工作大局，在统筹发展中丰富新鲜内涵；必须营造法治环境，在依法治省中取得明显成效；必须相信依靠群众，在执政为民中践行根本宗旨；必须建立长效机制，在完善制度中实现长治久安，使"枫桥经验"在维护浙江社会稳定中显示更强的生命力。

2004年6月2日，习近平来到湖州市吴兴区织里镇矛盾纠纷调解中心调研。

织里镇服装产业起步早，2000年前后就有童装企业7000多家，本地居民10多万人，外来人口达到20多万，社会治理情况复杂，全镇一年的纠纷有1000多起。

织里镇矛盾纠纷调解中心组建于2002年4月28日，汇聚了劳动监察保障、公安、工会、妇联、人民调解等各方面的力量。

但这样一种基层创新发展"枫桥经验"的有益尝试，当时有的人不理解甚至看不上。

镇司法所所长吴美丽兼任矛盾纠纷调解中心负责人，天天忙得焦头烂额。这一天，她正在二楼的会议室里，为30多位农民工调解劳资纠纷，习近平站在门边认真地听了一会儿。调解结束后，他问吴美丽："你这起纠纷调解得怎么样了？""你们调解纠纷是否收费？"……吴美丽一一作答。

随后，习近平又来到三楼的一间会议室，了解调解纠纷的"十八字诀"及工作职责、受理范围等。他一边听介绍，一边询问："村里的治保组织、调解组织有没有健全？一年调解了多少起纠纷？"

吴美丽介绍，中心成立以来，已调处各种纠纷3233起，调解率达95.7%，没有一起因调处不当引起矛盾激化和重复上访，做到了"小事不出村、大事不出镇、矛盾不上交"。

习近平微笑着赞许道："人民调解为人民，化解纠纷促稳定，这是一项基础性工作，你们做得好，很有意义。"

平安的根基在基层。在习近平看来，"平安浙江"建设必须夯实基层基础，下移工作重心，理顺群众情绪，化解矛盾纠纷。

"调解工作总要做出很多牺牲，有时还要受委屈。但是习书记的打气鼓劲，给了我们莫大的动力。"吴美丽说。

2013年10月，习近平总书记作出重要指示，要求把"枫桥经验"坚持好、发展好，把党的群众路线坚持好、贯彻好。

2019年10月，党的十九届四中全会通过的《中共中央关于坚持和完善中国特色社会主义制度　推进国家治理体系和治理能力现代化若干重大问题的决定》明确提出，要坚持和发展新时代"枫桥经验"。

2020年3月30日，习近平总书记来到安吉县社会矛盾纠纷调处化解中心调研，了解群众矛盾纠纷一站式接收、一揽子调处、全链条解决模式的运行情况。

"你是哪个单位的？""每天的信访量多不多？"在中心的矛盾调解区，他与人民调解员王正平亲切交谈着。

时隔十余年，习近平总书记和两位人民调解员的对话，折射出"枫桥经验"在他心中的分量。

如今，在以人民为中心的发展思想指引下，浙江正全面推进"县乡一体、条抓块统"改革，做优做强县级社会矛盾纠纷调处化解中心，努力将问题解决在群众身边，矛盾化解在基层，全面建设人人有责、人人尽责、人人享有的社会治理共同体。"枫桥经验"在新时代得到发展。

从上访到下访

一

2003 年 5 月 1 日，"非典"疫情形势刚有所好转，在省信访局办公室工作的章朝平就戴着口罩，坐上开往福建的列车。

2002 年，已是浙江信访总量连续上升的第 11 个年头，自 1992 年以来，年平均增幅为 7.3%。2003 年上半年，全省党政信访部门共受理群众信访 20 余万件次，仍没有下降的趋势。其中，越级访、重复访、集体访这"三访"问题比较突出，主要集中在土地问题、房屋拆迁、企业改制、社会保障等方面。

"原来以为经济条件好一点的地方，信访会少一些，现在这个观点我改变了，浙江的信访一点不比福建少。"到浙江工作没多久，习近平这样感慨。

早在 1988 年，在福建宁德工作期间，习近平就建立地、县、乡镇三级领导下访制度，把领导"下访日"作为领导"服务日""公仆日"，解决了大量问题，深受群众拥护和欢迎。

章朝平到福建去，就是为了了解这项制度。

在福建调研期间，他和两位同事跑遍习近平工作过的厦门、宁德、福州等地，当地干部群众回忆起习近平建立的领导下访制度，无不交口称赞。在宁德，当地群众甚至把领导干部下基层接待群众来访的日子称作"连心日"。

这趟调研让他们深受触动。从福建回来后，他们就着手起草有关领导下访的具体建议。

此时，在浙江建立领导干部下访接待群众制度的想法，也已经在习近平的脑海中成形。

面对全省严峻复杂的信访形势，他多次召集会议分析研究，并强调，信访工作是事关社会稳定、建设"平安浙江"、构建和谐社会的重要工作。信访工作要到位，必须重心下移，深入基层；领导下访是新时期开展群众工作的一种有效形式，是信访工作的一种探索和新思路，也是从源头做好信访工作的一项有力措施。

万事俱备，只等待一个时机。

二

2003 年 9 月 8 日起，一则预公告在《浦江报》头版连续刊登三天，轰动全县：9 月中旬，省委主要领导及省级有关部门负责同志将与浦江县领导一起接待群众、处理信访。一周后，又公布了接访的具体时间、地点。

为何是浦江？说来话长。

浦江建县于东汉兴平二年（公元 195 年），历史悠久，自古民风彪悍。21 世纪初，浦江是全省公认的信访大县，数据显示，仅 2002 年，全县受理信访就达 10307 件次。

一个星期至少有两三天，信访群众从县政府的二楼一直排到三楼。在三楼办公的县领导，进出办公室，都要穿过层层"包围"。

在很多人眼中，习近平接待信访群众的第一站选在这里，颇有些"明知山有虎，偏向虎山行"的意味。

在这之前，为了广泛听取基层群众的真实声音，他明确要求浦江县贴出安民告示，广而告之。当地媒体发布预告后，人们奔走相告，消息迅速传遍山乡，短短几天时间，全县预登记的来访群众就达到429批。

这样的阵仗，在浦江县委、县政府有关领导的意料之中，也让他们担心不已：会不会上访人数过多，导致秩序失控？会不会有群众对接访期望过高，一旦得不到满足，仍然滞留甚至纠缠不休？

接访工作方案改了又改，似乎总无法尽如人意。但出乎他们的意料，对于上报的方案，习近平只提了一个要求：候访区要大些，容纳量大，秩序较好。

最终，浦江把接访地点放在浦江中学，按不同的信访类别，划分出14个接待室。

9月18日一大早，近千名来访群众涌向浦江中学，蒋星剑冲在最前面。

他嗓门大、语速快，一口气把早已准备好的问题——20省道浦江段拓宽改造，当面向省委书记反映。

"这条道路年久失修，事故频发，给山区企业和农民的生产、生活带来了诸多不便……"在此之前，蒋星剑作为县政协委员，每年都在政协会议上提这个问题，已经提了整整13年。

习近平一边听，一边摊开地图，仔细查看线路，还请坐在一旁的省交通厅厅长提出解决方案。听完意见，他当场拍板：这是一条山区群众的"小康之路",不仅要建,而且要建好。

听到省委书记这么爽快地表态,蒋星剑一开始不敢相信,继而喜不自禁。他赶紧回到村里,把这一喜讯告诉乡亲们。

整个浦江西部山区沸腾了:盼望了几十年的"致富路"就要来了!

设计、论证、会审、招投标……不到100天时间,20省道浦江段改造工程前期准备工作基本完成,创造了浦江公路建设史上的一个奇迹。

2003年12月29日,工程正式破土动工。山区群众像过节一样,纷纷涌向后瞿岭脚开工仪式现场,为这条"致富路""小康路"欢呼。

经过600多天的艰苦奋战,全长19.8公里的210省道(原20省道)浦江段于2005年10月全线贯通,浦江县西部20多万山区群众多年的梦圆了。

对这条路,浦江老百姓感受真切。他们说,有了这条路,党和政府与老百姓的距离更近了,老百姓致富、奔小康的路更平了。

2006年新年伊始,一封盖有浦江西部山区97个村民委员会鲜红印章、代表20多万村民的感谢信,寄到习近平的手中。"感谢您为我们修建了致富路、幸福路和通向全面建设小康社会的康庄大道……"淳朴的村民们这样写道。

蒋星剑的经历并不是特例。这次,习近平和有关同志总共接访436批667人次,当场解决91个问题。

有的群众没有登记也赶到接访现场。习近平毫不犹豫地说,不管事先有没有登记,来的都要接待,特别是从几十里外的乡下赶来的群众，更要接待好。

这样大规模的领导接访活动，这么多基层群众主动参与，这么短的时间里当场解决一批信访问题，多年来都是少见的。

从那之后，在习近平的倡导下，浙江的省、市、县各级领导进一步把信访工作摆上重要议事日程，全省各级党政一把手亲自抓信访，带头开展下访，一级带着一级抓接访。

三

不好！有人"拦访"！

原本谈笑风生的场面，瞬间静默下来。

2006 年的 8 月，正是酷暑当头的日子。

习近平带队去江山考察，路经江郎山下，老远就看到一名妇女坐在路边。

一行人走过时，这名妇女突然站起来，当场拿出一纸告状信："领导，您要为我们做主！"

当地干部急得冷汗直冒，想把她引开。习近平制止了他们，询问这位妇女："你要反映什么问题？"

原来是土地征用问题，习近平现场交代地方领导要好好了解，尽可能依法依规给予解决。

"既要发展，又要维护好老百姓的切身利益。我们发展的目的，就是为了老百姓生活得更好。"他说。

这不是习近平第一次遇到"拦访"。

2005 年 6 月，习近平到武义县后陈村调研。刚一下车，就有位老人拦住他的去路，边递材料边欲跪下。

"老人家，您快起来！"习近平赶忙扶起老人，亲切地对他说，"这材料我带回去看，一定会给您答复，现在还有其他事，您看这样行不行？"

"谢谢谢谢，青天大老爷，谢谢您！"老人感动得有些语无伦次，再次想要下跪。

"千万别，这是我们应该做的。我们不是青天老爷，我们是人民公仆。"习近平说。

老人离开了，行程还在继续。可这一段"插曲"过后，当地干部都战战兢兢，生怕挨批评。

"不要紧张，这些情况，其他地方也有的，我当县委书记时也碰到过，没关系。有上访，要实事求是了解，能解决的，就要解决；即使不能解决的，也要向老百姓解释清楚。如果该解决的不解决，这就有'关系'了。"看出大家的紧张，习近平主动挑起话题，他的这番"感同身受"，让大家一下子放松下来。

有的干部一听到"信访"二字就皱眉，习近平却从不把信访当烦心事。在繁忙的公务中，他总是抽出不少精力处理人民来信。在他看来，群众写信是对自己的信任，作为领导干部要从来信中寻找问题、解决问题。据省委办公厅统计，仅 2003 年，他指导信访工作的批示件就有 86 件。

领导干部下访接待群众工作机制建立后，习近平每年都会深入一个县（市、区）接访。这样的身体力行，不仅改变着浙江干部的作风，也改变了许多上访群众的生活。

2006 年 8 月 15 日，习近平来到衢州市衢江区，下访接待群众。

"衢江区的信访形势不容乐观。"衢江区信访局局长徐炜田"诉苦"道。

"越不乐观，我们越要迎难而上嘛！"习近平为他鼓劲。

这天，湖南镇元墩后村王学德等两位村民，从新闻媒体获悉省领导下访的消息后，特意来反映乌溪江库区水资源保护给库区群众带来的生产和增收等问题。

习近平认真听完后说："库区群众顾全大局，为保护生态作出了贡献。各级党委、政府要切实关心库区群众的生产生活，落实有关扶持库区发展和群众生活的政策，包括进一步加大下山脱贫的力度等。我们既要保护青山绿水，又要帮助库区开辟新的生产生活出路，让库区群众尽快致富奔小康。同时，库区群众也要自力更生，艰苦创业，靠勤劳脱贫致富。"

后来，在当地党委、政府的帮助下，库区群众的生活得到极大改善，向习近平反映情况的村民王学德，也成为一名人民调解员。

习近平下访带来的新风，不仅让大家对于信访工作、"平安浙江"建设有了更加深刻的认识和理解，也给广大基层干部上了一堂生动的实践课。

"下访接待群众是考验领导干部能力和水平的大考场，来访群众是考官，信访案件是考题，群众满意是答案。"在浙江工作期间，习近平经常用这番话勉励身边的干部们。

2018年1月5日，习近平总书记在学习贯彻党的十九大精神研讨班开班式上提出："时代是出卷人，我们是答卷人，人民是阅卷人。"

相隔多年，两句不同的话语，透露的却是不变的情怀。

四

要用情，更要依法。依法信访是习近平一直强调的。

2004年9月9日，到临安市下访时，习近平随行带了两名律师。

领导接访，带律师做什么？

上午8点50分，临安锁厂职工李欣、胡乐英等人来到第一接待室，反映企业改制中发生的劳资纠纷问题。习近平认真听着，不时在笔记本上记录。

详细了解有关情况后，习近平说："企业改制一定要充分考虑广大职工的利益，依法保障职工的权利，绝不能以任何名义侵犯职工的权益。"他要求临安市责成企业依法尽快发放职工基本生活费，尽快归还职工集资款；如果企业进入破产程序，首先必须妥善安排职工的生活出路。

"如果只是为了让上访群众满意，习书记完全可以现场许诺给钱，但是他的每一句话里都透露着法治的理念。"随行同志意识到原来这就是习近平带律师随访的初衷。

在习近平的推动下，浙江较早开始探索律师参与信访工作。

2005年，省司法厅、省信访局制定《关于做好党政领导接待群众来访律师随同工作的意见》，在全国率先全面实施律师随各级党政领导下访接待群众工作制度。随着"平安浙江""法治浙江"建设的深化，根据信访工作的实际需要，省司法厅会同相关部门，逐步建立了律师参与信访的工作机制，创新了律师参与信访的方式方法，丰富了律师参与信访的内容形式，完善了操作和程序上的具体要求，在组织律师信访值班、组建涉法涉诉信访律师团、探索律师评估和参与信访积案化解等工作中，都取得较好的法律效果和社会效果。

2003 年起，浙江开始谋划修订《浙江省信访条例》。

旧版信访条例是 1996 年制定的，里面的不少提法和内容，已经不再适应浙江的新情况。

经过广泛征求意见、深入调查研究，2004 年 1 月 16 日，新修订的《浙江省信访条例》经省十届人大常委会第七次会议审议通过，同年 3 月 1 日起施行。

新条例明确：信访是人民群众依法行使民主权利、管理国家事务、管理经济和文化事业、管理社会事务和维护自身合法权益的重要形式；是国家机关发扬社会主义民主，听取人民群众意见、建议和要求，接受人民群众监督的重要渠道。同时，还增加了"国家机关负责人应当阅批重要来信、来电、传真、电子邮件，接待集体来访和其他重要来访，处理重要信访事项"等内容。

这轮修订，充分彰显了习近平对于信访工作规范化、制度化和法制化的要求。2005 年，国务院修订实施《信访条例》，吸收了不少浙江的经验和做法。

五

"请市委书记、市长上台，签订信访工作目标管理责任书……"

2003 年 12 月 23 日，浙江省人民大会堂，全省信访工作会议在这里召开。这次会议，由习近平主持，县级以上的党政一把手、省直机关部门的主要负责人都参加，规模之大、规格之高，史无前例。

责任书的签订，意味着省委、省政府把信访工作纳入创建"平安县市"和地方党政领导班子、领导干部政绩考核内容,赋予信访部门交办、督查、协调信访件并建议追究责任等职能。

此后,浙江每年都召开全省信访工作会议,签订信访工作目标管理责任书。

民有所呼,我有所应;民有所求,我有所为。习近平在浙江工作期间,对信访工作提出一系列新的要求和指示。这些标本兼治的改革举措,解决了许多群众反映强烈的热点、难点问题,使基层党员干部的作风和全省信访工作大为改观,有力巩固了党的执政基础、群众基础。

2003年至2006年,浙江省领导先后86人次到42个县(市、区)下访,会同市、县领导一起接待处理群众信访近1万件次,办结率在96%以上。据不完全统计,4年间,浙江的市、县党政领导共接待群众信访3.1万批、9.5万人次。

2005年,全省信访总量自1992年以来首次出现下降;群众非正常上访量排名从最高时的全国第3位下降到第30位,是全国非正常上访量最少的省份之一。

最可爱的人

一

国无防不立,民无兵不安,国泰才能民安。没有强大的国防,就没有一个和平的国际环境和安定的国内环境，就不可能顺利进行经济建设。习近平深谙其中之道。

"经济建设与国防建设同为国家的两大职能，同为我国现代化建设的两大战略任务，同为综合国力的重要内容"，"最广泛地调动全省军民的积极性和创造性，努力把浙江的改革开放和现代化建设事业推向前进，把驻浙解放军和武警部队的现代化建设推向前进"。习近平和军队有着不解之缘，对于"最可爱的人"，他怀有深厚感情。

2002年12月19日，习近平在省军区领导干部会议上特别强调，坚持以经济建设为中心，并不意味着可以延缓国防建设的进程。我们必须始终坚持以经济建设为中心、国防建设与经济建设协调发展的方针。省军区部队要自觉服从大局，积极参与地方三个文明建设；地方各级党委、政府要坚持一手抓经济，一手抓国防，努力实现国防建设与经济建设协调发展、相得益彰，使驻地部队的全面建设和国防后备力量建设走在全国前列。此时，习近平就任浙江省委书记仅仅一个月。

2003年7月30日，《浙江日报》头版头条刊发了习近平的署名文章《坚持协调发展方针　积极关心支持国防和军队现代化建设》，为即将到来的八一建军节增添了节日气氛。

习近平还十分关心民兵队伍建设。2003年5月8日，习近平在洞头考察期间，参观了洞头先锋女子民兵连纪念馆，并对连队所取得的成绩表示充分肯定。

在习近平的关心和重视下，浙江各级坚持把国防建设纳入经济社会发展规划统筹谋划，把战场建设纳入基础设施建设整体推进，把培养后备力量纳入地方人才建设工程同步发展，把国防动员经费纳入地方政府财政预算通盘考虑。经济和国防两手抓，成为各级地方政府领导的思想自觉和行动自觉。

正如习近平所说，坚如磐石的军政军民团结，永远是我们战胜一切艰难险阻、不断从胜利走向胜利的重要法宝。"军民团结如一人，试看天下谁能敌"，这是永远颠扑不破的真理。

二

2003年1月11日，新年伊始，气象万千。省人民大会堂里鼓乐阵阵，鲜花簇簇，省党政领导和驻浙部队领导欢聚一堂，隆重举行浙江省"双拥模范城（县）"命名暨省和杭州市新春拥军慰问大会，共商军地发展大计。

一派喜庆气氛中，习近平代表省委、省政府和全省人民，向被命名的31个省级"双拥模范城（县）"表示热烈的祝贺。他强调，要把双拥工作纳入地方经济社会发展的总体规划，摆上部队思想政治建设的重要位置，不断巩固和加强军政军民团结，努力开创浙江双拥工作新局面。

军民鱼水情深，新世纪接续书写。

从山区到海岛、从浙北到浙南，习近平访遍了驻浙解放军和武警部队；他的话语回响在营地、训练场、军史馆，鼓舞了一批又一批的部队官兵，也激励了千百万浙江人民。

2006年9月21日清晨，一艘从舟山沈家门开往东极镇庙子湖岛的大船推波前行。习近平站立船头，极目远眺。

经过两个多小时的海上颠簸，习近平来到地处舟山群岛东端的庙子湖岛，慰问不久前被南京军区授予"东海前哨模范营"荣誉称号的驻岛官兵。

庙子湖岛地理位置偏、气候条件差，被渔民戏称为风的故乡、雨的温床、雾的王国和浪的摇篮。"说来也神奇，习书记来的那天晴空万里，天气特别好！"时任庙子湖海防营教导员徐守洋回忆。官兵们唱起了《战士第二故乡》，习近平听得认真，还跟着轻声哼唱。

随后，习近平参观了营史室、哨所和战士宿舍，关切地询问官兵们的值勤、学习、生活等情况，与大家合影留念，对全营官兵扎根海岛、无私奉献形成的"祖国为重、海岛为家、艰苦为荣、奉献为本"的精神给予高度肯定。

"习书记大老远来看望我们，我们深深感受到省委对部队的高度重视。"徐守洋说。

把党委、政府的深情厚谊带给"海防卫士"，源自一种深切的责任——在习近平看来，自己担任浙江省军区党委第一书记、浙江省国防动员委员会主任，是要脚踏实地、带着感情、带着使命干实事的，绝不是简单"挂个名"。

在驻金华某部，3幢5层楼房有一个好听的名字：拥军公寓。在楼房边一块景观石上，"亲切关怀 福泽军营"几个字特别醒目。

官兵们感受到的这份浓浓关爱，同样来自习近平。

2007年1月24日，带着浙江人民的祝福，习近平来到部队慰问，并致以新春佳节的问候。

"士官家属来部队探亲，住房比较紧张。"交谈间，部队官兵无

2006 年 9 月 21 日，习近平在舟山市普陀区东极镇慰问驻岛官兵后看望当地渔民

意中的一句话引起了习近平的关注。他询问了详细情况后，立即与随行人员商量，决定划拨专项资金兴建公寓，供家属来部队探亲居住。

"老大难问题终于解决了！"官兵们欢呼雀跃。公寓于同年 9 月开建，次年 6 月正式投入使用。为感谢习近平的浓浓拥军情，部队党委决定将公寓命名为"拥军公寓"，并立石撰文铭记。

三

来自省委书记的拳拳情意，是温暖，更是激励，激励部队官兵更好地支援地方经济社会发展，完成急难险重任务。在台风洪水、冰雪灾害、山体滑坡、泥石流等重大突发事件救援中，部队官兵迅速出动、冲在一线，构筑起浙江人民最信赖的钢铁长城。

没有欢庆的锣鼓，没有送行的群众。2006 年 8 月 31 日清晨 5 点半，经过连续 15 天的奋战，在高标准完成苍南灾区救灾排险任务后，"硬六连"所在师官兵悄悄撤出苍南。

2006 年 8 月 10 日，台风"桑美"正面袭击苍南，成为近 50 年来登陆我国大陆强度最大的台风。

15 个日日夜夜，在苍南，在救灾重建最危险、最艰难的地方，部队官兵以最快进度、最高标准，先后成功排除险情 23 起，爆破危房 412 间，拆除危房 1352 间，清理山体滑坡土石块约 1700 吨，救治群众 71 人。

为了让灾区学校顺利开学，官兵们主动牺牲休息时间，对受灾学校进行集中清理和整治。灾情较重的马站镇所有学校都受到不同程度损坏，官兵们连续奋战十多个小时，把马站镇 4 所学校的教学楼、大操场、学生宿舍整理一新。临行前，部队还偷偷把县政府拨给救灾官兵补助伙食费的 2 万元慰问金，全部捐给了当地受灾群众和贫困学子……

得知部队即将开拔的消息，络绎不绝的群众自发来到营地，反复打听部队回撤的确切时间，希望送子弟兵一程。但为了不影响百姓正常生活，部队总是以"回撤时间上级还没有批下来"为由搪塞，选择"悄悄"离开。

人民子弟兵就是这么可爱！

浙江干部群众没有忘记，两年前的 2004 年 8 月 12 日，台风"云娜"正面登陆温岭时，也是一个个橄榄绿方阵，一支支子弟兵队伍，在这场没有硝烟的战斗中，迎难而上，冲锋在前，将血肉之躯化成中流砥柱。

受"云娜"影响，温州市永嘉县渠口乡九丈村被狂泄而下的洪水围困，村民危在旦夕。温州军分区海防营水上抢险应急分队 30 名官兵，携 6 艘冲锋舟急行军 60 公里赶赴现场。他们打着应急灯，冒着随时被洪流冲走的危险，劈波斩浪，哪里有求救就冲向哪里。官兵们连续奋战 6 个多小时，将 100 多位乡亲全部安全转移。一连多日，他们先后辗转 4 个"战场"，转移群众 1400 多人，救出落水群众 240 多人。不少群众拉着官兵的手泣不成声：共产党好，解放军亲啊！

"在我省抗击'云娜'强台风正面袭击的过程中，军政军民团结又一次显示了巨大的力量，使人民群众的生命和经济财产损失降到了最低限度。"2004 年 10 月 29 日至 30 日召开的全省双拥工作会议上，习近平作出高度评价。他指出，不同时期的双拥工作有着

不同的内容、不同的使命。要认真研究社会主义市场经济加快发展给双拥工作带来的新情况、新问题，研究加强军政军民团结的新思路、新办法，丰富双拥内容，拓展双拥领域，创新双拥形式。

"法治浙江"破题开局

—

自从 2002 年 6 月成立临海市上盘西兰花专业合作社，临海市上盘镇村民们的心情总是起起伏伏。

上盘镇从 20 世纪 80 年代末开始种植西兰花，是国内最大的西兰花出口基地。

早年间，农民单家独户种地，最困难的莫过于品种挑选、水肥管理和用药安全，尤其是一些出口农产品的用药有特殊要求，且经常变化。

原本以为成立统一生产、经营、销售的合作社，能够让大家减少风险，增加收入。可由于没有相关法律依据，农民专业合作社不属于法人，只能成为登记在民政部门的"民间社团组织"，无法签订合同和向银行贷款，发展受到严重限制。

2003 年，浙江被农业部确定为全国唯一的农民专业合作经济组织试点省。有人大代表联名向全国人大提交议案，希望合作社的法律地位能够得到承认。这让上盘人看到了希望。

可合作社现象在全国还不突出，不具备统一立法条件，议案没有被采纳。

合作社看来是办不下去了，四处碰壁的村民们天天发愁。

既然全国层面暂时没有立法的条件，浙江能不能先行一步？

习近平多次与省人大的同志交流，指出为发展创造一个必备的法制环境，这是地方立法工作的主攻方向，要坚持立法决策与改革、发展、稳定的重大决策相结合，围绕发展、服从发展、服务发展、促进发展。

2004年11月11日，在省十届人大常委会第十四次会议上，《浙江省农民专业合作社条例》获得通过。这部经过充分调研论证制定的地方性法规颇具浙江特色，确立了农民专业合作社这一新型农业经营主体作为一类特殊市场主体的法律地位，成为我国大陆首部农民专业合作组织法规。

该条例出台后，临海市上盘西兰花专业合作社不仅于2005年初在工商部门顺利登记，还向银行贷了款，注册了商标。最高峰时，合作社共种植10万亩西兰花，年产值达4.5亿元。

立法不在多，而在于管用。在习近平的指示下，省人大将立法作为妥善处理各种利益关系的保障，不断通过立法合理调整和配置各种社会关系与社会经济权利，反映不同社会阶层、社会成员的利益诉求。

2006年10月，十届全国人大常委会第二十四次会议通过《中华人民共和国农民专业合作社法》。这部法律以《浙江省农民专业合作社条例》为蓝本，吸收了其中很多的创新制度和做法。

此外，针对市场经济较活跃的现象，省人大常委会制定了《浙江省产品质量监督条例》，促进产品质量的提高和市场竞争力的提升；针对中小企业量大面广的特点，制定了《浙江省促进中小企业发展条例》，改善中小企业发展环境，推动其健康发展……

在这个过程中，浙江不断提高立法的民主化、科学化水平，"开门立法"成为常态。

时任省人大法制委员会副主任委员丁祖年说，在习近平的要求下，省人大常委会确定2005年立法计划时，向社会公开征集立法建议项目，20天内共收到401条立法建议，在认真汇总整理的基础上，将其中意见较集中、具备立法条件的建议作为编制立法计划的重要依据。

2006年12月10日，习近平在《中国人大》杂志发表特稿《加强地方立法工作 推进和谐社会建设》，其中提到这些法规都体现了浙江经济发展的特色，适应了浙江经济发展的需要。他表示，浙江在全国率先制定农民专业合作社条例，作出了很多创制性的规定，有力推动了浙江农村经济发展和农民增收。

二

"2005年1月16日至22日，浙江将在香港和澳门举办'港澳·浙江周'活动，请您一起参加。"

这次特殊的邀请，让浙江省律师协会副秘书长陈三联非常意外。

代表团出访，为的是开展经贸交流，推进服务业合作与发展，为什么要带律师？

临出发时，陈三联才知道，这一次"港澳·浙江周"，浙江不仅带上了律师，还带上了律师团。除他之外，成员还包括来自省律师协会及杭州、宁波、温州等地的 12 位知名律师。省委书记带这么大规模的律师团出席经贸活动，这是第一次。

签订浙港法律服务合作协议、浙江五家律师事务所与香港五家律师行业务合作协议、浙港加强两地法律人才培养协议，举办法律服务合作论坛……在紧凑的行程中，习近平多次参加了与律师团相关的活动。

从此，浙港两地的经贸合作往来有了法律服务的及时跟进，两地的法律业务交流和共享、法律人才专业培养等也进一步加强。

之后每年，浙港两地都会互派律师进行走访交流和培训，这个惯例保持至今。香港还在宁波开设律师行，与浙江长期开展业务合作和交流培训。

习近平对法治的重视，由此可见一斑。

2005 年，省委把建设"法治浙江"作为年度重点调研课题，习近平亲自主持。

8 月 15 日下午 4 点左右，省委调研组前往安吉调研基层民主法治建设。

在天荒坪镇余村村委会的二楼会议室，党支部书记鲍新民第一个汇报工作。这也是他第一次见到习近平。

当时，余村正在探索"四民主两公开"制度，即民主选举、民主决策、民主管理、民主监督和村务公开、财务公开，每年要由村民代表大会投票决定开展三四件大事。而过去，这些全是由村两委班子决定的。

鲍新民汇报，2003 年起，村里决心花三年时间关停矿山和水泥厂，出租厂房和搞农家乐。"卖石头"可以拿现钱，可"卖风景"看不见摸不着，一些村民一开始也有不同想法。村两委广泛征求村民意见，提出转型升级方案。最终，方案经村民代表大会讨论，通过"民主决策"定了下来。

习近平听了十分高兴，评价这是"高明之举"，还一再叮嘱，村一级的民主建设很重要，特别是从农村开始的基层民主，步子可以大一点，而且这也是我们的一个工作点，这块成熟了，我们可在全省推开。

浙江早在 1998 年就开始探索开展民主法治示范村创建工作。2003 年 4 月 17 日，在全省城市社区工作会议上，习近平提出，扩大基层民主，实行居民自治，是社会主义政治文明建设的重要内容，也是社区建设的基本原则。

2005 年 6 月 17 日，习近平在金华调研时，引用著名的"驴马理论"，要求大家配套完善"民主选举、民主决策、民主管理、民主监督"：马比驴跑得快，一比较，发现马蹄比驴蹄长得好，于是把驴身上的蹄换作马的蹄，结果驴跑得反而更慢；接着再比较，又发现马腿比驴腿长得好，于是把驴身上的腿也换作马的腿，结果驴反而不能跑了；接下来，依此类推，换了身体、换了内脏，最后整个的驴换成了整个的马，才达到了跑得快的目的。

也就是说，"民主选举、民主决策、民主管理、民主监督"是一个统一的有机整体，必须统筹规划、整体推进，不能偏废，否则无法达到预期的效果，甚至适得其反。

在习近平的指导推动下，浙江基层民主法治建设明确了方向，并不断创新完善，取得许多成效。

习近平还将这些经验归纳为"四个新"——以海推直选和代表票决制为主要形式，实现村官村民选，村级民主选举有新突破；以民主恳谈听证和重大村务公决制度为主要途径，实现村策村民定，村级民主决策有新进展；以村务公开和村民自治为主要载体，实现村务村民理，村级民主管理上新台阶；以建立健全村务监督委员会为主要突破口，实现村事村民管，村级民主监督有新起色。

2017 年 11 月 16 日，安吉县人民法院"两山"巡回法庭在余村正式揭牌，通过法官驻村、预约办案、多元调解等举措，协助开展送法下乡、法律走亲等活动，开启了司法便民利民新时代。

2020 年 3 月 30 日，也是下午 4 点左右，习近平总书记再次来到余村考察。

此时的余村，早已从当年那个为发展而迷茫的小山村，发展成了全国闻名的美丽乡村，获得了"全国民主法治示范村"等多项荣誉。

这些年，余村成立"两山议事会"，作为民主议事决策的常态协商机制，从自来水收费、家禽圈养、垃圾分类、文明祭祖到全村规划建设，大小事都要通过众人商议后才能做。村里每花一分钱，都公示在"村村通"电视平台上，随时接受监督。

从学会用法到习惯用法，余村人说，美丽乡村，无"法"不美。

三

2006 年 2 月 8 日，春节过后上班的第四天。

冷风阵阵，寒气逼人。下午 4 点刚过，几辆中巴车停在杭州市余杭区闲林镇综治中心门口。车门打开，习近平走了下来。

他边亲切地向大家拜年，边走进综治中心。接待大厅里，长方形的柜台上分布着一个个办事窗口。习近平在"民间纠纷受理"窗口前停下脚步。

"这里每年接待量有多少？成功率怎么样？"

"问题能当场解决的，就当场解决；暂时解决不了的，有限时办结制度。96%以上的问题都能在这里得到解决。"工作人员谢炜回答。

"这个数字还是很高的！"习近平边听边点头，转向身边的镇党委书记施建华，"这里的调解员是哪位？"

施建华回答："我们镇由退休乡镇干部义务担任人民调解员。"

习近平点点头："老同志德高望重、经验丰富，讲话老百姓听得进，是我们的宝贵财富。希望你们发挥好老同志的作用，把调解工作做实做细。"

紧接着，习近平来到镇政府会议室，同大家座谈。他说："确保让每一位群众遇到矛盾之时先去调解，调解不成也愿意打'官司'，懂得打'官司'，打得起'官司'，信得了打'官司'的最终结果。"

安吉县递铺镇地区生产总值和经济社会建设项目数量均占全县70%以上，征地拆迁虽然引发不少社会矛盾，调解率却很高。

"调解有哪些力量？"

"怎么综合调解矛盾？"

"觉得今后哪些矛盾会最多？"

……

在一次"法治浙江"建设调研中,习近平向时任镇党委书记陆为民提出一连串问题。

陆为民原本准备了10分钟左右的汇报,最后变成45分钟的"拉家常"。习近平聊得很高兴,表扬了当地动员律师、专家等社会力量进行调解以及为困难家庭免费打官司等做法。

大量的基层调研,转化为更深入的思考。

2005年12月31日,省委召开专题会议研究建设"法治浙江"工作。习近平在会上强调,建设"法治浙江",是建设法治国家在浙江的具体实践,要努力在贯彻依法治国方略上走在前列,在弘扬法治精神上走在前列,在促进社会关系的法治化上走在前列,为建设社会主义法治国家作出积极的贡献。

四

2006年春节后的第一个工作日,省委理论学习中心组召开学习会,主题很明确——法治。

正是在这次会议上,"法治浙江"建设的思路得到进一步谋划和厘清。

为进一步充分论证建设"法治浙江"的整体战略布局,习近平还邀请省内外著名的法学专家,组成省委建设"法治浙江"专家咨询委员会,着手起草建设"法治浙江"决议。

时任省社会科学院法学研究所所长陈柳裕也是专家组的成员,每次参加座谈会,都能感受到热烈的讨论氛围,"专家们提出了不少建设性的建议,很多被吸纳进最终的决议中,习书记更是一次次亲自修改决议"。

2006年4月26日，省委十一届十次全体（扩大）会议审议通过《中共浙江省委关于建设"法治浙江"的决定》，一套完整的战略部署跃然纸上。该决定明确了八大任务，率先探索省域层面社会主义法治建设的战略布局。习近平在会上说："我们完全有信心、有决心在法治建设上走在前列。"

习近平明确指出，建设"法治浙江"与党的十六大以来省委作出的深入实施"八八战略"、创建生态省、建设"平安浙江"、加快建设文化大省，以及加强和改进党的建设等重大决策部署，有机构成了全省经济、政治、文化和社会建设"四位一体"的总体布局。在这个总体布局中，努力建设"法治浙江"是发展社会主义民主政治的有效途径。

他进一步阐释，实施"八八战略"、建设"平安浙江"和加快建设文化大省，为建设"法治浙江"创造基础和条件，建设"法治浙江"为其他方面提供支持和保证。

培养法治精神，法治环境很重要。

2006年5月，习近平在"之江新语"专栏连发四篇文章，篇篇关乎法治。

《法治：新形势的新要求》《和谐社会本质上是法治社会》《弘扬法治精神，形成法治风尚》《坚持法治与德治并举》，一篇篇短小精悍的文章，有力推动了法治理念的宣传普及、深入人心。

为加强对"法治浙江"建设的组织领导，2006年6月，省委成立建设"法治浙江"工作领导小组，习近平任组长，并下设办公室。

领导小组成立后，面临着一个现实问题：办公室是实体化运作，还是有了任务临时派给相关部门？

综合相关部门意见后，习近平提出在省委办公厅增设法治处，采取实体化运作。

李波成为省委办公厅法治处第一任处长。他清楚地记得，法治处一成立，就承担起省委建设"法治浙江"工作领导小组办公室的日常工作，制定法治市、县（市、区）考核指标体系等，让"法治浙江"建设有了具体抓手。

"我们也从这件事上看出，习书记不仅有高超的谋篇布局的战略决策能力，而且有务实管用的实战能力，把这项工作作为常态化工作来抓。从此，我们沿着他指引的'法治浙江'建设路子，不断推进'法治浙江'建设工作措施的深化细化具体化。"李波这样说道。

五

对于如何推进"法治浙江"建设，习近平有着深入的思考。他明确指出，法治建设属于上层建筑和意识形态的范畴，许多工作难以用看得见、摸得着的东西来具体衡量。为此，推进法治建设更要体现干在实处，注重实效，反对形式主义、做表面文章。

2007年3月，浙江各级领导干部都收到了一本刚出版的书——《"法治浙江"干部读本》。

这本书是在习近平的指导下完成的。书中对建设"法治浙江"的决策进行了全面、深入的解读，并对要开展哪些工作作了说明。

以往，普法对象主要是群众。时任省司法厅厅长胡虎林说，根据习近平的要求，浙江普法教育和法律服务不仅要进机关、进社区、进乡镇、进学校、进企业、进单位，还要深入各级领导干部中，督促他们尊法、学法、守法、用法，这在当时是一大创新。

2006年7月，习近平亲自为读本作序。这篇题为《在法治建设上走在前列》的序言，字里行间寄托着习近平对浙江干部群众建设"法治浙江"的殷切希望。其中写道：按照建设社会主义法治国家的要求，积极建设"法治浙江"，是时代赋予我们的光荣使命。希望全省广大干部特别是领导干部加强学习，加深理解，在实践中把握地方法治建设的特点和规律，积极稳妥、坚持不懈地推进"法治浙江"建设。后来，这本集中反映"法治浙江"建设理念的书，成为浙江省"五五"普法指定用书。

平安与法治相辅相成。正如习近平所说，要以建设"平安浙江"为载体，积极构建具有中国特色、时代特征、浙江特点的和谐社会。要建设"法治浙江"，为构建和谐社会提供法制保障。

十多年来，"平安浙江"建设和"法治浙江"建设为浙江经济社会发展遮风挡雨、保驾护航。在此过程中所取得的丰富的理论成果、制度成果和实践成果，为"平安中国"建设和"法治中国"建设提供了弥足珍贵的思想资源和实践经验。

国泰民安，这一人民群众最朴素的美好愿景，已成现实。

七、文化是民族的灵魂

永不褪色的精神丰碑

—

秀水泱泱，红船依旧。

2017 年 10 月 31 日，党的十九大闭幕仅一周，习近平总书记带领新一届中央政治局常委，专程前往上海和浙江嘉兴，瞻仰中共一大会址和南湖红船。

为什么是红船？人们再清楚不过：中国共产党在这里诞生，从这里起航！

2002 年 10 月 22 日，习近平履新浙江的第 11 天，就去了嘉兴。南湖，便是第一站。停驻在湖心岛南堤水面的红船离岸咫尺，船头朝东，向着太阳升起的方向。

红船、湖心岛、烟雨楼、南湖革命纪念馆，习近平一边听讲解，一边参观。有工作人员提出：随着研究的推进，不断有重要的史料和珍贵的物品被收集到纪念馆中来，目前馆内空间有限，参观效果受到限制，纪念馆正打算扩建或者另辟新址。"革命传统教育十分重要，要不断扩大影响。"习近平表示支持。他感慨地说，我们的党员同志能够来到南湖看一次展览、听一次党课、学一次党章、观一次专题片、瞻仰一次红船、重温一次入党誓词，就能得到"精神传承、思想升华"。

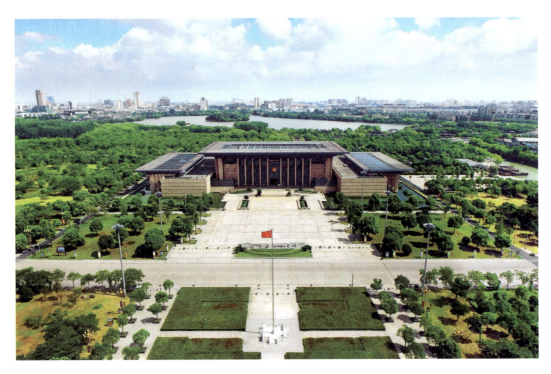

2016 年南湖革命纪念馆全景

传承和弘扬"红船精神"这件大事，一直萦绕在习近平心头。2005 年 2 月 16 日，春节后的第一个工作日，习近平带领省委理论学习中心组成员，又一次来到南湖之畔。

3 月，嘉兴市秀城区委印发通知，要求在保持共产党员先进性教育活动中，组织开展以"精神传承、思想升华"为主要内容的"红船精神"大讨论，并向社会公开征集"红船精神"表述语和内涵诠释。

在数次瞻仰南湖红船、深刻把握党的精神锻造史的基础上，结合大讨论的情况，习近平亲自撰写文章，首次提出并阐释了"红船精神"：开天辟地、敢为人先的首创精神，坚定理想、百折不挠的奋斗精神，立党为公、忠诚为民的奉献精神。

习近平在文中指出，红船起航于浙江，这是浙江的光荣，也是推进浙江发展的精神力量所在。他写道，红船所代表和昭示的是时代高度，是发展方向，是奋进明灯，是铸就在中华儿女心中的永不褪色的精神丰碑。

光明日报社浙江记者站负责人，是文章的较早读者。读到这篇文章后，他敏锐地意识到，文章有着重大的理论价值，便马上与光明日报社一位副总编联系。2005 年 6 月，《光明日报》在第三版要闻版，以通栏大标题形式，刊发了这篇 5000 余字的《弘扬"红船精神" 走在时代前列》。正是在这篇文章中，"红船精神"被提升到中国革命精神之源、党的先进性之源的高度和历史地位。

时代变迁，精神永恒。作为传承"红船精神"的重要载体，南湖革命纪念馆新馆建设工程，也在习近平的关心下有序推进。

2006 年 6 月 28 日，在中国共产党成立 85 周年前夕，南湖革

2017 年 10 月 31 日，习近平带领第十九届中央政治局常委参观南湖革命纪念馆

命纪念馆新馆破土动工，习近平亲自参加奠基仪式。

仪式上，他深情地说，85 年前，我们伟大的党从南湖红船起航。浙江人民为浙江成为党的诞生地而倍感自豪和骄傲。在这种自豪和骄傲之中，我们最不能忘怀的是，革命先辈们为党和人民建立的丰功伟绩、为国家和民族振兴开辟的正确道路、为我们留下的宝贵精神财富。"红船精神"，同井冈山精神、长征精神、延安精神、西柏坡精神等一道，因其固有的先进性，而共同构成了我们党在前进道路上战胜各种困难和风险、不断夺取新胜利的强大力量。

在此后纪念馆的建设过程中，习近平多次作出指示，要求浙江省、嘉兴市将南湖革命纪念馆新馆工程抓紧抓好。2011 年，作为献给中国共产党 90 华诞的厚礼，南湖革命纪念馆新馆建成开馆。

2017 年的南湖之行中，习近平总书记详细了解了围绕红船开展的爱国主义教育活动。"小小红船承载千钧，播下了中国革命的火种，开启了中国共产党的跨世纪航程。"习近平总书记表示，要结合时代特点，大力弘扬"红船精神"。

红船劈波行，精神聚人心。在纪念馆圆形序厅里，精美的红船雕塑栩栩如生，硕大的镰刀锤头图案鲜艳夺目，二者交相辉映，寓意中国共产党领航中国号巨轮破浪前行。展厅内，习近平总书记不时同其他常委同志交流。他表示，从纪念馆奠基那一刻起，就一直想着落成后要来看一看，今天如愿以偿了，确实深受教育和鼓舞。

二

与时俱进的浙江精神，是习近平认真总结提炼，为浙江人留下的宝贵精神财富。2016 年 9 月，G20 杭州峰会顺利召开。峰会结束后，习近平总书记勉励浙江干部群众"秉持浙江精神，干在实处、走在前列、勇立潮头"。

习近平很早就留意到了浙江人的精神特质。

"浙江老百姓聪明，干部精明，出的招数很高明。其背后是浙江的人文优势，是深厚的文化底蕴和'浙江精神'在起作用。"2003 年 7 月 10 日，在省委十一届四次全体（扩大）会议上，来浙江还不满一年的习近平，已经洞察到这些特点。

他还说："浙江人的这种'文化基因'，一旦遇到改革开放的阳光雨露，必然'一有雨露就发芽，一有阳光就灿烂'，迸发出巨大的创造力，极大地推动浙江社会生产力的解放和发展。"

作为经济大省，浙江吸引了不少省外的领导来考察。看过工厂，走过企业，习近平还会告诉兄弟省区市的同志，学浙江的经济，其中很重要的是要分析浙江的文化，不然学不到的。

2006 年 2 月 5 日，习近平在《浙江日报》头版发表署名文章《与时俱进的浙江精神》，明确提出，要与时俱进地培育和弘扬"求真务实、诚信和谐、开放图强"的浙江精神。文中写道："浙江精神作为中华民族精神的重要组成部分，是以爱国主义为核心的民族精神、以改革创新为核心的时代精神在浙江的生动体现，是浙江人民在千百年来的奋斗发展中孕育出来的宝贵财富。浙江精神世代传衍，历久弥新，始终激励着浙江人民励精图治，开拓创新，显示出强大的生命力和创造力。"

同年 3 月，习近平在接受《光明日报》采访时，阐述了与时俱进的浙江精神的时代内涵及实践意义：进一步培育和弘扬遵循规

律、崇尚科学的"求真"精神，求理论之"真"，求规律之"真"，
求科学之"真"；进一步培育和弘扬真抓实干、讲求实效的"务实"
精神，要清醒认识浙江先发遭遇的新挑战、先行遇到的新问题，作
出符合浙江实际的战略抉择；进一步培育和弘扬诚实立身、信誉兴
业的"诚信"精神，要把诚信作为现代社会文明之基，不仅要弘扬
传统的"诚信"美德，更要大力推进以个人为基础、企业为重点、
政府为关键的现代"信用"建设，要把诚信作为公民安身立命之本、
企业兴旺发展之道、政府公正公信之源。

无论是出访欧洲，还是统筹抗击台风工作，或是给学生作报告
时，习近平都多次提到浙江精神。

与时俱进的浙江精神，滋育着浙江的生命力，激发着浙江的创
造力，培植着浙江的竞争力，激励着浙江人民以永不自满、永不停
息的状态不断开拓新局面。

三

"红船精神"和与时俱进的浙江精神，都是习近平从浙江历史
文化中汲取丰厚营养，并高度凝练而提出来的。习近平曾对浙江文
化有过这样的表述："千百年来，浙江人民积淀和传承了底蕴深厚
的文化传统。这种文化传统的独特性，正在于它令人惊叹的富于创
造力的智慧和力量。"

也正因如此，习近平尤其重视将浙江历史文化发扬光大。很多
人都忘不了这样一件事——

2006 年 3 月的一天，一封信被递送到文化部部长孙家正的案

头，写信人正是习近平。

就在不久前，首批国家级非物质文化遗产公示。公示名单中，绍兴市有9个项目在列，绍兴市文广局局长邵田田却高兴不起来。

原来，作为绍兴市重要非物质文化遗产的"大禹祭典"，未能及时上报。按规定，如果这次没赶上，要两年后才有第二次申报机会，补报难度非常大。看着公示名单，邵田田急得像热锅上的蚂蚁。

3月20日，周一。一大早，省文化厅厅长杨建新带着邵田田，赶到省委办公厅。习近平一出现，就被他们"堵"在了门口。

杨建新焦急地说："习书记，这么重要的项目，是我们疏忽了！唯一的挽救办法，是请您出面跟文化部争取。"

"进来说吧。"习近平请他们进去汇报。

祭禹，不只是民俗。大禹"三过家门而不入"，为民治水、化堵为疏的上古传奇，始终闪耀着公而忘私、民为邦本、尊重自然、科学创新的精神光辉。

听罢汇报，习近平十分重视，第二天就致信孙家正。在这封信的最后，习近平写道："'北有黄帝陵，南有大禹陵。'目前黄帝陵祭典、炎帝陵祭典均已列入首批国家级非物质文化遗产公示项目，绍兴的'大禹陵祭典'应该也有条件列入其中。为此，请文化部和孙部长予以关心，争取能够将'大禹陵祭典'活动补报为首批国家级非物质文化遗产代表作，使作为优秀历史文化遗产的'大禹陵祭典'活动和大禹精神得到更好的传承和弘扬。"

稽山凝翠，鉴水流长。风暖芳草，雨生百谷。4月2日，来自海内外和绍兴市社会各界的 3000 余名代表，在绍兴参加 2006 年公祭大禹陵典礼。

习近平专门发来贺信指出：公祭大禹陵是一件十分有意义的事情。大禹以其疏导洪患的卓越功勋而赢得后世景仰。其人其事其精神，展示了浙江的文化魅力，是浙江精神的重要渊源。公祭大禹陵对于坚持以爱国主义为核心的民族精神和以改革创新为核心的时代精神，对于弘扬与时俱进的浙江精神，对于加快建设文化大省，都是有益的。习近平对中华文化的深厚感情跃然纸上。

5 月 20 日，经国务院批准，"大禹祭典"被列入首批国家级非物质文化遗产名录。

2007 年，公祭大禹陵升格为"国祭"，由文化部、浙江省人民政府共同主办。"大禹祭典"走出浙江，中华民族祭祀先祖"北有黄帝陵，南有大禹陵"的格局由此形成。

保护和传承文化遗产是每个人的事

一

曾几何时，中华儿女引以为傲的"5000 年文明"的说法，在国际社会上遇到一些杂音。

2019 年 7 月 6 日，阿塞拜疆首都巴库，第 43 届世界遗产大会上传来令人兴奋的消息，良渚古城遗址申遗成功！这也意味着，良渚古城遗址所代表的中华 5000 年文明史，得到了国际社会的广泛认可。

良渚古城遗址以规模宏大的城址、功能复杂的外围水利系统、分等级墓地（含祭坛）等一系列相关遗址，以及具有信仰与制度象征的系列玉器等出土物，揭示了 5000 多年前中国新石器时代晚期，在长江下游环太湖地区曾经存在过一个以稻作农业为经济支撑的、出现明显社会分化和具有统一信仰的区域性早期国家。

很难想象，就在十几年前，这一中华文明的重要根脉，曾一度岌岌可危。

转机，发生在 2003 年。这一年的 7 月 16 日，习近平来到良渚。

良渚遗址发现的脉络不可谓不完整：1936 年，施昕更发现良渚黑陶，开启序幕；1959 年，夏鼐提出"良渚文化"名称；1986 年，反山发掘出贵族大墓；1987 年，瑶山发现祭坛及埋于其上的贵族墓地；1992 年，发掘出莫角山遗址……观看着良渚遗址保护和考古发掘工作录像，习近平为一代代文保人对良渚的大义守护所感动。

那时的良渚，遗存不可谓不珍贵，有代表良渚文化的典型器物玉琮，有良渚时期盛行的黑陶器……习近平驻足良久，细细观赏。

然而，当来到良渚遗址时，看到的却完全是另一番景象——山石裸露，满目疮痍，茫茫荒野上，尘埃漫天飞扬，几十家矿场的采石爆破声此起彼伏。原来，这一带的安山岩硬度、韧性都极佳，难有替代者，因此，这里也就成了绝好的天然矿场。大量的开山炸石，严重破坏了良渚遗址的生态环境。国家文物局曾建议在紧挨瑶山遗址的凤凰山顶建一观景台，但这个制高点，不到两年就被炸去一半。

自 1994 年起，良渚遗址便多次被国家文物局列入中国世界文化遗产预备名单，而遗产完整真实，是申遗的重要标准之一。

"良渚遗址是实证中华 5000 年文明史的圣地，是不可多得的宝贵财富，我们必须把它保护好！"在良渚文化博物馆会议室里，习近平的这番话，重锤般敲在每个与会者的心里。

"影响遗址安全的湖州德清县 6 家石矿场，关停有困难。"有与会者如实汇报。

"明天，就去湖州。"习近平当机立断，于次日赶到湖州调研。很快，这几家石矿场彻底关停。

在习近平的关心指导下，良渚遗址保护工作渐入佳境。

2004 年 6 月，习近平看了良渚遗址管委会工作汇报材料后，批示道，良渚文化作为长江下游史前时期最为重要的考古学文化，在中国文明进程中具有极其重要的地位和作用。保护好良渚文化遗址，对于继承和弘扬文化传统、建设文化大省，具有十分重要的意义。

2007 年，良渚遗址考古现场传来大喜讯：发现一座良渚古城，面积达 300 万平方米！

2008 年 9 月 29 日，良渚博物院向社会开放。10 月 31 日，习近平再次视察良渚遗址保护工作。在良渚博物院，他嘱咐时任院长蒋卫东："要把良渚博物院建设成为良渚文化展示普及中心、学术研究中心和爱国主义教育中心"，"要让收藏在博物馆里的文物'活'起来"。

按照习近平的要求，良渚考古一直没有停步。2009 年，良渚古城外围大型水坝遗址陆续出土。考古学家还发现，5000 多年前，良渚先民就开始使用文字，这些刻画符号，将中国的文字史向前推了1000多年！

对良渚的呵护，也逐渐化为浙江人的行动自觉：2009年设计开工的杭州绕城高速公路西复线工程，为避开良渚古城遗址，多次修改施工方案，前后绕行6公里，多花费近3亿元；2016年12月起，老104国道良渚古城遗址段永久封闭……

2016年6月13日，著名考古学家宿白、谢辰生、黄景略、张忠培联名给习近平总书记写信，提出关于良渚遗址申报世界文化遗产、标示中华五千年文明的建议。

习近平看罢，十分重视，7月13日批示："良渚遗址发现以来，取得了考古发掘和学术研究的重大成果。良渚遗址发现和保护的实践证明，文物遗存的保护是考古学研究的前提，考古学研究是文化遗址合理利用的学术基础。要加强古代遗址的有效保护，有重点地进行系统考古发掘，不断加深对中华文明悠久历史和宝贵价值的认识。申报世界文化遗产工作要统筹安排，申报项目要有利于突出中华文明历史文化价值，有利于体现中华民族精神追求，有利于向世人展示全面真实的古代中国和现代中国。"

在良渚古城遗址申遗成功前，习近平两次到良渚调研，七次就良渚遗址保护和申遗工作作出重要指示，足见良渚遗址在他心目中的分量。

二

2005年4月8日，习近平来到萧山跨湖桥遗址调研。

一大早，时任萧山博物馆馆长施加农就有些焦虑。萧山跨湖桥遗址因出土世界上最早的独木舟而闻名。2002 年独木舟出土后，工作人员一直在对它进行原址脱水和科技保护。为保持恒温，独木舟"住"在一个开了空调的帐篷里，边保护边向公众展示。以专业的眼光来看，这样的保护措施，是远远不够的。

参观开始了，习近平通过特殊保护的木桥，走到放在玻璃钢槽里的独木舟一侧，仔细端详。施加农一边讲解，一边留心着周围，生怕有人不小心损坏了珍贵而脆弱的文物。

最担心的事情还是发生了！施加农突然发现，有些摄影记者为了寻找最好的拍摄角度，竟然跨进了遗址保护区里。

"怎么办？"施加农心中犯起嘀咕：习书记还在认真倾听，这时候去阻止记者们，会不会太唐突了？可是，一旦有记者真的不小心损坏了遗址，那将造成不可估量的损失！

这时，习近平突然停下脚步，看着远处的摄影记者们，和善地请他们离开保护区。这让施加农倍感意外。但可能是因为距离较远，记者们没有听到劝阻，依然站在保护区里拍照。这时，习近平稍稍提高嗓音说道："拍照是小事，文物保护是大事，大家都出去吧。"记者们这才赶忙退了出去。

施加农心中的大石头，终于落了地。

习近平强烈的文物保护意识，给现场参观者留下深刻印象。一位记者说："后来我每次到跨湖桥博物馆，都记得要放轻脚步。"

2006 年 4 月 14 日，时隔一年，习近平再次来到跨湖桥遗址陈列馆，参观独木舟和出土文物。施加农兴奋地介绍着展览内容。虽然是第二次参观，习近平还是听得津津有味，提出的问题非常专业，让施加农不知不觉忘记了预留的参观时间。工作人员悄悄扯扯他的衣角，提醒他加快速度，他这才意识到已经超时了。

参观结束后，习近平握着施加农的手说："要深入研究跨湖桥文化，把它发扬光大。"

三

2002 年，西湖综合保护工程启动。11 月 28 日，习近平考察杭州的第一站，就选在了西湖。

当时，杭州刚爆出一个令国内外瞩目的新闻：拆掉西湖围墙，免费开放。国庆期间，西湖南线景区、万松书院、雷峰塔"一带二点"景区先后建成开放，补齐"西湖十景"、环湖贯通、还湖于民的梦想由此成真。

人们看到的是西湖的美，却不知道西湖曾经的殇。"历史上的西湖，水域面积最大时比现在大一倍。"一位工作人员道出"家丑"：300 年来，由于保护不力，加上人为摧残，西湖"节节败退"，水域面积大幅缩小，杨公堤风采尽失，西湖全景难觅。这成了杭州核心景区的最大缺憾。

为此，西湖综合保护工程提出"西湖西进"，旨在恢复西湖水域，但这场近乎"整容"的大工程，还是引发了争议。因为，早在1999 年，西湖就已被列入我国世界遗产申报的预备名单，西湖申遗工作也在那一年正式启动。此时再对西湖的风貌进行如此大的改动，真的靠谱吗？不少人的心里打起了鼓。

站在杨公堤新西湖景区建设工地现场，习近平仔细看着规划图纸。望着眼前一片水光潋滟的湖光山色，习近平看到的却是更辽远的未来。他对大家说，历史文化名城是杭州的"灵魂"，西湖是杭州的"生命线"。西湖综合保护工程是德政善举、得民心之举。

定音鼓就此擂响。三天后，"西湖西进"建设工程开工。后来的故事，大家再熟悉不过了：恢复杨公堤，300 年前"一湖二塔三岛三堤"的西湖全景成为现实，令无数国内外游客流连忘返。

还有一个细节为人津津乐道。在西湖的改造中，不少杭州市民发现，湖边的长椅变少了。原来，西湖景区免费开放后，增设了不少椅子供市民、游客休息，但椅子多了，间距也就近了。"习书记考虑到西湖边恋人很多，如果椅子之间距离太近，恋人们会感到不自在。"景区工作人员对习近平的细致入微叹服不已。如今，在西湖边走累了，找一张长椅坐坐，一种闹中取静的心境便油然而生。

除了对长椅的关注，习近平还就西湖景区里的厕所和游船提过建议。

"厕所晚上开放吗?"习近平提出疑问。西湖边的公园免费开放，但是晚上公共厕所关闭，给市民、游客带来很多不便。后来，西湖边公共厕所全部 24 小时免费开放。

习近平还注意到，西湖水域拓展后，游船在经过新西湖上的桥洞时，经常会磕碰到，既不安全，也会造成桥洞和船体损坏，建议加以改进。西湖景区经过调研，在船头增设橡胶轮胎进行防护。

2005 年，习近平考察杭州西湖博物馆建设情况，尤其关注主体建筑的设计。他在意的是：杭州西湖博物馆的建筑形式，要符合西湖特色，坚持"浓抹自然、淡妆建筑"的理念。

习近平还考察了西湖天地、新湖滨景区和梅家坞茶文化村等，多次表示，要支持西湖综合保护与环境整治工程。在习近平的关心和指导下，西湖综合保护工程共修复、重建180多处人文景点，逐渐恢复明代西湖的西部水域。同时，挖掘和还原许多西湖周边的历史文化景观，将西湖的园、亭、寺、塔与吴越文化、南宋文化、明清文化相结合，丰富了西湖风景区的历史文化内涵。

2011年，西湖申遗成功。许多杭州市民深情地说，西湖成为世界文化遗产，习书记功劳最大。

四

历史长河奔流不息，京杭大运河静静流淌，河上古桥回眸，两岸高楼林立，水上巴士穿梭。

2006年的一天，杭州水上巴士"西湖"号迎来一位特殊的乘客——习近平。古老而又新生的运河，串起沿线的江南风光，透过水上巴士的玻璃窗，两岸美景尽收眼底。从拱宸桥到艮山门码头，行船中，习近平仔细询问运河的保护和建设情况。听到工作人员介绍说，杭州运河正进行综合保护，习近平频频点头。

"三山夹湖迎宾客，半月钩城映运河。"大运河自开凿以来，沟通南北，货畅其流，成为经济大动脉的同时，也成为重要的文化纽带。然而，在经济社会快速发展的进程中，大运河两岸诸多历史文化遗存，却被湮没在钢筋水泥的丛林里。

"西湖"号船长莫浩泉生在运河边，住在运河边，对运河的变化感受很深。他感慨地说："20世纪90年代，运河水很脏很臭。

后来，经过政府整治，运河一天天干净起来。"最能让市民体会到变化的是，从 2003 年开始，运河两岸生态绿带和游步道先后贯通，历史遗存逐步修复，为两岸居民增加了 22 公里的生态文化长廊。

对文化遗产保护，从宗旨到细节，从内涵到外延，习近平都有着持续、系统的思考。2006 年 6 月 10 日，习近平在"文化遗产日"调研时说："城市化率的提高往往意味着'建新拆旧'，意味着农村变城市，意味着现代化的过程。但是在这个过程中，也隐藏着对文化遗产进行破坏的危险，在现实中就存在着对城市文化个性的轻视甚至埋没，造成文脉的断裂，造成'千城一面'的现象。"

结束水上巴士的考察时，习近平希望杭州能再接再厉，继续做好运河综合保护工作，使城市的经济和自然环境和谐发展。

按照习近平的指示，杭州市精心保护、管理运河，不断挖掘、保护沿线遗址遗迹，并在此基础上创建起一座座文化场馆。2014 年，大运河申遗成功。2020 年，大运河国家文化公园建设启动。运河，已成为一道亮丽的城市风景线。

文化建设不能急功近利

一

2005 年 5 月，一个消息随着微风，悄悄地吹进绍兴市杨汛桥镇：省委书记要来了！

老百姓有些兴奋，更有些自豪。杨汛桥可是蝉联"浙江百强镇"之首的名镇。那段时间，"杨汛桥现象"成为众多专家学者关注的话题。

让很多人没想到的是，5月17日，习近平来到杨汛桥后，选的第一站竟是新落成的文化中心。"习书记不去工厂、企业，来文化中心做什么？"文化中心外，好奇的人们伸长脖子向里张望；文化中心内，兴奋的村民们更是围到习近平的身边。

习近平一边饶有兴致地察看文化中心，一边嘱咐身边的人，现在群众生活逐渐富裕起来，对精神文化生活提出新的更高要求，我们在抓好物质文明建设的同时，要高度重视精神文明建设。

杨汛桥的这场调研，只是当年省委关于文化建设系统调研的其中一站。习近平带领的考察组在一周内，跑了40多个单位。此外，习近平还通过全省宣传文化系统调研座谈会、省政协文化大省调研课题汇报会等渠道，了解更多信息。

密集的行程背后，大幕徐徐拉开——2005年7月，省委十一届八次全体（扩大）会议召开，会议通过《关于加快建设文化大省的决定》，提出实施文化建设"八项工程"，开启浙江文化建设新征程。文明素质工程、文化精品工程、文化研究工程、文化保护工程、文化产业促进工程、文化阵地工程、文化传播工程、文化人才工程，"八项工程"在浙江大地奏出一部澎湃激越的华美交响曲。

习近平对文化建设思考得很深入，他说，文化建设是一项不容易出"政绩"的基础工程，文化工作是一项相对务"虚"的工作。文化建设需要的是埋头苦干而不是急功近利，需要的是一砖一瓦的积累和一代一代的传承，而不是立竿见影和轰动效应。

"八项工程"中的文化研究工程，就是一项需要耐得住寂寞、沉得下心来的长期工程，这项工程的指导委员会主任，正是习近平。

"文化研究工程是基础，是源头，抓好了，就能带动其他工程。"时任省社会科学界联合会党组副书记、副主席蓝蔚青说，"习书记十分重视文化建设，而文化涉及的方面太多了，所以他就抓'牛鼻子'。"

文化研究工程围绕"今、古、人、文"四大主题，即"浙江当代发展问题研究""浙江历史文化专题研究""浙江名人研究""浙江历史文献整理"，首次系统梳理、考订浙江历史文化、文化名人及其学术思想和著述，对濒临失传的传统文化经典进行抢救性整理和发掘，全方位梳理总结浙江经济社会发展背后的人文基因和精神渊源。

习近平强调：文化研究工程由省委宣传部、省社会科学界联合会组织实施，发动全省哲学社会科学工作者参与。

在习近平的主导下，哲学社会科学工作者迸发出高昂的积极性和创造性，工程很快取得进展。

《宋画全集》是文化研究工程中一个引人瞩目的项目，它不仅填补了中国宋画整理汇编的空白，也是迄今最权威、最完整的宋画集成。

2005年7月，时任省委常委、浙江大学党委书记张曦向习近平报告了编纂、出版两岸故宫博物院宋画藏品等建议，得到习近平的明确支持。习近平作出批示：这一构想很好，值得为此努力。

在即将离开浙江履新上海前，习近平仍关心着这套书的出版工作，专门询问编纂进展。

2008 年 7 月，习近平又亲自审定《宋画全集》序言，勉励大家再接再厉、善始善终，完成好这一光荣历史任务。

2010 年 9 月，《宋画全集》按计划基本出齐，编纂团队打算拓展实施"中国历代绘画大系"项目。对此，习近平指示："下一步出版'中国历代绘画大系'的打算很好，可积极向有关部门汇报，争取各方支持。"

在听取全国深入学习实践科学发展观活动试点单位汇报，以及在中南海主持召开高校教育工作座谈会时，习近平又当面勉励张曦，要做好这件大事。

2015 年 5 月 25 日至 27 日，习近平总书记到浙江视察，在杭州只停留一夜。当晚，他专门安排出时间，详细听取关于"中国历代绘画大系"项目的汇报。第二天，他在听取省委、省政府的汇报时又强调，文化也要有拿得出手的拳头产品。

8 月 20 日，习近平总书记又在有关绘画大系的书面报告上作出重要批示。

截至 2020 年底，《宋画全集》《元画全集》已顺利出版，《先秦汉唐画全集》《明画全集》《清画全集》也在有条不紊地编纂、出版过程中。

杭州孤山脚下，有一座名为"文澜阁"的江南楼阁，是为存放《四库全书》而建的皇家藏书楼。文澜阁《四库全书》在数次战火中几陷毁灭。

2006 年，杭州出版社拟影印出版文澜阁《四库全书》。习近平对此专门批示："文澜阁本的《四库全书》博大精深，内容丰富。将其影印出版，这是文化建设的一件大事，对我省开展的文化研究工程具有重要意义。"

谆谆嘱托，化作广大文化工作者的不竭动力。2015 年，文澜阁《四库全书》影印出版，全书达 1500 多册。

在挖掘整理古代史料的同时，文化研究工程也聚焦省情国情研究。

2005 年 6 月，习近平率领浙江代表团，访问中国社会科学院，与该院领导和专家学者会聚一堂，商讨浙江省与中国社会科学院开展全面合作事宜，双方签署合作意向书。从此，这个省院合作建立的哲学社会科学"智囊库"，不断为浙江的文化建设发挥着重要作用。

一年半后，一套 6 卷本、140 多万字的《浙江经验与中国发展——科学发展观与和谐社会建设在浙江》在杭州首发。

首发式上，习近平强调，这一课题调研活动，可以说是迄今为止在浙江进行的最具理论权威、规模最大、最为系统的一次对浙江精神的全面总结，也为浙江今后开展理论总结、进行各项经验调研提供了有益借鉴。

让该项目课题组组长刘迎秋及其带领的 60 多位专家学者格外感动的是，习近平不仅抓方向，更为大家提供思想引领。在书籍编纂期间，习近平专门会见课题组全体成员，分析浙江的发展成就和面临的挑战。

此后，浙江省与中国社会科学院再次合作，启动"中国梦与浙江实践"等重大课题研究，硕果累累。

"今天，我们踏着来自历史的河流，受着一方百姓的期许，理应负起使命，至诚奉献，让我们的文化绵延不绝，让我们的创造生生不息。"习近平在《浙江文化研究工程成果文库总序》结尾的深情展望，正转化为可触可感的现实。文化研究工程充分发挥了认识世界、传承文明、创新理论、资政育人、服务社会的重要作用。

第一期文化研究工程，设立研究项目 811 项，全省有 1000 多位哲学社会科学界专家学者参与课题攻关，出版学术专著 1000 多部。2017 年 3 月，第二期文化研究工程启动，重点突出当代发展研究、历史文化研究和"浙学"文化阐述。截至 2020 年底，已开展系列研究 52 个，设立重大课题 65 项、重点课题 284 项，已出版重点学术著作 300 多部。

二

2002 年 12 月 29 日晚，衢州孔府花园"大中堂"内，炭炉燃起暖暖炉火。习近平一边喝着茶，一边和大家聊天。交谈间，燃烧的木炭迸发出哔啵哔啵的声响，阵阵番薯的香味在空气中飘散开来。"这让我想起了当'知青'的日子，特别是那烘番薯的焦香！"习近平的这句话，把大家逗笑了。

愉快的氛围中，孔子第 75 代嫡长孙孔祥楷向习近平详细介绍起孔氏南宗的历史沿革，以及今后祭孔的设想："南宋以降，衢州一直是孔子嫡长孙一脉的居住地。我们希望恢复南孔祭奠，采用'现代人祭孔'，就是摒弃旧礼仪，穿现代人的服装，行现代人的礼节。"

听到这里，习近平点点头说，孔氏南宗家庙的历史文化内涵深广，是浙江历史文化中的一个亮点，南孔文化值得很好地挖掘和弘扬。

一番话，让孔祥楷对发扬南孔文化，有了十足的信心。

2005年9月6日，习近平第五次到衢州调研。

此时，衢州正力推"棋子"和"孔子""两子文化"。会议现场，习近平殷殷嘱托："衢州历史悠久，是南孔圣地，孔子文化值得很好挖掘、大力弘扬，这一'子'要重重地落下去。"

2006年9月28日，"2006中国·衢州国际儒学论坛"开幕。习近平发来贺信："认真研究探讨儒家文化与和谐社会的关系，深入挖掘儒家文化中的社会和谐思想，可为构建社会主义和谐社会提供可资借鉴的重要思想资源，对于弘扬优秀传统文化、促进社会和谐发展具有重要的现实意义。"

十多年来，衢州牢记习近平的嘱托，持之以恒地深入挖掘南孔文化，打响了"南孔圣地·衢州有礼"的城市品牌。

三

2003年9月19日，烈日炎炎，习近平风尘仆仆，到达兰溪诸葛八卦村时已近中午。诸葛八卦村，是迄今为止发现的最大的诸葛亮后裔聚居地。

天一堂是诸葛八卦村的制高点。看着白墙黑瓦、错落有致的村貌，习近平仔细询问村党支部书记诸葛坤亨："诸葛书记，你们村是怎么保护的？"

"在诸葛八卦村，人人都是文保员。"诸葛坤亨说，"村里每幢古建筑都要挂牌，住在里面的村民要签订保护责任书。每个村民都是股东，也都是古村保护的受益者。"

习近平边听边点头，夸奖道："这是一种很好的保护模式。"

在村落保护地图前，习近平看得很仔细。当时的诸葛八卦村是全国第一个实施整体保护的古村落，1.2 平方公里的村庄都划入古村落核心保护区，连村落外围辐射开的 3 平方公里，也被纳入外围景观保护区。习近平对这种保护力度给予肯定。

2006 年 6 月 10 日，习近平专题调研浙江文化遗产保护工作，在提到保护古村落时，高度肯定诸葛八卦村："有的新农村恰恰是要保持历史原貌的古村落，如兰溪的八卦村等，就是要保护它的原貌，体现它的历史美。"从那以后，诸葛八卦村保护古村落的决心更强了，方向更清晰了。

对古镇的保护和发展，习近平也一直挂在心头，在浙江工作期间，曾五次赴乌镇调研指导。

2005 年 8 月 3 日，习近平来到乌镇古镇二期保护工程现场。

骄阳似火，大家建议习近平先歇歇脚缓缓，他却说："到工地去，到现场去。"

这次调研，习近平走了将近三个小时。看完工地，回到一座老房子，大家发现他的衣服已经湿透了。

习近平顾不上休息，当场提了三点要求：要尊重乌镇的历史遗存，要修旧如旧；要把环境尤其是水环境搞好；要做好传统文化创新的文章，给古镇植入现代的、年轻人喜欢的文化。

按照习近平的要求，乌镇文化遗存与江南水乡风光在精心保护中得到了传承创新。现在的乌镇，在传统文明与现代科技的交相辉

2005 年 8 月 3 日，习近平在嘉兴桐乡市乌镇调研古镇保护工作

映中焕发出新的生机，不仅是旅游者心中的"网红打卡地"，还是世界互联网大会永久举办地。

四

龙泉青瓷名扬天下。

2007年，习近平第三次来到龙泉。考察完竹垟畲族乡后，在回城区的车上，时任龙泉市委书记赵建林向习近平汇报龙泉青瓷文化的传承工作："浙江省文物考古研究所和北京大学考古文博学院刚对龙泉大窑枫洞岩遗址进行了考古发掘，光出土的明代瓷片就达50多吨，能够修复的器型近万件，而且宫廷礼器丰富精美，这么多的古青瓷，现有的博物馆根本无法容纳……"

听到这里，习近平打断赵建林，微笑着说："我知道你们的意思了，是不是想新建一个馆？"

确实，赵建林一直想请求省里扶持新建龙泉青瓷博物馆，但想到习书记每次来龙泉都帮大忙，不好意思接二连三地提要求。而习近平的话，让赵建林放下了顾虑。

习近平继续说："龙泉青瓷是民族文化的瑰宝，应该好好保护，可以建一个新的博物馆。"他还特别叮嘱赵建林，新馆不一定规模很大，但一定要有个性和特色。

在习近平的关心下，一周后，省财政就落实了补助资金，帮助龙泉启动博物馆建设项目。2009年12月19日，龙泉青瓷博物馆建成开馆。

"龙泉这样的山区欠发达县，如果没有习近平同志的关心支持，绝不可能建成这样一个博物馆。"赵建林说。龙泉人民始终感念在怀，特意在博物馆广场前设置了一块景观石，上面刻了三个大字——"关怀石"。

对非物质文化遗产的保护，习近平十分重视。

2005 年 5 月至 6 月，习近平作了六次批示，涉及浙江民间手工艺保护传承、浦江县登高村古村落抢救、民间艺术保护工程、落实国务院关于"非遗"保护工作的通知精神、抢救振兴永嘉昆剧等。习近平在省文化厅工作汇报上批示：我省民族民间艺术保护工程启动三年来，在非物质文化遗产保护方面作了许多有益的探索。下一步，要认真总结，加强宣传，认真实施，扎实有效地做好我省的非物质文化遗产保护工作。

如今，习近平关于继承弘扬中华优秀传统文化的重要指示，不断在浙江落地生根、开花结果。截至 2021 年底，在联合国教科文组织公布的人类非物质文化遗产名录中，浙江省有 10 个项目上榜，在全国名列前茅；全省共有 241 项国家级非物质文化遗产，196 位国家级"非遗"传承人，均居全国首位。

提升文化软实力

—

杭州南山路上，一处引人注目的建筑，依山向湖，错落有致，犹如一幅江南水墨画，这就是浙江美术馆。如今看来，艺术殿堂依偎在西湖胜景边,是一件顺理成章的事儿。但很多人不知道,当年,关于浙江美术馆的选址,可是颇费了一番周折……

浙江是美术大省,建一座浙江的美术馆,曾是几代人的梦想。蔡元培、林风眠都曾提出要在西湖边建美术馆,潘天寿、刘开渠等人也呼吁杭州应有大的美术馆。"八五""九五"期间,不断有省人大代表、政协委员提出要建设浙江省美术馆。2002年,筹建浙江省美术馆的建议经省委、省政府同意,被提上日程。前期工作开展后,却遇到了一连串问题。

2002年11月下旬,习近平刚任省委书记不久,时任省委常委、秘书长张曦向他报告筹建美术馆遇到的困难。这立即引起习近平的高度重视,他明确表示:新官要理旧事。

究竟要"理"到什么程度?习近平用行动作了回答。

2003年1月31日,除夕,天空中飘着小雨。西子湖畔的柳莺宾馆里,刚刚冒雨在南山路踏勘的习近平,召开专题会议,研究美术馆的建设问题。

讨论的重点,集中在美术馆的选址上。

临上场前5分钟,一位汇报者发现,背景板上原本挂着的西湖地图,被换成了一张钱江新城的地图。对于美术馆的选址问题,争论一直存在,因西湖周边用地极其紧张,一部分人建议将美术馆建在钱江新城。

西湖,还是钱江新城?一个是闻名世界的风景名胜,一个是拥江发展的主战场。会上,不同论点的支持者,一度有些针锋相对,说到激动处,还有人拍起桌子。最终,习近平作出决定:"这个美术馆就建在西湖边。"

讨论继续深入。在谈到浙江美术馆的建筑风格时，习近平说："既然建在西湖边，就应该是中国的样式，应该一看就是中国的。"习近平强调，要把西湖的自然景致与美术馆的人文韵味和谐地融为一体，这才是具有时代气息、中国气质的美。

会议一直开到下午3点多，最终统一了各方思想。习近平说："浙江作为一个文化底蕴很深厚的省份，美术在全国很突出。打造文化大省，美术在这里头要有支撑性地位。把美术馆搞好，能起到一个提纲挈领的作用。"

2003年6月，浙江美术馆被列入省政府"五大百亿"工程实施计划。

美术馆工程建设招标领导小组组织了两轮设计方案的招标。通过方案展示、媒体公示等方式，在32个设计方案里，3个方案脱颖而出。令杨建新感到意外的是，按常规只要向省委、省政府写个报告就行了，习近平却提出要通过省委常委会会议讨论，确定最终方案。

2004年初，美术馆前期工作准备就绪。此时，已接近春节放假，省委工作每天都排得很满。1月5日，从早晨8点半开始，全天召开省委常委民主生活会。傍晚，会议一结束，习近平立即带着所有常委走进隔壁的小候客厅。墙上，挂着美术馆的三种建筑设计方案图；桌上，摆着立体而直观的设计模型。

"这个方案，从中国传统建筑中吸取有益的元素，表达现代建筑理念，建筑形态与西湖环境基本协调，功能设计基本体现美术馆运行要求……"汇报人介绍说。

习近平在认真听取汇报后，请所有常委发表意见。经过讨论，

2005年5月15日，习近平出席浙江美术馆奠基开工典礼

最终选定程泰宁教授主持设计的极具中国特色建筑风格的方案。

2005 年 5 月 15 日，西子湖畔，玉皇山麓，习近平按下开工按钮，浙江美术馆由此拉开建设大幕。

2009 年，浙江美术馆正式开馆。这一饱含习近平的关怀和集体智慧的大工程，终于在西子湖畔落了地、生了根，滋润滋养着浙江人民的精神生活。

在习近平的关心支持下，一大批重点文化设施相继建成并投入使用。占地约 10 万平方米、标志着杭州从"西湖时代"向"钱江时代"迈进的杭州大剧院等，与浙江美术馆一起，成为杭州乃至浙江的文化地标。

二

十几年前，中南卡通董事长吴建荣可能不敢想象，有一天，杭州会拥有"动漫之都"的美名。

2003 年，浙江的动漫产业几乎为零。短短两年后的 2005 年 2 月，杭州却在与国内诸多城市的竞争中脱颖而出，获得我国第一次国家级、国际性动漫盛会——首届中国国际动漫节的举办权。

拿到入场券，是压力，也是动力。为办好动漫节，习近平展开相关调研。

2005 年 4 月，习近平到中南卡通考察。一下车，他直奔动画制作办公室。由于刚刚搬进新办公大楼，还没来得及装空调，办公室里有点闷热。

"动漫做得怎么样？"习近平一边用毛巾抹汗，一边仔细观看动画制作，向动画设计师询问情况。

"中国动漫只有行业，没有产业"，"中国动漫市场很大，但90%被国外卡通抢走"……面对习近平的关切，吴建荣憋不住了，将困难与困惑和盘托出。

习近平听罢，神色凝重地说："动画不是用钱来衡量的。它能够为青少年提供健康的精神食粮。"他翻看着500集动画片《天眼》的画册，得知该片在播出后广受好评，十分高兴。

从前期导演、中期制作，到播出和发行等各个环节，习近平都问得非常仔细。在放映室里，他特意戴上眼镜，聚精会神地观看影片。临走时，习近平嘱咐吴建荣：要把我们的民族英雄故事创作成动画片，让小朋友了解历史。

2006年4月，第二届中国国际动漫节在杭州举行，习近平会见来宾，并对浙江动漫产业寄予厚望。此后，中国国际动漫节永久落户杭州，杭州"动漫之都"的美誉传遍全国，浙江成为国内具有重要影响力的动漫产业中心。

影视产业也是浙江的一张"金名片"。

2004年，横店影视产业实验区成立，成为全国首个集影视创作、拍摄、制作、发行、交易于一体的国家级民营影视产业实验区。

"习近平在浙江工作时，曾两次到横店考察，指导发展影视文化产业工作，有力地推动了横店影视文化产业的快速发展和壮大。"横店集团创始人徐文荣说。从无到有，从小到大，横店做出了文化产业发展的创新样本。

2005年6月1日，在全省宣传文化系统调研座谈会上，习近平指出："繁荣文化事业、壮大发展文化产业，是建设文化大省的重要目标，也是加快文化大省建设的重要检验标准。"

习近平认为，必须像支持发展民营经济那样，进一步放开放活，突破文化产业发展的体制瓶颈，打开文化产业发展的闸门，抢占文化产业发展的先机，大力发展民营文化企业。

更多创新创造的机遇，摆在浙江文化企业面前，浙江文化产业进入一个更加充满生机和活力的发展阶段。

三

2004 年 9 月 10 日，第七届中国艺术节在杭州拉开帷幕。与过去群星璀璨的开场不同，开幕式上，一位九旬老人和一个五岁孩子敲响了开场铜锣，生动诠释了"艺术的盛会，人民的节日"的宗旨。

为检查第七届中国艺术节筹备情况，2004 年 8 月，习近平冒着酷暑调研杭州大剧院、黄龙体育中心、杭州剧院等场馆的建设，还在工地上召开座谈会。第七届中国艺术节形成了全新的办节模式：政府主导、社会参与、市场运作。其间，全省各地举办 600 多项群众文化活动。

在浙江工作期间，习近平曾多次就繁荣发展文化事业、推动文艺精品创作作出指示。在他看来，浙江文化要再现辉煌，就必须创作和生产出一批思想性与艺术性完美统一的文化精品，一批经得起历史检验的传世之作，一批反映时代特征、代表国家水平、体现浙江特色的精品力作，并使之成为浙江作为文化大省的重要名片。

2005 年 11 月 6 日至 9 日，浙江省文学艺术界联合会第六次代表大会召开。会上，习近平对文艺工作者提出要求："真正的文艺家总是站在时代的前列，关注国家命运，反映人民心声，抒写时代精神。"

2006年，越剧迎来百年诞辰。10月，又一个国家级艺术节——首届中国越剧艺术节，由文化部、浙江省人民政府成功举办。

习近平在开幕式上致辞："越剧不仅是浙江人民宝贵的文化财富，更是全国乃至全球华人共同珍视的民族文化瑰宝。在喜庆中国越剧百年华诞之际，中国越剧艺术节迎四方宾客，展精品佳作，这对于推进中国越剧的创新发展，具有积极的意义和重要的作用。"

整个越剧节期间，习近平参与多项活动，包括会见以袁雪芬为代表的老一辈著名越剧艺术家。此后，中国越剧艺术节永久落户浙江，每四年一次，领梨园之风骚。

文化为犁，精品铸魂。浙江文艺精品不断涌现：由省委宣传部、中央电视台文艺中心影视部等单位出品的浙商题材电视剧《十万人家》，获得第27届"飞天奖"；《梁山伯与祝英台》等剧目在2006年中国越剧艺术节上夺得4个金奖，占金奖总数的一半；《让我们敲希望的钟啊》等文学作品入选中宣部第十届精神文明建设"五个一工程"奖；《公孙子都》入选2005—2006年度国家舞台艺术精品工程初选剧目，成为全国30台初选剧目中唯一的昆剧作品；剧场版《宋城千古情》一经推出，场场爆满，口碑上佳……

四

2002年至2006年，习近平多次到中国美术学院考察。

2005年4月8日，中国美术学院象山校区刚刚投入使用，习近平就来到这里，调研学科建设和人才培养。

新建成的校舍通透而有设计感，建筑与自然融为一体，处处流露着浓厚的艺术气息。习近平一路参观了图书馆、雕塑车间。

在传媒动画学院的专业教室里，习近平关切询问："动漫产业前景广阔，这个专业现在建设得怎么样啊？"

时任中国美术学院院长许江介绍道："我们要将文化大省、动漫之都建设与人才培养、动画教学研究相结合，探索一条产学研一体化的道路。"

习近平肯定了学校学科发展的特色之路，并提出殷切希望："在学科设计上领先，在人才培育上下功夫，整合研发力量，为浙江文化建设作出贡献。"

2006年2月23日，习近平主持召开省委常委会会议。"今天上午的会议，第一个议题就是听取中国美术学院的工作汇报。这在过去是没有过的。"简单的几句话后，习近平点出了会议宗旨：积极支持中国美院加快建设成为世界一流大学，为文化大省建设作出贡献。

习近平指出："中国美术学院作为全国重点高等艺术学校，处于文化和教育的交汇点，既是文化大省建设的生力军，又是教育强省建设的排头兵。"他明确提出"成为体现中国文化艺术研究和教学最高水平的世界一流美术学院"的目标定位。

学科建设及规模要不要扩大？几个校区的定位怎么区分？围绕这些问题，常委们各抒己见。

在总结发言时，习近平的话语掷地有声。

"哪里有大师，哪里才有名校。"

"中国美院我是津津乐道的。对于来浙江的客人我都愿意介绍。

2005 年 4 月 8 日，习近平在中国美术学院象山校区考察调研

美院完全可以作为对外开放、对外宣传、国际旅游的一个示范窗口，作为杭州旅游一道亮丽的风景线。"

"文化大省要有文化品牌、文化旗舰、文化航母、文化生力军。"习近平认为，中国美术学院应该当仁不让。

殷殷嘱托，催人奋进。2005 年的那次调研，习近平在象山校区的山北水边，种下一棵象征坚忍和朴实的杜英树。围绕着这棵杜英，中国美院师生又种下 18 棵树。如今，十年树木，枝繁叶茂。一大批青年艺术人才茁壮成长。

丽水古堰画乡，江碧山青，老街悠长。这里因千年古堰通济堰而闻名，既有历史的积淀，又有艺术的基因，形成独特的"丽水巴比松画派"。为了吸引更多文艺人才进驻，当地政府将毗邻瓯江的一条老街打造为画廊一条街。

2006 年 7 月 28 日，习近平在丽水古堰画乡调研。刚走进老街的第一家画廊，一位年轻人的前卫穿着，引起了习近平的注意。

年轻人叫雷建华，是缙云工艺美术学校古堰画乡分校的教师。

习近平指着他的衣服，打趣说："是不是艺术家都穿得像你这样？"原来，雷建华穿着一件黄色的短袖 T 恤，上面还有毛边，看起来好像是内里外头反了个儿。

习近平的话惹得大家哈哈大笑。"古堰画乡离我老家只有 10 分钟路程，从小，我就被来古街画画的人吸引。"耳濡目染下，雷建华也走上专业道路，成为一名"来画画的人"。

习近平嘱咐，希望他扎根画乡，坚持艺术创作，培育艺术人才，发挥专业特长，为画乡建设作贡献。

十多年过去了，雷建华从一名画家、老师，成长为一名更加成熟的艺术家和古堰画乡发展建设的参与者。在他眼中，各具特色的民宿、咖啡馆、茶吧如雨后春笋般涌现，天南地北的游客、学画写生的青年、创作采风的画家，和质朴恬静的村民一起，构成一幅和谐的图景。

文化即"人化"

一

2006年1月26日，春节临近，习近平到人民日报社浙江记者站和新华社浙江分社走访慰问。

"新年好，来给你们拜年啦！"习近平看望采编人员，微笑着和大家一一握手，特别和蔼亲切。

"工作忙不忙？生活还习惯吗？"习近平很关心采编人员的工作、学习和生活。

时任人民日报社浙江记者站站长鲍洪俊依旧清晰地记得，在与大家座谈交流时，习近平重点讲了新闻创新。在习近平看来，新闻宣传善于创新，常做常新，是发展壮大、保持强大生命力的关键。习近平强调，新闻宣传创新，不能仅仅停留在一般的喊口号上，要体现在具体文稿的撰写、修改和具体事件的宣传、报道上，要体现在如何拓宽工作思路，更新办报理念，丰富办报手段，突出办报特色，增强发展活力，提高新闻宣传的吸引力、感召力、战斗力上。

一句话，要体现在具体的实践创新上。

习近平还对做好新闻舆论工作提出 12 个字的要求：为党为民、激浊扬清、贵耳重目。曾任新华社浙江分社社长的张晓华说，习近平多次对新闻工作者提出希望——从人民群众的现实生活中汲取养料、寻找线索、提炼主题，不断增强新闻宣传的吸引力、感召力、说服力。

2006 年 7 月 21 日，习近平应邀给驻浙中央新闻单位全体新闻工作者作报告。他寄语新闻媒体的同志们，要为党为民，把宣传党的主张与反映人民心声统一起来，用党的路线方针政策去统一群众的思想和行为，实现新闻舆论的正确、有效引导；要激浊扬清，坚持新闻报道的正确导向，引导社会明确提倡什么、允许什么，抵制什么、反对什么，向社会传递科学的价值观念和道德情操；要贵耳重目，坚持实事求是的思想路线，深入调查研究，用事实说话，做到客观公正，注重社会效果。

习近平作出了表率。2003 年 2 月至 2007 年 3 月，习近平在"之江新语"专栏上发表 232 篇短论。他经常用一些群众听得进、记得住的话来表达思想，用大白话来讲大道理。

2004 年 8 月 4 日，省委新闻宣传工作座谈会上，习近平提出新闻宣传工作也要"三贴近"：要始终坚持贴近实际、贴近生活、贴近群众，不断增强新闻宣传的针对性、实效性和吸引力、感染力。"要报实情、说实话、鼓实劲、求实效，把新闻宣传工作的视点对准现实生活，说群众想说的话，讲群众能懂的话，为群众创造更多喜闻乐见的内容和形式，提供更多喜闻乐见的新闻和信息。"

习近平希望大家牢记——新闻为民。

二

2006 年 9 月 27 日下午，浙江大学的不少学生行色匆匆，他们的目的地是浙大紫金港小剧场。

"省委书记要来学校作报告了。"尽管这已经是习近平自 2003 年 9 月 28 日、2005 年 6 月 20 日之后，第三次为大学生们作形势政策报告，但大家还是很好奇："省委书记今天要跟我们说点什么？"

报告会定在下午三点开始。不到两点半，小剧场里已经坐得满满当当。

习近平来了。他先是向在座师生抛出一个问题：浙江怎么样？

他说："在座的各位同学，有的是生于斯、长于斯的浙江人，有的是从外地考到浙江的大学来学习。不管是不是浙江人，现在在浙江的大学里上学，很多人都会向你了解：'浙江怎么样？'这一句问话很简单，但要回答好这句话，就不一定很容易。"

面对大家的困惑，习近平讲起了故事。

"当年，毛主席乘专列途经河南的南阳停留时，南阳地委书记上火车向主席汇报地方情况。毛主席问他：当年诸葛亮说'臣本布衣，躬耕于南阳'，这'南阳'是现在这里的南阳还是指现在湖北的襄阳呀？这位书记虽一脸茫然，却仍然肯定地说就是这里。毛主席又问，河南的香油很好，你知道现在的价格是多少呀？这位书记又没答上来。毛主席接着问，你今年多大呀？他回答说，这个知道，五十五。毛主席风趣地说，你不知今不知古，只知自己五十五。"

现场爆发出阵阵笑声。

习近平告诉大家，这位地委书记对当地的历史渊源、文化传统不够熟悉，对老百姓柴米油盐的事不够关心，只知道自己身边的一些事。而毛主席每到一处总要先了解那里的风土人情、文化历史。

看着台下一双双热情的眼睛，习近平说，你们在浙江求学，将来许多人还要在浙江创业和生活，就要对当地的经济、社会、历史、人文和人民生活情况有一定的了解。特别是对一名大学生来说，要了解浙江、热爱浙江，进而了解我们伟大的祖国和伟大的民族，激发起应有的爱国主义精神和民族自信心。

整场报告历时两个多小时，习近平旁征博引，典故信手拈来，现场气氛十分活跃。临近尾声，习近平语重心长地说："殷切希望同学们继承和发扬中华民族优秀的历史文化传统，学习浙江精神，感悟浙江精神，实践浙江精神，弘扬浙江精神，努力为加快浙江全面建设小康社会，提前基本实现现代化作出应有的贡献。"

这个下午，同学们收获颇丰，"习书记用深入浅出的语言，融汇古今。作为一个浙江人，我更了解自己的家乡了，也更懂得自己所肩负着的使命和担当了。"

2005年起，在习近平的主导下，浙江省委建立省领导联系高校和定期为高校师生作形势政策报告制度。17年来，省委、省政府领导深入高校，开展调查研究，并为大学生作形势政策报告300多场次，广大师生反响热烈。

三

"老朱啊，你一定要看好这个家！"习近平的一句嘱托，让时任绍兴市青少年活动中心主任朱老虎记到现在。习近平让他看好的"家"，是绍兴市青少年活动中心。

2005年5月17日，习近平考察绍兴市青少年活动中心。当时，鲁迅小学的部分学生，正在这里参加"学工一日"活动。

在鲁班小作坊，孩子们制作折叠小睡椅；在工艺纺织室，孩子们编织手工艺品；在美点新秀园，孩子们学做梅花蛋糕……一堂堂寓教于乐的体验课，令孩子们兴奋不已。习近平与孩子们亲切交谈，并参与制作。

"绍兴的小孩子真是有福气，我小时候只能抓抓泥鳅、玩玩泥巴。"习近平转头对时任市委书记王永昌说，想不到绍兴的课外实践搞得这么好。

一个小时的参观结束后，习近平在科技楼门口站了近10分钟，向朱老虎详细询问活动中心的经营情况。

"有没有债务？"

"每年物业管理费多少？"

"青少年活动中心是公益机构，财政政策必须倾斜。"

每一句话都很务实，充满关切。

"青少年是祖国的未来。各级党委、政府一定要重视和关心青少年的健康成长，不仅要给他们造就知识的殿堂，还要为他们提供精神的乐园。"习近平说，"无论是教育还是娱乐，都要注重发展孩子们的个性，开发孩子们的智力，锻炼孩子们的能力，挖掘孩子们的潜能，培养孩子们的兴趣，激励孩子们的创新能力，努力把孩子们培养成对社会有用的人。"

绍兴，也是越剧的故乡。清丽悠扬的越剧，诞生在嵊州市甘霖

2005年5月31日，习近平在杭州青少年活动中心与小朋友共庆"六一"儿童节

镇东王村。

2004年12月14日，习近平到嵊州调研，专程来到东王村。

这里农屋错落有致，路面整洁，绿树成荫，不仅经济发展快，而且文化活动开展得好，村民在活动中心看书阅报、写字作画、弹琴唱戏，其乐融融。

村委会主任李秋顺一路向习近平介绍情况。当时，村里正打算重建古戏台。

习近平问："建造资金从哪里来？"

李秋顺回答："一部分由村民自筹，一部分向政府申请。"

习近平听了，满意地点点头。

说话间，大家走到香火堂，许多人正围成一圈，唱着越剧。

习近平又问："这些都是本村村民吗？"

李秋顺自豪地亮出家底："是的，我们东王村是越剧发源地，老百姓都会唱上几嗓子。"

习近平说："这样很好，丰富了老百姓的文化生活。"

习近平转身走进陈列室，发现一本20世纪30年代的戏曲剧本，高兴地说："这个你们还保存着啊！"

一路上，时任嵊州市越剧团团长谢顺泉一直在看手表。前一天晚上，越剧团特地准备了一场折子戏，想请习书记"提提建议"。但习近平到达村里时，已是正午时分。

"演出有40分钟，会不会耽误习书记吃饭？"谢顺泉心里很忐忑。

没想到，习近平不但饶有兴致地看完了所有表演，还与演员、乐队和工作人员一一握手致谢。

习近平不忘关心剧团："越剧团一年演出多少场次，在哪里演出？"

谢顺泉回答："一年演 130—150 场次，其中八成面向农村，在老百姓家门口。"

习近平很高兴，鼓励道："精神文明建设特别是思想道德建设，一定要通过看得见、摸得着的方式，创造实实在在的载体，让广大群众喜闻乐见，寓教于乐。"

德以润心，文以化人。习近平关于文化建设的重要论述和重要部署，构建了浙江文化建设的"四梁八柱"，十多年来，不断指引浙江文化建设取得丰硕成果。

如今的浙江，正以全面实施新时代文化浙江工程为抓手，加快打造与社会主义现代化先行省相适应的新时代文化高地，为忠实践行"八八战略"、奋力打造"重要窗口"提供坚强思想保证和强大精神动力。

八、围绕生态做文章

一个新鲜概念——生态省

一

北纬 30 度，一条神秘而又奇特的纬线。它经过地球上最高的山峰，最奇特的湖泊，最瑰丽的山脉，最壮观的大潮，最汹涌的海流……它也横穿浙江。

与这条纬线上分布的大片沙漠地带不同，浙江，则是山河湖海皆备，丘陵、平原和盆地相间。大地为纸，山川作笔，清水为墨，它期待着一幅最美的画卷。

2002 年 11 月 1 日，秋日的西子湖畔，微风拂过湖面，泛起层层涟漪。习近平正准备主持召开省政府第七十六次常务会议。

在座的人员，谁也没有想到，这个看似平常的会议，却像在湖面扔下了一块巨石，掀起了波澜。

这次会议，内容是听取、讨论一系列地方法规议案和政府规章草案，讨论的焦点落在一件与老百姓息息相关的草案——《浙江省大气污染防治条例（草案）》上。

就在四个多月前，在省第十一次党代会上，"绿色浙江"前所未有地被放在突出位置，宣告着浙江切实加强环境保护和生态建设的决心。按照这个新目标，相关部门迅速制定了这一草案，对污染防治、污染事故的预防和处理以及法律责任等作了规定。

会场上，大家各抒己见。大多数人认为大气污染影响人民群众健康，必须加大控制和治理力度。但也有人提出异议："措施和标准太严，企业怎么活？经济怎么发展？"

的确，浙江取得的成绩让人欢欣鼓舞——从1995年到2002年，浙江人均GDP翻番只用了短短七年时间。七年间，浙江人的生活水平也有了明显提升。

但与此同时，作为地域小省、资源小省，浙江生态环境容量不足、资源有限的问题相比其他省份更加突出，工业废水、废气排放总量不断增加，人民群众对良好生态环境的需求与生态产品供给不足之间的矛盾也逐渐显现。

"浙江跻身中国经济第一方阵靠什么？浙江人均GDP超过广东靠什么？浙江在全国第一个消灭贫困县靠什么？靠的是经济发展！这一轮发展期太重要，我们如果因为保护环境而止步不前，将来花百倍力气也追不上啊。"一位参会者说。

"这样的工业化进程，实际上是以高投入、高消耗、高污染为代价，换取高增长，老百姓看到的是不蓝的天、不清的水、不绿的山，我们的发展又有什么意义？"另一位参会者激动地反驳道。

双方意见迟迟不能达成一致，现场的气氛有点僵。作汇报的时任省环保局局长张鸿铭，不断打量着大家的表情，心中有些忐忑。

张鸿铭再了解不过了，看似只是会场上的争论，但折射的是整个浙江的苦恼——占全国1%的土地，却承载了全国4%的人口，产出全国6%的GDP。这个资源小省、经济大省，如何处理好环境保护和经济发展之间的关系？

所有人的目光，都投向了习近平。

此前，习近平听着大家的发言，不时记录，没有打断热烈的讨论，也没有针对某个意见作出评论。迎着大家期待的眼神，习近平语气平和却十分坚定地说：治理大气污染，保护生态环境，功在当代、利在千秋，标准怎么定都应该，花再大代价也值得。

简单的话语意味深长，字字句句是对全球经济发展趋势、浙江经济社会发展状况的深刻认识和精准把握。

会议室内的气氛渐渐缓和。最终，《浙江省大气污染防治条例（草案）》顺利通过。根据会议意见作进一步修改后，提请省人大常委会审议。

"特别重视生态环境保护"，这是不少人对习近平的第一印象。随着时间的推移，大家发现，这第一印象越来越准确。习近平在之后大大小小的会议，包括产业结构调整的会议上，都再三强调要保护生态。在其他场合，对于生态保护、绿色发展的话题，习近平也是一路走、一路讲，不仅在省内讲，在省外讲，甚至到国外考察时还讲。

二

生态之于社会发展的意义，当时大多数人未曾想过。

把视线拉远，纵观世界各国发展的经验，有一个极其微妙而又关键的时期：人均生产总值 1000 美元到 3000 美元，是经济社会结构发生深刻变化的重要阶段。

再把视线聚焦浙江：2002 年底，浙江人均生产总值为 16570 元（约 2000 美元），已连续 20 多年保持高速增长。但作为经济大省、出口大省的浙江，于内，水污染、大气污染、海洋污染和农业面源污染问题较为突出；于外，出口贸易越来越多地面临发达国家"绿色壁垒"的挑战。

浙江在"内外夹击"中的痛苦，随着 GDP 的增长而日益增加。针对当时浙江提出的"到 2020 年经济总量争取比 2000 年翻两番"这一目标，习近平看到了症结——如果不从根本上转变经济增长方式，高增长必然带来资源消耗和污染物排放总量的剧增，必会造成严重的环境问题，最终制约经济社会的持续发展。

在经济发展中为生态发展抢时间！2002 年 11 月 20 日，在听取省发展计划委员会汇报时，习近平着重提到"绿色浙江"建设必须细化、深化。他提出，浙江可以创建生态省。

"生态省"，这个词第一次出现在浙江干部群众的面前，也从此深深地嵌入了浙江发展的肌理中。

"什么是生态省？"步出会场，大家都在议论这个全新的名词。

听说习近平在福建当省长时，主导和推动了福建生态省建设，浙江干部马上前往福建"取经"。习近平提醒浙江干部："制定生态省建设规划纲要，既要有所借鉴，又要结合浙江实际。"

2002 年 12 月，已经担任省委书记的习近平，在主持省委十一届二次全体（扩大）会议时正式提出，必须"积极实施可持续发展战略，以建设'绿色浙江'为目标，以建设生态省为主要载体，努力保持人口、资源、环境与经济社会的协调发展"。

当月，习近平还主持召开了第一次省政府生态省建设工作协调会，会议确定由省政府向国家环保总局正式申报，将浙江省列为国家生态省建设试点省。

生态省，这个新鲜概念，为未来的浙江定下了绿色的底色。

破解"天然氧吧"的苦恼

一

2002 年 11 月 24 日，习近平带队调研，他要让"生态省"变得更形象、可接受、可理解、可操作。

调研的目的地定在浙西南的丽水，很多人一开始搞不懂这是为什么。丽水是浙江陆地面积最大的市，也是生态环境最好的地方，有"天然氧吧"的美誉，但因山多地少、交通不便，相比当时全省两位数的经济增长速度，这里的发展明显滞后。

"生态好是好，但发展跟不上，这是浙江未来要走的路吗？"有人犯嘀咕。

这也是习近平第一次来到丽水。越是偏远的地区，越能引发他的思索和关注。

浙闽交界深山里的景宁畲族自治县，"两山夹一水，众壑闹飞流"，绿水青山扑面而来。习近平一下车，就深吸一口气说："你们这里生态优势很明显，'丽水'就是青山丽水的意思，风景秀丽的意思。"

虽然坐拥良好的生态，当地人却很苦恼：九山半水半分田，耕地资源稀缺，发展空间极度狭小；山区县，劳动力、人才、资金等要素资源长期净流出，经济总量、地区生产总值一度在"省尾"；国家级贫困县，产业底子薄、内生动力缺乏……

一路走，一路了解情况，当地干部忍不住向习近平诉说内心的纠结："欠发达地区到底要不要工业，县里很犹豫。山区资源效益有限，没有工业就没有大发展……"

一边是对发展的热切渴望，一边是受生态环境的制约，到底该走怎样的路？

11月25日，午饭过后，在景宁宾馆的会议室里，习近平专门召集县里干部座谈。

景宁要发展难不难？当然很难。重重大山，就像是天然的屏障，把这个畲乡小县"拦"在了现代化发展的外围。然而，这般"穷山恶水"，却有它独特的价值。

"任何时候都要看得远一点，生态的优势不能丢。千万不要以牺牲环境为代价换取一点经济的利益。"习近平不断勉励当地干部：很多东西，眼前看是好的，今后看未必是好的；有些东西眼前看没有什么价值，但今后看可能就是无价之宝；我们的资源优势就是无价之宝。

来到丽水市莲都区，一个引发争议的项目吸引了习近平的注意。

1999年末，为防范洪涝灾害、保障经济社会发展，丽水启动了城市防洪工程建设。这是当地有史以来自筹资金建设的最大土建项目，就江北一段初步概算总投资就达7.5亿元。为按照绿色城市理念建设丽水新城，规划时将防洪工程与城市绿带相结合，在江滨留出不少空白地带，最宽处达300米，后来修筑了江滨景观带和公园。当时丽水正处于撤地设市过渡期，财力非常有限，还有许多历史欠账要尽快解决。对这一防洪工程，一些干部群众认为："花大力气、大价钱征迁的土地，白白浪费了！"

习近平考察时，时任丽水市市长谢力群汇报了工程建设情况和一些干部群众的想法，边说心里边打鼓，压力大得很。

习近平边听边点头，肯定道："既要把防洪工程建成城市的安全屏障，也要让它成为城市的亮丽风景线。"一番话，彻底打消了大家的顾虑。在丽水的三天考察走访中，习近平为当地干部解开了关于生态建设、绿色发展的困惑。

在丽水，习近平就如何把生态优势转变为经济优势提出了很多前瞻性意见：全国提出五年内要避免餐桌污染，丽水这方面潜力很大，要依托生态环境，大力发展绿色食品，有机、无公害农产品，进一步发挥好后发优势和资源优势。

"习近平同志对生态文明的认识高瞻远瞩。丽水是浙西南的生态屏障，首次考察，他就在很多干部心中播下了守护生态、绿色发展的种子，让我们坚定了'生态立市、绿色兴市'的信心。"谢力群说。

丽水之行后，习近平紧锣密鼓地前往衢州、金华等地调研，还走访了安吉、桐庐、建德等几个生态优势明显的县（市）。

在山区，他叮嘱当地干部，"特色就是长处，就是优势，就是竞争力"。在杭州、宁波等经济发达地区调研时，他同样强调生态环境保护问题。他说，"必须懂得机会成本，善于选择，学会扬弃，做到有所为、有所不为"。

就这样，一场场以"生态"为主题的调研密集地进行，一堂堂如何把生态发展嵌入当地经济发展的"公开课"开始

2003年4月9日，习近平在湖州市安吉县调研天荒坪抽水蓄能电站

了，一次次脱胎换骨的蜕变就此启动。

二

2003 年，在浙江的发展史上注定是具有里程碑意义的一年。

这一年，习近平到过红船停泊的南湖，走过浙西的山间小道，穿过繁华的三江口。他从浙江人经世致用、工商皆本的文化传承，坚韧不拔、敢为人先的意志品质和与时俱进的浙江精神中汲取力量，要为驶入市场经济深水区的浙江找到一条适合自己的发展道路。

2003 年 1 月，浙江成为全国第五个生态省建设试点省。以此为契机，浙江推进生态省建设的动作极其迅猛，几乎没有停顿。

3 月 18 日，全国两会胜利闭幕之际，在习近平直接推动下，《浙江生态省建设规划纲要》在北京通过专家论证，并获得高度评价。

很多人不知道，这份规划纲要，先后八易其稿，其中涉及生态省建设目标责任制、重点工程管理等内容。习近平组织了大批专家、学者调研论证，在部门联合起草并完善的基础上，省政府常务会议进行修改，省委常委会又专题召开会议讨论。

尽管已过去十多年，当年参与规划调研、编制的同志仍感慨：生态省建设规划设计极为周密，明确了生态环境治理、生态城镇建设等"十大工程"，构建了生态经济、自然资源保障、人口生态等"五大体系"，是一项宏大的系统工程。

7 月 11 日上午，省委十一届四次全体（扩大）会议闭幕。会议提出实施"八八战略"，其中有一条就是"进一步发挥浙江的生态优势，创建生态省，打造'绿色浙江'"。

上午开完全会，下午就开全省生态省建设动员大会，这一会议顺序是习近平特意指定的。

无疑，这是在释放一个强烈的信号。

会上，习近平作动员讲话。他说，"建设生态省，是一项事关全局和长远的战略任务"。他要求，各级各部门必须深刻认识生态省建设的科学内涵，把思想统一到省委、省政府的决策部署上来。

当时，省政府与11个市分别签订了生态省建设任期目标责任书。对于11个市的市长来说，每年签的责任书不少，但大多是安全生产、民生工程等方面的，生态方面的还是第一次。

这般破天荒，足见"生态"两个字在习近平心中的分量。

多年以后，时任副省长陈加元对这一战略决策解读说，2002年6月，省第十一次党代会提出建设"绿色浙江"，是一个很大的进步，意味着加强环境保护和生态建设正式成为"实现可持续发展的大事"。而生态省建设，更是认识的新飞跃、实践的新突破、发展的新境界。它不再就生态谈生态，还包含了环境保护、经济发展、文化培育、制度建设等方方面面内容，具有里程碑意义。

习近平对生态省建设有多重视？一个细节，至今为浙江干部津津乐道。当时，省委、省政府有许多领导小组，但由主要负责同志担任组长的不多。习近平亲自担任生态省建设工作领导小组组长，而且一当就是五个年头。

为什么要亲自担任组长？在考察南太湖开发治理工作时，习近平解释说，"因为这些工作都是要为子孙后代负历史责任的"。

时光流转，2020年5月，一个喜讯传来——浙江，历经16年不懈努力，建成了全国首个生态省。

生态环境部在验收评估报告中指出，浙江已在全国率先步入了生态文明建设的快车道，生态文明制度创新和改革深化引领全国，率先探索出一条经济转型升级、资源高效利用、环境持续改善、城乡均衡和谐的绿色高质量发展之路。

江南水乡不能缺水喝

"浙江"，两个字都带着水，全境八大水系贯通江河湖海。看似不缺水的浙江，实际情况与人们的感觉相反。

浙江客水少，水资源自成体系；河流短，径流量大，丰水期集中在短暂的梅汛期和台汛期，雨水来得快、下得猛、留不住；全省人均水资源量低于全国平均水平，是个缺水省。杭州、嘉兴、湖州、宁波、绍兴、温州、台州等市，个个喊"渴"。

当时，浙江治理水环境下了大力气，但治水的步伐跟不上发展的速度。综观全省，一些地方只顾发展经济，忽视了污水治理，导致村镇河流"60年代淘米洗菜，70年代浇水灌溉，80年代变黑发臭，90年代垃圾倾泻"，问题变得越发严峻了，"江南水乡缺水喝"。

水资源短缺和污染问题，成为横亘在浙江现代化征途上的一大障碍，这正是习近平心中牵挂的一件大事。

钱塘江是浙江的"母亲河"，但其流域的水污染一度十分严重。2004年初，春节前全省环保督查时，江水很脏，60%以上断面水质达不到水域功能要求，江面上到处是水葫芦，群众意见很大。

习近平听取督查汇报后，神色严肃地说道："生态环境保护是一项基础性工作，必须找到一个突破口。"

历经半年调研、规划、部署，2004 年 10 月，"811"环境污染整治行动在全省拉开序幕。"8"指全省八大水系；"11"既指全省 11 个设区市，也指当时省政府划定的 11 个省级环保重点监管区，包括黄岩化工医药基地、平阳水头制革基地等。"811"行动，意在通过三年努力，实现"两个基本""两个率先"，即全省环境污染和生态破坏的趋势基本得到控制，突出的环境污染问题基本得到解决，在全国率先全面建成县以上城市污水、生活垃圾集中处理设施，率先建成环境质量和重点污染源自动监控体系。

11 个省级环保重点监管区，3 个地处台州。就在 2004 年 10 月，张鸿铭调任台州市委副书记、代市长。临行前，习近平郑重地嘱咐他："'811'行动，全省 11 顶帽子，有 3 顶在台州，你之前是省环保局长，去那里先把帽子摘掉。"

对"811"行动，习近平分外重视，工作抓得很紧。2005 年，光专题会议就开了五六次，在省委常委会会议、生态省建设工作领导小组会议、循环经济工作会议等场合，他反复强调，"生态环境方面欠的债迟还不如早还"。

2005 年 9 月，他溯江而上，先后考察了钱塘江、富春江、新安江、衢江的水环境整治状况，走访了富阳、建德、衢江等地企业，包括污水处理厂。

他来到衢州衢江区沈家经济开发区。这里有 49 家化工企业，工业废水过去直排进入乌溪江，又通过衢江进入钱塘江上游，对钱塘江流域造成很大污染。

习近平特地到园区的污水处理厂察看。从中控室到生化池，面积不大的厂区，他前后看了约半个小时。每一道流程、每一处工艺，他都看得非常细致，并不时询问。

沿钱塘江考察后，习近平在衢州召开座谈会，充分肯定了"811"行动，并提出更高要求。他说，要将环境污染整治，当成生态省建设的一项基础性、标志性工作，"钱塘江的污染防治工作必须走在全省前列"。

"这一讲话，再次拉高了'811'行动的站位。此前，一些地方产业规模大、环境污染重、整治难度高，还有干部不愿配合环保检查。习书记的钱塘江之行后，环境污染整治真正形成了破竹之势。"陈加元说。

到 2007 年，钱塘江流域水环境就出现转折性变化，70％的断面水质达标；全省环境污染和生态破坏趋势基本得到控制，突出的环境污染问题基本得到解决。

"千万工程"万千气象

—

21 世纪之初的中国，城市化轰轰烈烈，资源、资金、人才以空前的速度，集聚到城市。此时，习近平却把目光投向广袤的乡村，不管是考察还是调研，他都爱往农村跑，看完地方安排好的村，他总还不满足，一定要去边上的村再走走。

一两个月走下来，习近平就发现了一个大问题。浙江虽然是沿海较为发达的地区，但村与村之间、乡与城之间的发展差距较大，农村生态环境也不尽如人意。

当时的浙江农村，"村村点火、户户冒烟"，经济快速发展，村庄面貌却不如人意。有人说，"走过一村又一村，村村都是垃圾村；走过几十个垃圾村，才找到一个示范村"。省农业和农村工作办公室排摸的数据更是惊人——全省 3.4 万个村庄，只有 4000 个村人居环境较好，其余 3 万个村环境较差。

更严重的是，一些地方的工作存在"重城轻乡"的问题：只管城市垃圾，不管农村垃圾；只管城市规划，不管农村规划；只管城市污水，不管农村污水。

要改善农村人居环境，涉及一连串的问题，烦琐又庞杂。从哪里入手？怎么破题？习近平继续深入各地农村调研，一个村一个村地仔细考察，到基层一线寻找最佳答案。萧山梅林村、奉化滕头村、东阳花园村等村庄，都留下了他的足迹，也给了他启发。

2002 年 12 月 15 日，习近平在杭州萧山区考察，除了走访企业，还专程到党山镇梅林村调研。

作为经济相对发达地区，萧山新农村建设起步早。1997 年，萧山提出开展小康型村庄试点建设，打造 33 个"样板式新农村"，设置了布局优化、道路硬化、路灯亮化、卫生洁化、河道净化、环境美化等六个具体指标。

呈现在习近平面前的，是一个令人向往的乡村——新式住宅、中心公园，连片绿地沿 1800 米长的村道铺展，水、电、煤气等配套一样不少……

看着村民们脸上的笑容，习近平深有感触，提出要建设一批标准化、规范化、全面发展的，在全省乃至全国都叫得响的小康示范村镇。他对"六个化"非常赞同，后来这也成为全省村庄整治的目标。

2003 年 5 月，习近平又来到奉化滕头村考察。

初夏的乡村，田成方，屋成行，绿树成荫花果香，清清渠水绕人家，与村民口中昔日"田不平，路不平，亩产只有二百零"的贫困村，形成了鲜明的对比。

村党委书记傅企平，一讲起村里的故事，嗓音都响了几分——早在 1993 年，村里就成立了村级环境保护委员会，上任何项目都先由环保委把关。这些年，村里环境好了，村民环保意识也提升了，大家自发保护花草树木，全村绿化覆盖率近 70%。

习近平听着，有感而发：一个人如果家里很整洁、环境很好，做人做事的信心也会提高，人改变环境，环境反过来也能影响人。

一次次深入基层后，习近平找到了生态省建设的有效载体和城乡统筹发展的重要突破口，一张蓝图在他心中徐徐展开。

二

习近平提出，要破解农村的问题，首先要从农村环境问题入手，这也是他给浙江"三农"干部布置的一大课题。

他说："建设生态省，打造'绿色浙江'，农村是重点，是难点，也是主战场。""新农村必须有新面貌。要坚持以人为本，推进村庄整治建设，加快传统农村社区向现代农村社区转变。"

省委书记亲自抓农村环境整治，而且力度空前。这事，浙江的干部之前没听说过，更没碰到过。时任省委常委、常务副省长章猛进立即被派了个任务：搞清楚浙江到底有多少个垃圾村，一届干部任期又能消灭多少个垃圾村。

章猛进马上召集相关部门，一起统计并作出规划。大家商量后提出了"万村整治"计划，打算花五年时间整治一万个村，改变脏、乱、散、小的农村面貌。

对他们拟订的这一方案，习近平基本肯定，同时提出三条很重要的意见：一是怎么整治、整治成什么样，要有一批示范村；二是由政府引导、农民自愿、社会主体参与，公共财政向农村倾斜；三是成立领导小组，时任省委副书记周国富担任组长，章猛进担任副组长，主要工作他这个省委书记自己挂帅，明确这是一把手工程。

习近平提出的意见，让"万村整治"计划有了更细化的版本。2003年6月5日，在习近平的倡导和主持下，浙江全省启动"千村示范、万村整治"工程。

"'千村示范、万村整治'工程是推动新农村建设的龙头工程、统筹城乡兴'三农'的有效抓手、造福千万农民的民心工程，要让更多的村庄成为充满生机活力和特色魅力的富丽乡村。"习近平亲自部署：今后五年，对一万个左右的行政村进行全面整治，把其中一千个左右的中心村建成全面小康示范村。

"千万工程"名字响亮，各地都很欢迎，但基层干部群众也有顾虑：一是受传统观念影响，担心环境整治影响经济发展；二是农村量大面广，怕资金投下去难以快速见效。

了解到大家的顾虑，为使这项工程深入开展，扎扎实实取得成效，习近平想了两个办法：一是每年开一次现场会，省委书记出席，带领市县干部考察两三个示范村，并作现场指导；二是每年办一次成效展，他亲自抓"千万工程"的部署落实和示范引领，调动大家的积极性。

这办法相当奏效。时任省委副秘书长、省农办主任王良仟和时任省农办副主任顾益康的电话成了热线。每年的现场会，对举办地来说是很大的荣誉，各地像申办奥运会一样，县委书记们纷纷打电话抢着申请。

习近平得知基层的热情后，嘱咐省农办干部考察选点必须更加仔细深入，地方能不能办现场会，要有三条标准：一看规划制定、实施办法、财政投入、工作精力，考验地方重不重视；二看整治范围、工作成效、创新举措、成功经验，考验实施力度大不大；三看老百姓口碑，考验"千万工程"是否真正让农民受益，是否促进经济社会发展。

"习书记考虑得很全面、很细致。"顾益康说，"现场会第一年在湖州、第二年在嘉兴、第三年在台州举办，三地都是实施'千万工程'工作扎实、成效明显的地方。"

每年的成效展，时间就选在全省农业农村工作会议举行的当天。11个市分别挑选3到4个示范村上报省农办。每个村的前后对比照片、整治经验等都印在展板上，现场展示。省委书记、省长带着各市市委书记、各部门负责人等一起观展，还当场点评、指导。

王良仟记得，2006年，因为原定举办展览的之江饭店展厅场地紧张，省农办打算取消当年的成效展。习近平听了汇报后，态度很坚决，要求展览必须办，工作要一以贯之。这一年的展览，后来改在浙江图书馆展厅举办。

每项工作，习近平不是点个题、提个要求就完事，他总是亲力亲为，一抓到底，抓出成效。这是浙江干部的共同印象。

在习近平的指导和推动下，"千万工程"深刻改变了浙江农村的面貌，造就了数以万计的美丽乡村，成为美丽中国建设的样板。

三

2006年8月16日，雨后初霁，习近平来到开化县金星村。在村口一下车，他就感慨："这个村很好，绿化好，美化也好，在全省很有特色。"

金星村，地处钱江源头，是开化实施"千万工程"的样板村。过去，村民靠"种种砍砍"为生，山林荒芜，经济落后。"千万工程"在全省开展后，金星村逐步推进村庄绿化美化、垃圾集中收纳等。到2006年初，这里变为山林茂密、绿树成荫的生态村，被评为省首批全面小康示范村。

"初一书记，村民不砍树了，收入靠什么？"习近平问村党支部书记郑初一。

"有三分之一村民在外打工，三分之一在县里从事二、三产业，还有三分之一留在家里种地。"郑初一答。

"你们村的单身汉多不多？"习近平笑着问。

"以前很多，现在少了。"郑初一笑了。

"少了，你觉得原因是什么？"习近平追问。

"村民都有稳定收入，除了外出务工赚钱，在家的村民，人均有八亩山林、两亩茶园，还能养鸡养鸭，一年赚一万多元，娶媳妇没问题。"郑初一说得很实在。

一路走一路问，经过村民陈祥云家的院子时，看到一棵柿子树上挂满果实，习近平高兴地说："家家户户有这么棵树太好了，又漂亮，果子又能吃，吃不完还能卖钱。"

见到村民夏朴娜在家门口建了沼气池，习近平饶有兴致地上前察看。

他抛给郑初一一连串的问题：

"建一个沼气池成本多少？"

"村民出多少钱，政府补贴多少？"

"有没有技术员来指导？"

郑初一逐个回答。他还告诉习近平，村里建了60多个沼气池，家家户户用得很舒心、很满意，他们准备再建120个。习近平听到这里，笑着点了点头。

随意走进一户人家，好客的村民刘玉兰见来了客人，拿出刚刚摘下的无花果，热情地招待大家。习近平爽快地拿起一个尝起来，说："无花果是绿色健康食品，可以多种。"

只有 200 多户村民的金星村，平时转一圈不用半小时，习近平却足足看了 50 多分钟。在村口即将上车返程时，他又回过头来叮嘱郑初一，这里山好、水好、空气好，将来通过"山海协作"，空气也能卖钱。

"空气怎么卖钱啊？"看着车子慢慢驶远，郑初一一时间没明白省委书记这番话的含义。不过，这句话，他倒是牢牢记住了。

直到十多年后，看到上海游客为了呼吸新鲜空气，专程赶来村里住民宿，他才恍然大悟："空气卖钱，不就是把绿水青山变成金山银山！"

一位村支书的顿悟，道出了"千万工程"的深意。随着农村人居环境的改变，农民的生产生活方式也在悄然转变。广大农村成为浙江绿色发展的突破口，开启了绿水青山向金山银山的转化之路，浙江农民迎来了"高光时刻"——

2018 年 9 月 27 日上午，浙江"千村示范、万村整治"工程被授予联合国最高环保荣誉"地球卫士奖"。安吉鲁家村村委会主任裘丽琴在领奖台上深情地说："15 年前，我每天都要拎着满满的一桶脏水，走到很远的地方去倒。当时，我家厨房没有排污水管，村里没有垃圾箱，河道受污染，又黑又臭。今天，习近平主席亲自倡导和推动的'千村示范、万村整治'工程使我们村庄变成了一张亮丽的明信片。"

这，也是浙江农民的共同心声。

首提"两山"理念

一

安吉，取自《诗经》中的"安且吉兮"，是一方"安且吉兮"的美妙之地。

天目山余脉余岭脚下，有一个名叫余村的小山村。20世纪90年代，这里响彻的是开矿的炮声和机器的轰鸣——村民们为了致富，靠着山上优质的石灰岩，自办水泥厂。村民虽然富裕了，村里却溪流浑浊、烟尘漫天。

2003年，在浙江全面启动生态省建设之时，安吉提出"生态立县"战略。余村下决心关停了三座石矿、一家水泥厂，村集体经济和百姓收入立刻下滑，"富裕村"的光环不再。

时任安吉县县长唐中祥说，当时全县上下加快发展的热情很高，但对于生态优势怎么转化成经济优势，还没有找到清晰的路径。一方面，大家确实感觉到，不能牺牲环境和自己的健康来换取所谓的致富；但另一方面，又对青山、绿水能不能让大家富起来充满疑惑。

关了矿洞、停了厂，老百姓上哪儿挣钱？村里怎么发展？余村村民经常向村干部"讨说法"，村干部们备受煎熬。

2005年8月15日，热浪滚滚，蝉鸣悠长。处在转型十字路口的安吉余村,迎来了习近平。

狭小的村委会小会议室里,打开了仅有的那台立柜式空调,但依然难遏暑热。椭圆形会议桌边,座无虚席,气氛更显热烈。

此次调研的主题是民主法治村建设。根据行程,习近平将在村里停留 20 分钟,只听汇报,不作讲话。但不知不觉间,省委书记与村支书的对话转到了生态保护上。

"我们通过民主决策,关了矿山和污染企业。"汇报到这里时,村党支部书记鲍新民的声音低了下去,底气不足。

那一刻,会议室里的气氛有些紧张。在那个已经习惯把 GDP 作为判定工作好坏重要标准的时期,有谁敢顶着"不求发展"之名,去关心身边的一草一木、一水一山?到底该走怎样的发展道路,发展又是为了什么?

寻求这些问题答案的,不只是这个叫余村的小山村,更是整个浙江,甚至是整个中国——人们都在等待一个答案。

习近平突然插话问道:"开水泥厂和化工厂一年收入有多少?"

"好几百万元。"鲍新民的声音依旧低沉,他不确定眼前这位穿着淡蓝色短袖衬衫的省委书记,会怎样评价他们的工作。

"为什么关掉?"习近平看出了村干部们眼里的忧虑,关切地问。

见省领导如此关心这事,鲍新民的言辞也生动起来:"污染太严重,我们余村在一条溪流的上游,从厂矿排出的污水对下游的村庄和百姓危害非常大,而且这些年挖矿烧石灰,余村常年灰尘笼罩、乌烟瘴气,大家都像生活在有毒的牢笼里似的,即使口袋里有几个钱,也都送到医院去了……"

"你们关矿停厂,是高明之举!"习近平面带笑容,果断明了地说，"过去我们讲既要绿水青山，又要金山银山，其实绿水青山就是金山银山，本身，它有含金量。"

村干部们有些惊讶。习近平语气温和了许多："要坚定不移地走自己的路，有所得有所失。在熊掌与鱼不可兼得的时候，要知道放弃，要知道选择。发展有多种多样，要走可持续发展的道路，绿水青山就是金山银山！"

"今后村民收入靠什么？"习近平继续问。

鲍新民这下声音洪亮了，答道："余村的发展要靠生态旅游，村里有两三户人家办了农家乐，收入不错。"

"生态资源是你们最宝贵的资源，搞经济、抓发展，不能见什么好都要，更不能以牺牲环境为代价，要有所为有所不为，不能迷恋过去的那种发展模式。"习近平娓娓道来：我从安吉的名字，想到和谐社会的建设，想到人与自然的和谐，想到经济发展方式的转变。安吉是宝地，离上海、苏州和杭州，都只有一两个小时的车程。经济发展到一定程度时，逆城市化现象会更加明显，一定要抓好度假旅游这件事。

近两个小时，习近平为余村的未来发展把脉。在场的人已隐约意识到这是一段非同寻常的重要论述，于是认真地把它记在本子上，铭刻在心里。

从那一天起，余村从山到水、从空气到百姓的生活，都发生了翻天覆地的变化。

九天后，习近平在"之江新语"专栏发表了评论文章——《绿水青山也是金山银山》。他指出，浙江拥有良好的生态优势。如果能够把这些生态环境优势转化为生态农业、生态工业、生态旅游等生态经济的优势，那么绿水青山也就变成了金山银山。绿水青山可带来金山银山，但金山银山却买不到绿水青山。绿水青山与金山银山既会产生矛盾，又可辩证统一。

此后，整个安吉、整个浙江大地出现了百个、千个像余村甚至比余村更美、更富有的村庄。如今，它们正以各具特色的美丽、和谐、文明和现代，装点着一个伟大而全新的时代。

二

生态优势如何变成经济优势？习近平在下乡调研时，经常勉励大家"在选择之中，找准方向，创造条件，让绿水青山源源不断地带来金山银山"。

2005 年 8 月，习近平第五次到丽水调研，特意去景宁发展最早、规模最大的澄照乡茶叶基地考察。

下午五六点钟，天色渐暗。等在村口的村干部们心想："习书记估计不会来了。"

就在这时，渐行渐近的车辆穿过暮色，缓缓停在村口，习近平如约而至。

原来，习近平是看完东坑镇平桥地质灾害点和泰顺乌岩岭自然保护区后专程赶过来的，之后还要赶回丽水开会。这一路盘山公路多，很不好走，到市里估计都要晚上 8 点了。如果不是心里惦记，他怎么会执意要来这里看看！

天快黑了，习近平仍坚持爬上茶山，看一眼茶叶长势，叮嘱村干部"好好发展这个生态产业"。

事实上，对欠发达地区如何发展生态农业、生态旅游，走绿色可持续发展之路，习近平一直很关注。早在 2002 年 11 月第一次到景宁调研时，他就注意到了当地的特产惠明茶，特意嘱咐"这个品牌要打大一点，响一点"。

到 2020 年底，澄照乡的茶叶基地已从习近平当年考察时的 310 亩扩展到 6 万余亩，家家户户每年靠种茶都有两三万元收入。

一片叶子，富了一方百姓，这样的故事在浙江农村接续发生。

2006 年 6 月 13 日，习近平来到磐安县尖山镇管头村，调研当地农家乐发展情况。当时，管头村的新村已经造好，但产业发展仍然存在问题，除了种茶，村民缺少别的收入来源，刚开业的四家农家乐，已有两家因为游客稀少、生意冷清而准备转行。

"习近平同志听说后，鼓励我们要有信心。他说，农家乐是朝阳产业，前途无量。他告诫我们，发展旅游经济必须要有好的生态环境。"时任管头村党支部书记张威平回忆。习近平的一番话，让他们坚定了信心。如今，村里环境优美、空气清新，光农家乐、民宿就有近 130 家，村民人均年收入超过 8 万元。

"在推进绿色生态发展这项重大基础工程中，习近平同志花了很大精力。在他的关心推动下，浙江召开了农家乐发展大会，还举办了四次农家乐特色菜大赛，大力推动农业'接二连三'融合发展。"时任省委副书记周国富说。得益于"绿水青山就是金山银山"理念深入践行，浙江发展模式出现了重大转变和提升：从"砍木头"变为"看木头"，从"挖石头"变为"赏石头"，这是认识和实践上的质的飞跃。

2006 年 7 月 28 日，习近平在丽水市调研加快促进欠发达地区发展工作

三

千岛湖畔的淳安，是习近平的工作联系点。在浙江工作期间，他先后十多次到访。

当时的淳安，虽坐拥一湖秀水，却是浙江的欠发达县。2002年，郑荣胜调任淳安县委书记的第一年，全县财政收入只有3亿多元，"老百姓对加快发展的愿望强烈，干部们也出现急躁情绪。当时有个说法，经济发展要靠项目带动，不管什么项目，先引进再说"。

2003年9月15日，习近平再一次到淳安调研。因为受到"非典"疫情、持续高温干旱等影响，上半年全省经济增速有所回落，正处于一手抓发展、一手防疫情反复的阶段。

听完汇报，习近平郑重地说："发展是第一要务，但只重视经济发展，不重视生态建设的领导不是好领导，淳安必须走保护先行之路。"

这对当时在场的干部，既是一个提醒，也是一种警示。之后，无论是到淳安作专题调研，还是指导经济社会发展，习近平都反复告诫，"淳安最大的财富就是一湖秀水"，"保护好千岛湖，也是淳安最重要的政绩"，"既要经济指标的GDP，又要绿色的GDP"。

2005年3月21日至22日，习近平又来到淳安，当时全省上下正按照中央统一部署，开展保持共产党员先进性教育活动。21日晚上，习近平顾不上休息，专程找来郑荣胜谈话。22日下午，在听取相关情况汇报后，他又给淳安领导干部上了一堂党课。

习近平说,淳安作为他的联系点,必须当好三个示范:生态建设的示范、欠发达地区跨越式发展的示范和党的先进性建设的示范。他反复强调,必须发展以生态绿色为主导的产业,千万不能让45万人捧着金饭碗要饭吃。

亲切的关怀和细心的指导,让当地干部树立起绿色政绩观。当时,县里出台一系列保护生态的规定,其中一条为:凡不符合生态环境要求的项目一律不能进入千岛湖。

在习近平的推动下,浙江在全国率先启动了"绿色GDP"体系设计,通过调整领导干部考核指标,改变"GDP至上"的政绩观。2006年,全省干部考核评价体系里,新增万元GDP建设用地增量、能耗及降低率、主要污染物排放强度、环境质量综合评价等刚性指标。

早在生态省建设全面启动时,习近平就倡导将生态建设知识纳入各级党校和行政学院的教学内容,纳入全省各类学校国情教育的内容。2003年7月17日的《人民日报·华东新闻》,还刊发了专题报道《浙江干部必修生态课》。

从千岛湖到整个淳安,再到全省上下,"不重视生态的政府是不清醒的政府,不重视生态的领导是不称职的领导,不重视生态的企业是没有希望的企业,不重视生态的公民不能算是具备现代文明意识的公民",逐渐成为人们的共识。

四

太湖,总面积2400多平方公里,是中国第三大淡水湖,是长三角地区的重要水源地。

地处南太湖畔的湖州，以往曾在沿岸发展工业，造成环境污染。到底该怎么走发展之路？2005 年前后，历经太湖治理工程、"聚焦太湖零点达标行动"等多轮整治的湖州，仍举棋不定。

如果保留南太湖畔的工业，就要继续投入大笔费用，用于环境污染整治、企业清洁化生产改造；彻底关停工厂，转型做旅游，则意味着损失税收，而且旅游产业的前景不明。

对这一问题，习近平牵挂于心。他说："南太湖开发问题一直是我脑子里装的一个问题。"

2006 年 8 月 2 日一早，他从湖州长兜港海事码头登船，横穿太湖，航行 63 公里，前往无锡东太湖畔。从无锡返回后，他又到西太湖畔的长兴调研。

时值盛夏，烈日当空，习近平久久静立水边，凝神眺望湖面，细致观察水质，听取湖州市、长兴县等当地党委和政府领导的汇报。他听得十分认真，不时还就一些关键性数据、治理工作细节反复询问、核实。由于天气炎热，在场有人提议前往附近的会议室继续汇报，习近平却依然伫立着，显然他对南太湖的水质现状和近年来的变化情况极为关切。

一路考察，一路对比，一路思考。当天下午，南太湖综合治理及开发工作情况汇报会在长兴举行。会上，习近平对当地干部说："环太湖一圈，从旅游开发角度讲，别的地方开发已经达到一定程度了，你们这里还是原生态，本身就是个宝，如果把原生态适度开发以后，变成一个旅游产业，更是个宝。作为旅游业发展起来，对整个经济结构调整是一个贡献，是一条可持续发展的道路，也是'腾笼换鸟'。所以我经常讲，绿水青山就是金山银山。"

殷切叮咛，开启了南太湖畔的变迁之路。

自 2006 年开始，湖州陆续开展渔民上岸安居工程、截污纳管工程、苕溪清水入湖河道整治工程等。至 2015 年，当地精品酒店、影视文化、体育运动等旅游业态已形成规模，生态优势成为无可替代的发展优势。

2015 年春节前夕，全国军民迎新春茶话会在北京举行。时任湖州市委书记马以，作为全国"双拥"模范城的代表，受到习近平总书记等党和国家领导人的接见。握手时，马以向习近平总书记汇报："我们按照您的要求，走'绿水青山就是金山银山'的路子，现在湖州南太湖的变化很大。"习近平总书记高兴地说："好，就照着这条路子走下去。"

湖州续写"绿水青山就是金山银山"新篇章，高标准推进南太湖保护与开发，产业结构从以纺织、建材等传统产业为主，向以信息经济、高端装备、休闲旅游等新兴产业为主转变，绿色发展指数多年位居全省前列。

浙江锚定高质量建设美丽浙江战略目标，2019 年全省地表水总体水质为优，69 个县级以上城市日空气质量优良天数比例为 93.1%；在长江经济带国家级自然保护区管理评估中，以 100% 的优良率名列第一……

浙江人深知，什么样的生产方式与产业结构，决定了什么样的生态环境，绿色发展正在主导浙江经济版图。

五

草长莺飞，正是江南好时节。

坚守 15 年，安吉余村再次迎来发展的"领路人"。

2020 年 3 月 30 日下午，习近平总书记乘坐的汽车从满眼绿意中驶来，缓缓停在村口。一下车，他就前往村党群服务中心，详细了解余村发展情况，关切之情溢于言表。

"总书记来啦!"闻讯而来的村民们喜出望外，他们聚拢在村道两边，掌声、欢呼声此起彼伏。

习近平总书记微笑着向村民们招手示意。他感慨道，时间如梭，当年的情景历历在目，这次来看完全不一样了。他说，余村现在取得的成绩证明，绿色发展的路子是正确的，路子选对了就要坚持走下去。

眼前的余村，青山叠翠、流水潺潺、道路整洁，家家户户盖起了漂亮楼房；当年拆迁的水泥厂旧址，复垦复绿后变为五彩田园；村里流转的 500 多亩土地，经过规划设计，成为油菜花田、荷花藕塘；全村不仅在打造文旅融合综合体，还与周边四村联动，抱团发展……

2019 年，余村人均纯收入达到 49598 元。村民们你一言我一语，迫不及待地告诉总书记：

"这里环境好，老人的身体格外好。"

"只要肯干能干，村里天天有活干，生活根本不用愁。"

"我前年回村开民宿，收入比在外务工强多了。"

……

在一家农家乐的院子里，看到村民在保护好生态的前提下，积极发展多种经营，把生态效益更好地转化为经济效益，习近平总书记不忘给大家鼓劲："希望再接再厉，乘势而为、乘胜前进。"

离开余村时，习近平总书记再次勉励村民们：相信余村的明天会更美好，祝乡亲们生活芝麻开花节节高！

"绿水青山就是金山银山"，余村村口的石碑上，红色字迹鲜艳醒目。

这十个大字，是习近平留给浙江极其宝贵的精神财富。十多年来，它深深镌刻在浙江这块热土上，支撑着经济社会持续健康发展，也为全国推进生态文明建设、实现人与自然和谐共生提供了根本遵循。

"把绿水青山建得更美，把金山银山做得更大，让绿色成为浙江发展最动人的色彩"，浙江干部群众牢记总书记的勉励，坚持不懈沿着绿色发展的路子走下去。

绿水，青山，金山，银山——中国人梦想的家园，盎然有朝气，幸福又美丽。

"绿水青山就是金山银山"理念诞生地——安吉余村

九、心无百姓莫为"官"

情系下姜村

一

刹那间，姜德明觉得自己"闯大祸"了。

后来的事情，却在他意料之外，更让他倍感温暖。

2003年4月24日，一大早，下姜村村支书神秘兮兮地通知他，省里有"大领导"要去他家，让他好好准备准备。

姜德明心里一喜：习近平书记要来了！

下姜村地处浙西欠发达地区，在著名的千岛湖深处，隶属淳安县枫树岭镇。习近平到浙江工作后，把下姜村作为基层联系点。

在习近平眼里，下姜村既是他的信息点，也是他的试验田，还是他了解省委决策在基层效果的窗口。

姜德明勤劳能干，种茶养蚕，日子过得红火，人也能说会道。可没想到，习近平刚坐定，姜德明的妻子余松林一杯热茶递上前，手一抖，竟洒在客人身上。

"热水哦，这可怎么办？"姜德明头脑"嗡"的一下，愣在原地。

"不要紧，不要紧，我的衣服穿得比较厚。"习近平毫不在意，继续谈笑风生。

"热水烫了书记。怎么会这样呢！"姜德明深深自责，不知如何是好。

"来来来，我们一起拍个照。"习近平心细如发，在临走时笑眯眯地提议要和姜德明一家人合个影，于是大家一起走到门口，拍下了一张珍贵的照片。

"习书记一定是看出了我的心思。他对人真和蔼，一点架子都没有，就像我们的大哥一样。"姜德明心里暖暖的。

在下姜村，任意走进一户人家、一个院落，几乎都能听到这样温暖的故事。

二

以前的下姜村，村道坑坑洼洼，家家都是土坯房，院坝里养着猪，污水到处流。"说起来脸红哦！习近平同志第一次来时，村里又脏又破。"时隔多年后，村里的老支书姜银祥回忆起来，仍觉得不好意思。

那天上午，习近平从淳安县城出发，在"搓板路"上颠簸60多公里，又坐半小时轮渡，还坐车绕了100多个盘山弯道，辗转来到下姜村。

一进村，他就开始走家串户。串罢门，他来到村委会办公室，同大伙儿座谈。

姜银祥有点紧张，掏出笔记本，刚要翻开，习近平手一摆，笑着打断他："不要照本子读，心里有什么就说什么，想到哪里就讲到哪里，说自己最熟悉的东西，放开了讲。"

姜银祥一下子放松了，倒了半天"苦水"，看习近平始终和颜悦色，大着胆子提了个要求："习书记，有件小事不知该不该说？想请省里帮我们建沼气。否则，山林就要被砍光了……"

"这个提议好！你记下来。"习近平提醒随行的人，还一再叮嘱，资金由省财政解决，接着说，"对老百姓来说，他们身边每一件生活小事，都是实实在在的大事。正像人的身体一样，小的'细胞'健康，大的'肌体'才会充满生机和活力。"

几天之后，省农村能源办公室派来的专家就入村指导了，资金也很快落实了。

村民姜祖海家第一个用上沼气时，习近平又来村里了。

"要论建沼气，我应该是有发言权的。"听完姜祖海谈沼气使用情况，习近平兴致勃勃地分享自己的经历。原来，他在陕北农村当支部书记时，就建起了陕西第一个沼气村。"沼气建好了，还要维护好、使用好。这样村子才会干净，大家以后的日子才会越来越好！"

春雨潇潇，群山云雾缭绕，美如仙境。习近平驻足远眺，目光明亮。

受到他的感染，村民们也变得信心满满，仿佛看到了美好的未来。他们压根没想到，穿越这层云雾，下姜迎来的，竟是脱胎换骨般的重生！

第一年，全村 46 户建起沼气池，村民们用沼气烧饭点灯，每月能省下不少煤气。附近的 340 亩山林也得到很好的保护，村里的环境大变样。

三

脏乱差的时候，羡慕邻村整洁卫生；村子变美了，又想着什么

2006 年 5 月 25 日，习近平在杭州市淳安县枫树岭镇下姜村调研

时候能盖新房子、买小汽车，真正富起来……

习近平每次到下姜，总会去村民家坐坐，听他们讲讲困难，再一起商量对策，寻找破解问题的钥匙。

2003 年 4 月 24 日，在姜德明家的那次聊天，是习近平第一次给下姜"把脉"。

当时，村里蚕桑、茶叶、早稻的产量都不算低，可辛苦了一年，村民收入并不理想。

什么原因呢？

村民们七嘴八舌，有说缺人才的，有说缺资金的，也有说缺技术的。

聊到最后，习近平给村民送上"八字锦囊"：优质高效、错位发展。他解释说："没有优质高效，就没有市场竞争力；没有错位发展，就不可能做到人无我有。"

"你们村有没有科技特派员？"习近平问。

村民们听到这个词，挠着头，都笑了。在他们看来，这是很遥远的事。

"省里研究一下，给你们村派一名科技特派员来。"习近平也笑着回应。

没几天，真的来人了。

他叫俞旭平，省中药研究所高级工程师。驻村第一个月，他让村民们在低坑坞种上了 500 亩黄栀子。以前，低坑坞只长杂草、灌木。

黄栀子是一种中药材，属 2002 年卫生部公布的药食同源资源，具有保肝利胆、清热止血等功效。

2005 年 3 月 22 日，习近平在杭州市淳安县枫树岭镇下姜村调研并看望省科技特派员

两年后，靠着这片黄栀子，村民们的钱包鼓了。

"习书记要操心全省那么多大事，没想到他还惦记着下姜村能不能致富，连我到下姜村驻村指导这件小事，他也一直记得。"俞旭平回忆，2005 年 3 月 22 日，习近平再次来到下姜村时，提出要看黄栀子基地。

"这个药材的品质如何？"

"村民们学习种植难不难？"

"销售情况好不好？"

……

到了基地，习近平一边察看黄栀子的长势，一边发问。

了解到药材种植每年能给每户人家带来 4000 多元的收入后，习近平拍拍俞旭平的肩膀："做得好！你有功啊！"

从那时起，下姜村聘请科技特派员，利用旱地缓坡发展生态高效农业，走出了一条壮大集体经济、提高村民收入的新路子。

"习书记是真真切切用心对待我们老百姓、尊重我们老百姓的。"在姜银祥心里，习近平总如自家人般亲近。

2004 年 10 月 4 日，习近平陪同中央领导到淳安县考察。晚上 9 点，他不顾疲倦，开了一场关于下姜发展的座谈会。

"不好意思，这么晚了，还把大家找来谈工作。"人都到齐后，他先表示歉意。

因为县里和镇里的主要领导都在，姜银祥和几个村干部就坐在了后面。习近平见了，亲切地招呼他们往中间坐："你们几位才是今天会议的主角，应该坐到中间来。大伙靠得近一些，说话方便。"

还有一次，习近平在村里的养蚕室了解村民养蚕情况。有个记者为抢拍镜头，踏进蚕室的桑叶空隙处。习近平见状连忙说："小伙子，当心把人家的蚕踩坏了。农民养点蚕不容易！"

这样的细节，对习近平来说稀松平常，可让下姜人温暖至今。

四

2016 年上半年，姜丽娟接到母亲催促的电话："村里人都开民宿了，我们也开一家？"姜丽娟是下姜人，离开家乡已八年。

此时的下姜，正走到又一个发展的十字路口。因为周围群山高耸，下姜发展空间狭小，农业再高效，也会遇到天花板。

发展民宿，成为新的方向。2016 年，下姜 14 家民宿破土动工，是过去五年总和的近两倍。

姜丽娟与在杭州的姐姐觉得，这些年村里环境越来越美，城里人会越来越向往到这里度假。

于是，姐妹俩一合计，投入近 150 万元，将父母的房子彻底改造，打造出北欧风格的民宿，成为当年村里第 15 家民宿。姜丽娟辞职回乡，专心经营起民宿。

到 2018 年底，下姜村的民宿增加到 30 家，当年共接待住宿游客 4.7 万人次，带动周边区域实现旅游收入 3550 万元。下姜及周边村回乡创业人员越来越多，其中还有不少"90 后"。

姜银祥觉得，这些悄然发生的变化，是全村人共同努力的结果。他清楚地记得，习近平第一次到下姜时，对他和村民嘱托道："青山绿水是我们的环境优势，要把环境优势变成发展优势，单靠个别人是不够的，需要全村人共同努力！"

如今，下姜村口的廊桥边上建起了一座思源亭。姜银祥胸前经常挂个小喇叭，给游客当义务讲解员——

"习近平同志离开浙江后，一直惦记、关心着下姜村。2007年3月25日，他刚到上海工作，就给下姜村写了一封信：'下姜村是我的基层联系点。这几年，我心里一直惦记着下姜村的建设和发展，挂念着村民们的生产和生活。基本上我每年都会到村里去，通过与村民拉拉家常，听你们说说心里话，了解不少农村情况，也结交了不少农民朋友。淳安县及枫树岭镇党委、政府和下姜村党支部、村委会，对我的工作一直非常支持，在此深表感谢。日前中央决定调我到上海任职，因时间甚紧，未能再次前往看一看并与村民朋友们话别，甚为遗憾和牵挂……'"

在上海，习近平也没有忘记下姜村的乡亲。他专门电告浙江省委办公厅，下姜村还有一些项目没有落实，能否组织相关部门对下姜村各项工作进行调研，确保项目落地。这一年，下姜村成立党总支。

2011年春节前夕，乡亲们饱含深情地给习近平写了封信，诚邀老领导再来走走下姜村的山间小道，坐坐百姓农家的小板凳，听听乡亲们的心里话。

很快，村党总支收到来自北京的信——习近平给下姜村回信了！

"下姜村党总支、村委会：来信收到，读来十分亲切。我在浙江工作期间曾四次到下姜村调研，与村里结下了不解之缘。转眼间，我离开浙江已经四年了。四年来，在村党总支、村委会带领下，在广大村民共同努力下，下姜村又有了新变化，经济持续发展，村容村貌进一步改善，群众生活越来越好。对此，我感到由衷的高兴……请转达我对全村干部群众的问候，祝愿大家日子越过越红火。"

"瞧！这封饱含着习近平同志浓浓爱民情怀的信件，就端端正正地刻在思源亭这块石碑上呢！"

老百姓的贴心人

一

如果说姜银祥们是习近平的农民朋友，那么还有一群将名字镌刻在城市发展进程中的人，也始终是他的牵挂。

浙江作为经济发达的沿海开放地区，农民工群体人数庞大。习近平始终认为，应该在有关农民工的政策制定、对农民工的关心和管理上积极探索，绝不能让农民工流汗又流泪。每到一处建设工地，他都会深入了解农民工的生产、生活状况，称他们是"城市之友"。

2004年8月6日，入夏后的连续第31个高温天，杭州西湖文化广场，工期尚未过半。这项重大工程，被称为浙江省文化设施中的"航空母舰"。偌大的建设工地，处处蒸腾着热气。连几个平时最爱插科打诨的工人，也被烤得收了声，只顾低头扎钢筋，金属碰撞声此起彼伏。

就在这时，一个高大的身影出现在工地上，洪亮的声音穿透沉闷的空气："为了确保工程建设任务顺利完成，大家克服困难，顽强拼搏，付出了辛勤劳动，作出了很大贡献，向大家表示衷心感谢和诚挚敬意。"原来，是习近平来工地慰问了。

习近平拿着扩音喇叭，给大家加油鼓劲，还和身边的每位工人握手，完全不在意他们满手污迹。接着，又送毛巾、矿泉水，了解施工、生活和防暑等方面的情况，叮嘱有关部门负责人，要努力改善民工的工作和生活条件，特别要认真做好防暑降温工作。炎炎烈日下，习近平和工人们都出了一身透汗。

项目部炊事班班长陈剑平正在食堂忙碌，习近平走进来。整洁的餐厅里，荤菜和素菜齐全，有十多个菜品。习近平一边看，一边详细询问：

"每天都有这么多菜吗？"

"每份菜的价格多少？"

"民工吃得好吗？"

"天气这么热，能否多提供饮料和汤？"

……

听说民工一天只需花费不到10元钱，就能吃饱吃好，还有免费汤喝，习近平点头称赞，叮嘱炊事班：盛夏酷暑时节，尤其要让职工吃饱、吃好、吃得卫生。同时，要多为职工提供绿豆汤等清凉防暑的食品和饮料。

离开食堂，习近平又到民工宿舍，与正在轮休的民工亲切交流。他嘱咐施工单位负责人，建筑工地是民工聚集最多的地方，他们远离家乡、远离亲人，对他们要更关心、爱护和体贴。

二

习近平对农民工的关切，细致入微又深厚绵长。对此，河南女孩李敏感受深切。

2005 年 11 月，浙江省见义勇为基金会成立 10 周年纪念大会暨第十届浙江省见义勇为先进分子表彰会在省人民大会堂举行。

合影时，站在第一排的一个女孩引起习近平注意。她就是李敏，年仅 10 周岁，是队伍中年纪最小的，所以格外引人注目。

"你是谁呀？"

"我是李学生的女儿。"

李学生，一个让无数浙江人感动的名字。

李学生是河南人，在温州务工。2005 年 2 月 20 日下午，他路过金温铁路温州市黄龙段马坑隧道口时，忽然看到两个孩子正在铁轨上玩耍。就在这时，远处响起一阵急促的汽笛声。由杭州开往温州的 5107 次列车正疾驶而来，与孩子们相距仅 700 余米。列车时速 70 公里左右，根本来不及刹车。

"不好！"李学生迎面奔向列车，右手迅速抓住男孩，将他甩出铁轨路基，就在他同时用左手去抓另一个女孩时，列车已呼啸而至，将他和女孩撞飞……

这一壮举，感动了温州，也感动了全国，李学生被评为当年"感动中国人物"。然而，他的女儿永远失去了父亲。

听说是李学生的女儿，习近平立刻握住李敏的手，把她拉到前面，让她坐在自己腿上，拍完照片，又俯下身子，亲切鼓励道："你有一个英雄的爸爸，值得你骄傲！你要以他为榜样，好好学习、自立自强。"

小李敏咬住嘴唇，使劲点头，努力不让眼泪掉下来。那天天气有点冷，习近平的和声细语和宽厚大手，让她感受到别样的温暖。

后来，受习近平的嘱托，温州市有关部门工作人员把李敏和她爷爷接到温州，祖孙俩的日常生活得到了保障。李敏不仅顺利完成学业，还与浙江结下不解之缘。"如果没有习伯伯的关怀，我们的生活可能会遇到很多困难。"李敏把这份感恩深深埋在心底。如今，她已经是温州康奈集团的一名员工。

小处着手，大处着眼。习近平一直心系农民工问题。2005 年，在《学习与研究》杂志第 8 期上，他发表署名文章《以建设和谐社会的理念解决农民工问题——对浙江省农民工问题的调查与思考》，从农者有其地、来者有其尊、劳者有其得、工者有其居、孤者有其养、优者有其荣、力者有其乐、外者有其归等八个方面，详细讲述浙江怎样保障农民工权益。

这些农民工的子女来浙江生活，浙江应该做些什么？

2006 年"六一"儿童节前夕，习近平来到"新杭州人子女学校"——杭州市树人小学，看望小朋友。

他先参观了学校的"爱心小屋"，细致询问如何获取爱心积分和奖励方法；又走进正在上课的教室，看着孩子们高举一双双小手，抢着回答问题，他满意地笑了；行至操场，看见学校"少年交警"英姿飒爽，他拍手称赞……最后，他来到"六一"联欢活动的现场，孩子们为他系上红领巾。

"杭州叔叔阿姨们也应该关爱你们，支持你们，让你们迅速适应这里的环境。"这一趟，习近平用自己的行动给出了答案。

临走时，他再三嘱咐学校负责人，不管是本地的还是外来的，要让孩子们共享优质教育的甘甜雨露。

当年，浙江将外来务工人员子女义务教育纳入政府教育事业发展规划。2009 年，设立外来务工人员子女教育专项基金。如今，符合条件的外省务工人员子女，在浙江全面实现流入地就学。

三

一张老照片，把不少矿工的记忆拉回十几年前。

那是 2005 年 1 月 26 日，正值春节前夕，习近平赴长兴县，到长广煤矿调研。长广煤矿位于浙江长兴与安徽广德交界处，与江苏宜兴毗邻，有矿工数万人。此时，长广煤矿正在谋求转型。

那天，天空晴朗，但气温很低。习近平身着一件羽绒服，与矿区职工一一握手，亲切问候，让大家倍感温暖。

在同矿区职工座谈时，习近平的一番话，让在座的长广人心头一热。他说，他担任代省长后，在工作交接时，原省长柴松岳交代他的几件事中，就有一件是关于长广煤矿的。当时，长广煤矿经营比较困难，涉及几万人的生计。正因如此，他一直将长广煤矿放在心上，一定要来看看这里的干部职工。

习近平来到七号矿和查扉矿，第一件事就是慰问困难职工。在困难职工沈水法家里，习近平关切地询问他的身体情况，了解他家的生活状况。

沈水法家住的是低矮平房，只有 30 多平方米，妻子没工作，两个孩子在上学，全家生活重担压在他一个人肩上，他却又患了病，在家休养，拿病假工资。习近平鼓励他要有信心，生活会好起来的。临走时，习近平再三交代矿区负责人，一定要关心困难职工，帮助他们解决实际困难。

慰问完困难职工，习近平提出，要下井看望矿工。随行的时任副省长金德水熟悉长广煤矿情况，怕下矿井有风险，劝习近平不要下去，其他人也跟着劝。但习近平牵挂着井下工人，坚持要下井看望。

一行人换上矿工服，戴上安全帽和矿灯，乘罐笼来到离地面920多米深的井底。井洞里，巷道高低不平，身材高大的习近平，弓背弯腰走了1500多米。

正在采煤的工人，听说省委书记下井来看他们，十分惊讶，纷纷围拢过来。

习近平拉起家常："你们在井下工作这么辛苦，有没有什么想法？"

工人们答得实在："没其他想法，就是想收入高一点。"

习近平顺着话头问下去："去年的收入比往年高一点吗？"

工人们说比往年高多了。

"这就好！"习近平说，"只要生产经营搞好了，收入就会提高。我祝愿大家收入年年有增长！"

亲切入耳的家常话，一下子拉近了与大家的距离。

在向工人们详细了解井下生产、安全等情况后，习近平对随行的公司负责人说："工人们在井下作业，他们的父母和孩子都非常牵挂他们的安全。对煤矿来说，安全生产是第一位的，一定要爱惜每一位矿工的生命，让大家高高兴兴下井、平平安安回家。"

　　井下温度很高，见工人们个个汗流浃背，被煤粉染得浑身墨黑，习近平推心置腹地说："浙江是一个能源小省。长期以来，长广煤矿为浙江的能源建设作出了贡献。正是由于大家的辛勤劳动，社会才拥有了光明，拥有了文明，拥有了财富，省委、省政府和全省人民是不会忘记的！"

　　第一次遇到这么大的领导下井慰问，长年在井下作业的煤矿工人们都非常感动。他们看到省委书记这么平易近人，也不拘束了，与习近平谈这谈那。临走时，工人们恋恋不舍。

　　习近平问大家："你们对我还有什么要求？"

　　开始，工人们你看我，我看你，没好意思开口。终于，一个年轻人鼓起勇气："习书记，能不能同您合个影？"

　　"可以啊！大家靠近一点。"习近平爽快答应，热情地把大家拉到身边。

　　"咔嚓"一声，在千米深井之下，留下省委书记与煤矿工人在一起的难忘镜头。

　　让煤矿职工没想到的是，升到地面后，习近平又主动提出，要与大家一起吃中饭。

　　因为马上就要过春节了，所以在安排饭菜时，特意准备了一些饺子。

　　跟习近平同桌的，都是一线煤矿工人。毕竟是和省委书记一起吃饭，一开始工人们吃得都很文气。习近平一边说"饺子好吃"，一边劝大家吃菜："大家在井下挖煤，劳动强度大，得多吃一点，补充营养，保重身体。"工人们看习近平吃得很开心，也就慢慢放开了。

2005 年 1 月 26 日，习近平在湖州市长兴县长广煤矿井下慰问煤矿工人

2014 年 6 月，省能源集团正式合并长广集团，通过对长广煤矿原有土地资源的综合利用，在煤山镇先后投资建设了浙能智慧能源科技产业园和浙能长广氢能装备制造产业园，引进两个百亿元级大项目。这片曾属长广煤矿的矿山，如今成为承载长兴能源产业的新平台。

四

2007 年 1 月 23 日，浙西南山区的气温已经很低了，到庆元调研的习近平走进了屏都中心敬老院。

见到老人们正围坐着下象棋，习近平饶有兴致地加入棋局，并问道："大家平时都怎么打发时间？"

"看看电视、唱唱戏，有时候剧团也下来演出。"老人回答。

习近平微笑着点头，说："老人家光吃饱穿暖不够，精神生活也要过得丰富。"

听闻杨孔和老人卧病在床，习近平坚持前去探望。"老伯，我来看看您。今天感觉怎么样？看过医生没有？"他一边细心询问着，一边俯下身摸摸被褥，"衣服穿得暖吗？晚上睡觉不冷吧？"

听到老人肯定的回答，习近平笑了。他代表省委给敬老院的老人们送上 3.5 万元春节慰问金。"给老人们的年货备得怎么样了？走，去看看你们的厨房。"

看到厨房里摆放着的一袋袋米面、一筐筐蔬菜、一块块猪肉，他十分高兴。走到正在下一锅包心菜的炊事员吴开玉身边，他说："能不能让我来给老人们炒这个菜？"

2007 年 1 月 23 日，习近平在丽水市庆元县屏都中心敬老院为老人们炒菜

习近平接过锅铲，很认真地炒了起来："我的动作是不是挺娴熟？当知青的时候，我就学会了炒菜。上年纪的人大多喜欢吃软的，要多留心照料。菜也要荤素搭配，注意营养！"

从厨房出来，习近平又径直走进了洗浴间，拧开热水龙头，用手试了试水温。

敬老院的热水供应主要靠太阳能，连续的阴雨天让水温有些低。习近平嘱咐敬老院负责人和乡镇干部："要保证老人随时能用热水，如果太阳能跟不上，就用电烧。"

这一次调研，还有一个细节让敬老院的工作人员印象深刻："听说省里有领导要来敬老院，我们就想准备个欢迎横幅，可镇上的干部告诉我们，'上面说了，不要搞这些'。"

宁可十防九空

—

2004 年 8 月的浙江，高温干旱，太需要来一场适度的雨水。

然而，谁也没有想到，一场 1956 年以来登陆我国大陆强度最大的台风，正在酝酿……

2004 年 8 月 11 日晚，一辆疾驰而来的中巴车停在了省防汛防旱指挥部门口，习近平中断在金华的调研行程，匆匆赶到。

不在沿海的人，没有经历过台风的人，难以想象台风的威力。

"台风可跟它的名字不相符,名字都是很温柔的,但是台风来的时候,杀伤力是很强的。"习近平曾与人分享亲身经历,"灾后我看到,崭新的三四层高的钢筋混凝土房子,被风拦腰扭断、切断,三万吨的轮船从船坞里给推到岸上。"

正因如此,一接到第14号台风"云娜"可能登陆浙江的消息,他就赶回来了。

"与其说'抗',不如说重点是'防',现在不是说抗台风就要站在风眼上,而是要在台风来临前,把各项准备工作都做好,主要是防、避。

"海上渔民有8.2万,要通过各种手段联系到他们;近海滩涂养殖人员12.5万,这批人很多是民工,哪里知道台风有多大威力,必须转移!

"房屋不安全的群众,要统统转移到安全的地方避风,不要怀有侥幸心理;渔港里的渔民,不要以为在渔港里就没事了,不能留在那里,一阵大风过来,渔船发生碰撞就有很大伤亡危险。"

……

在连夜召开的防御14号台风工作电视电话会议上,习近平的指示简短却有力。

在此之前,浙江曾有过因过分强调"誓与大堤共存亡",而造成重大伤亡的惨痛教训。

在与台风斗争的问题上,大家的传统思维是"抗",认为在强台风面前,人员伤亡可能难以避免。而习近平把人民群众的生命安全看得更重,把"防"摆在更加重要的位置上。在防御"云娜"时,他首次提出"不死人、少伤人"的防台目标要求。这个高标准,在全省甚至全国引起极大的反响。

为了实现"不死人、少伤人"的目标，习近平又提出："宁可十防九空，也不能万一失防；宁可事前听骂声，不可事后听哭声；宁可信其来，不可信其无；宁可信其重，不可信其轻。"

台州温岭市有个住在海边的老婆婆，面对屡次上门请她转移的乡镇党委书记，始终不为所动。情急之下，这位书记背起老婆婆就往外走。刚离开房屋没多远，房子就倒塌了。

原本还在骂骂咧咧的老婆婆，顿时傻了眼。回过神来以后，她不停地感谢乡镇党委书记："你是我的救命恩人啊！"

二

灾难是人心的试金石，也是情感的天平，老百姓认不认可领导干部，领导干部对老百姓有没有真感情，在灾难面前体现得淋漓尽致。

砖块瓦片在空中飞舞，电线杆被拦腰折断，汽车被吹得竖立起来，稻田变成了汪洋……

2004 年 8 月 12 日起，狂风暴雨几乎席卷整个浙江。

下午 3 点 30 分，习近平又出现在省防汛防旱指挥部，这是他24 小时内第三次到来。

"人是最宝贵的，人命关天。一定要千方百计确保人民生命财产安全。"听说一些地方已出现人员伤亡，习近平反复叮嘱，"要尽全力抢救受伤人员，天黑风大雨强，要是医院自备电源不够用，医护人员力量不够，或者有另外什么困难，一定要立即上报。"

晚上 8 点，台风登陆温岭市石塘镇，电力、通信线路和手机信号全部中断，全镇成为风暴中灰蒙蒙的孤岛。

13 日下午，习近平顶风冒雨，与台州市委领导一道，赶到温岭市大溪镇。听说有群众被洪水围困，他执意要坐上挂机船去看望。

一段拍摄于 14 日的采访视频，记录下了他当时的心情：

"当时，您这么做应该说是很危险的，因为台风还没有完全过去，您有没有意识到这样的危险性？"

"我并不觉得危险，防御危险的应急能力我们还是有的。过去我们什么都经历过，包括在水里漂上半天、一天，问题也不大。而且真正困难的地方、危险的地方，恰恰是我们共产党员、各级领导干部要出现的地方，这也是责任所在。"

也是从这一次起，在重大灾害面前，在重大突发事件面前，各级领导干部迅速到岗在位，靠前指挥，提供有效保障，成为浙江的惯例。

2006 年 8 月 10 日，超强台风"桑美"登陆温州市苍南县，登陆时近中心最大风力达 17 级。这是新中国成立以来，登陆我国大陆的最强台风。

这个台风有多厉害？ 12 级大风已经可以吹翻列车，可以将一只 20 吨重的汽油罐吹到 80 米的高空。17 级大风的风速，几乎是 12 级大风的两倍，其毁灭性可想而知。

8 月 9 日，是"桑美"登陆的前一日。上午，"桑美"加强为强台风；傍晚，又加强为超强台风……种种迹象表明，这又将是一场给浙江带来严重影响的台风。

形势愈来愈紧张！

晚上 8 点 30 分，习近平赶到省防汛防旱指挥部，详细听取汇报后，当即决定：向温州、台州和宁波南部的沿海地区发出加强应对超强台风措施的紧急命令——立即全部转移居住在一线海塘至二线海塘内的群众，立即转移居住在城乡迎风面和危旧房屋、工棚、低洼地带的群众……

超强动员下，在超强台风"桑美"登陆前，仅苍南一个县就安全转移出 10 万余名群众，全省转移的人员更是高达 100 多万。

8 月 10 日下午 5 点 25 分，"桑美"像一头发狂的野兽，直扑浙江大地，在苍南马站镇登陆。由于转移及时，人民的生命安全得到了最大程度的保障。一位专家感慨地说：如果没有百万群众大转移，真不知道后果会怎样！

苍南县金乡镇半浃连村，是受灾最严重的村之一。

台风过后，灾区满目疮痍，无家可归的村民，望着被摧毁的家园，欲哭无泪。

8 月 11 日，因为灾情几乎一夜没睡的习近平，顾不上休息，驱车近六个小时，于傍晚来到半浃连村实地察看灾情。车子开到村口，就被满是泥浆的土路拦住了。习近平下车步行，一直走到祠堂处，又不顾身边工作人员的劝阻，爬上楼房倒塌形成的三四米高的废墟，察看受灾情况，并到安置点挨个慰问脱险的灾民。

"一定要让大家在过年前住上新房！"离开苍南时，习近平反复嘱咐当地党员干部。

四个多月后，2006 年 12 月 20 日，苍南灾区正在雨中忙于重建的灾民们，又迎来时刻牵挂着他们的习近平。

"习书记心里惦记着灾民能不能住进新房，过个安心年。真没想到，他工作那么繁忙，还亲自来看我们！"时任原坎头村（灾后重建改名为永兴村）党支部书记谢庆钏感动不已。

已近年底，建筑材料涨价，建筑工人奇缺，灾民新居的重建困难很多。习近平来到受灾最严重的坎头村、半淡连村、河尾垟村，一个个工地看过去，慰问建筑工人，询问施工过程中有什么困难，交代地方党委、政府协调解决。

见省委书记这么重视，当地干部信心十足，当场立下军令状："请习书记放心，一定让灾民搬进新居过年！"

农历腊月二十四，过小年这天，大多数村民都搬进了新居。受习近平的委托，温州市委书记王建满带来他的贺电，并给每户家庭送上 2000 元慰问金，还与村民一起吃年夜饭过小年。

那一天，当地特意组织了一场文艺活动，名为"冬天里的温暖"。这个不寻常的冬天，至今还温暖着村民们的心。

三

"永远把救人放在第一位！"习近平不仅给浙江人打开防台抗台新思路，更从理念上彻底改变浙江防台抗台策略。

2005 年，防御"麦莎"台风，浙江提前转移 124 万人，相当于一个中型城市的人口规模，这在浙江历史上前所未有。在这前后的三个夏天，浙江实施了数场百万人员大转移行动。

围绕习近平提出的"不死人、少伤人"的目标要求，十多年来，浙江实施"千库保安""强塘固房""五水共治""百项千亿"等一系列水利基础设施建设，不断完善基层防汛防台体系建设等非工程措施，使整体防汛防台能力有了质的提升。

更为重要的是，浙江从此真正确立了"以人为本"的防台理念、"生命至上"的防台宗旨，坚持"转移避险"的科学防台举措。

"非典"阻击战

一

40℃上下持续高烧，X光片肺部阴影不断扩大，白细胞数量飙升，呼吸衰竭……

2002年11月，一种前所未有的不明流行病，在广东出现。短短几个月，疫情在全国迅速蔓延。

后来，这种流行病被称为传染性非典型肺炎，简称"非典"。

2003年4月19日傍晚，杭州，大雨倾盆。

省卫生厅接到报告：杭州市一医院有三名疑似"非典"病人。当晚，全省最好的医生进行会诊。晚上约10点，专家组判定：杭州出现首例"非典"临床诊断病人。

情况万分紧急！

这一信息，第一时间报告给了习近平。晚上10点30分左右，在听取专家们的汇报和建议后，习近平当机立断，作出事关全省抗击"非典"战役全局的五点重要指示：抓紧确认病人病征；全力救治病人；果断采取严格的隔离、留验、消毒等措施；全面启动应急预案；疫情确认后，迅速上报并及时对外公布。

最大限度地阻断病毒传播是当务之急。以当时的条件，要在短时间内排查出与感染者接触过的人群，单靠卫生系统的力量根本无法做到。

"立即调动公安力量，排查直接接触者！"习近平果断指示。

当晚，公安系统、卫生系统有效联动，排查出直接接触者1000多人。

即便在时隔多年的今天回头看，依然能感受到那十几个小时的惊心动魄：

20日零时20分，浙江省向卫生部汇报了有关情况；

1时许，杭州市"非典"防治应急预案启动；

3时许，浙江省第一号《传染性非典型肺炎疫情公告》审签，一辆有特殊装备的救护车载着三位"非典"病人驶入市六医院；

5时前，杭州市依据《中华人民共和国传染病防治法》，对确诊病人近期接触过的2个单位、5个生活小区、425个住户、1342个市民全部实施隔离；

6时，杭州人民广播电台等新闻单位播发省第一号疫情公告；

10时，杭州电视台各频道以5分钟一次的高频率，紧急插播滚动字幕消息；

……

杭州上城区望江街道，"在水一方"公寓，76家住户202位居民，从20日起被隔离在一栋大楼里，总计13天，成为我国内地第一个大范围隔离区。

隔离的第一天，有人想从地下车库跑出去，有人想爬窗户出去，还有人想从树上爬出去。空气里透着各种慌乱，也夹杂着各种牢骚：有必要这样大张旗鼓、小题大做吗？

在习近平看来，答案很明确：有！

在习近平的直接指挥下，杭州市在全国率先采取多个非常之举：320 多家影剧院、歌舞厅及卡拉 OK 厅等场所临时停业，控制全市药品经销单位销售发热、咳嗽药品。同时，浙江在全国率先健全省、市、县三级疫情监测网络。

最终，浙江没有出现一例"非典"二代传染病人，在抗击"非典"这场公共卫生硬仗中，在全国创造了科学防控的样板。

二

有条不紊的背后，往往有着不为人知的付出。

其实，早在疫情刚开始蔓延时，浙江就做好了迟早要打一仗的准备：

2003 年 2 月，省委、省政府本着对人民群众身体健康和生命安全高度负责的精神，下发了《关于加强春季传染病防治 维护社会稳定的通知》及一系列工作文件，拉开了全省"非典"防治工作的序幕；

4 月 7 日起，全省实行每两日疫情及防治工作报告制度；

4 月 14 日开始，实行每日报告和"零"报告制度。

机场、车站、码头等公共场所，开始设立密切接触者留验站。

各地也积极储备各类必需物资和药品、器材设备。为严防国内个别地区曾发生过的医护人员被感染的情况，省卫生医疗部门还购置了高防护等级的防护服……

事实证明，习近平反复强调、亲自部署的全面严防严控措施，十分必要，非常及时。

自3月开始，杭州、宁波、温州、绍兴、嘉兴、舟山等地，先后共报告21个可疑病例，均被一一排除。各地在反复演练、实战中不断堵漏洞、补短板，防控能力得到锻炼和提升，为及时发现疫情并有效遏制其蔓延赢得主动权。

三

4月20日下午，习近平多了一个身份：省"非典"防治工作领导小组组长。这预示着，浙江抗击"非典"正式进入战时阶段。

全省上下迅速构筑起"四道防线"：把好交通入口关，严防疫情输入；把好城乡监测报告关，严防疫情扩散；把好城乡社区服务关，严控疫情蔓延；把好医院诊治关，确保及早诊断和救治病人。

全省上下全民动员，形成严密有序的群防群控、联防联控体系，筑就了一道坚不可摧的"防疫大堤"。

据统计，全省共设立省际交通入口检疫检测点97个，到6月中旬，累计对330万名来浙人员和110万名返乡人员进行流行病学调查和健康监测。

温州市对全市203万名来浙人员和返乡人员全部进行了检测，还当机立断将永强机场直升机库临时改为留验站。

衢州江山市要求宾馆、饭店实行分餐制，对从疫区来的返乡民工、回乡大学生等人员一律进行健康检查，检验后还要求在家隔离休息。

嘉兴桐乡市层层发动，乡乡设置留验点，村村签订责任书。

全省卫生部门都被动员起来，参与疫点、留验点及车站、码头、机场等疫情监控的人员达到 5 万人次以上，累计对 11 万余名有接触史的人员实行了隔离观察。高峰时间，集中预防隔离和住院隔离人员达到了 1 万名左右，仅杭州市就设立 166 个"非典"隔离区。

疫情当前，最根本的解决方案是科学救治。

省、市、县三级专家技术指导组和医疗救治小组、定点医院、呼吸道专科门诊与发热门诊、隔离病房等紧张工作，形成科学完整的救治体系。省、市、县（市、区）670 余个三级监测哨点及 2 万余个乡镇（街道）、村（社区）级疫情监测报告网络日夜运行。

省里还成立"非典"科技联合攻关小组，成功检测到"非典"病毒特异性核酸，培养、分离出"非典"病毒，完成对该病毒全基因序列的测定，并于 5 月 19 日登录国际基因库（GenBank），成为继中国人民解放军军事科学院之后，我国大陆第二个为国际基因库贡献"非典"科研成果的团队。

习近平还高度重视做好对全国其他地区的支援工作。

4 月 27 日傍晚，卫生部要求浙江抽调 55 名内科和 ICU 护士，次日下午 3 点，浙江就完成组团任务。

之后，向北京紧急提供口罩等防护用品、向山西紧急派遣医疗队等任务，浙江都以最快的速度完成。

2003 年上半年，国内 24 个省（区、市）、266 个县（市、区）

先后发生"非典"疫情，累计报告"非典"病例 5327 例。浙江省仅有 4 例输入性"非典"临床诊断病例，成为全国唯一没有发生二代传染病例、没有医务人员交叉感染的省份。

浙江防治工作多次受到来浙考察的中央领导和国务院"非典"防治工作督查组、国家疾病预防控制中心流行病学专家组等的高度评价，称"浙江防治'非典'打了个漂亮仗"，为全国疫情防控提供了宝贵的"浙江经验"。

四

进入 2003 年 4 月中下旬，"非典"的影响渐渐在浙江显露：

首当其冲的是服务业，民航、铁路、公路客运量不断下降，宾馆、餐饮和商场营业额明显减少，各大景区游客骤减；

再是制造业，客户引不进来，企业走不出去，不少正在合作的项目不得不暂时中断；

涉及面更广的外贸和外资工作，更是受到重创……

面对"非典"带来的不容忽视的滞后影响，习近平带领省委、省政府，不断采取各种有力措施，切实加强"两手抓"的工作。

5 月 22 日上午，杭州市宣布西湖区蒋村最后一处"非典"医学留验点住户解除隔离，标志着杭州市抗击"非典"战斗取得阶段性胜利。

当天，习近平的日程表上临时多了一项议程：召开全省"抗非典、促发展"电视电话会议。

会上，习近平说："非常时期促进经济发展要有非常之策，非常之策在于非常认真地抓好贯彻落实。"他要求全省各级各部门加强分类指导，鼓励、引导和帮助企业积极应变。

很快，省政府下发《关于防治"非典"期间对部分行业采取扶持政策的通知》，决定从5月1日至9月30日，对全省饮食、旅店、旅游业、娱乐业、集贸市场、民航、公路客运、水路客运、出租汽车等行业及出租车司机，实行有关行政事业性收费、政府性基金和部分税收的减收、免收或减征、免征。省里还决定，旅游、宾馆、饭店的用电、用水、用气与工业企业同价，旅游业缓缴企业基本养老保险费、基本医疗保险费和失业保险费，商业银行对暂时困难的企业及时给予信贷支持等。

对因疫情影响下岗失业人员和回乡后返城农民工的就业问题，习近平也高度重视，要求将因防治"非典"导致的部分收入低于当地最低生活保障线的企业职工和个体经营者，及时纳入低保，切实做好城镇职工基本养老、基本医疗和失业保险的参保扩面工作，完善基层劳动保障工作网络，扩大社会保险覆盖面。

在各级各部门的大力扶助和推动下，浙江人敏锐地把握此消彼长的市场需求，努力发掘新商机。

服装纺织业转产口罩、防护服等防护用品；一些传统产业趁势加快转型升级；电子商务的机遇因"非典"而放大，一些信息化程度较高的专业市场网上交易异常火爆，物流配送快速发展；此外，防治"非典"还催生专业消毒公司等一批新企业……

又一个冬天到来的时候，浙江经济社会各方面健康发展，国民经济主要增长指标继续在全国保持领先地位。

五

"非典"疫情考验了浙江省委驾驭复杂局势、应对风险危机的能力，同时也暴露出工作中存在的一些短板。习近平进一步看到，全省公共卫生领域以及其他非传统安全领域还有很多工作要做。

2003年7月31日，习近平在省委常委扩大会议上指出："我们要针对这次防治'非典'工作中暴露出来的问题，切实加强公共卫生体系建设，加快公共卫生事业发展，从根本上构筑保障人民群众身体健康的'防疫大堤'。"

9月25日，全省抗击"非典"先进表彰大会暨全省卫生工作会议召开。在这次大会上，习近平指出："我们的经济发展与社会发展、城市发展与农村发展还不够协调，政府在社会管理和公共服务方面的职能亟须进一步加强，突发事件预警和应急机制还不健全，特别是公共卫生事业发展中的体制性、机制性和结构性矛盾尚未得到根本解决，农村卫生工作仍然比较薄弱，卫生监督执法和行风建设等方面也存在一些问题。对此，我们要引起高度重视，采取切实措施，认真加以解决，使这次防治'非典'的斗争成为我们推动卫生事业改革与发展、加强公共卫生建设的一个重要契机。"

一年之后，浙江在全国率先提出建设卫生强省的战略目标。

在建设卫生强省的过程中，浙江省疾控中心迁建工程得到了习近平的直接关心和推动。

2003年4月21日，杭州市启动"非典"防治应急预案的第二天，习近平就到省疾控中心考察。20多天后，他再次前往调研。当时，省疾控中心的办公地点在杭州市老浙大直路的居民小区旁，环境局促，实验条件简陋，发展受到很大限制。

6月，在习近平的高度重视下，省疾控中心迁建工程被列入省政府"五大百亿"工程的重点项目。

随后，这一重大民生工程的建设迈入"快车道"：2004年12月29日，迁建工程奠基动工；2005年4月8日，习近平带领省、市负责同志深入建设工地现场考察；2007年12月，省疾控中心新大楼投入使用，其实验、研究的智能化水平均处于全国领先地位。省疾控中心新大楼的完工、启用，是浙江疾病预防控制事业发展的一个里程碑。

自2003年起，浙江每年投入数千万元资金，用于省疾控中心的基础建设、科研设备更新、科研项目扶持及人才培养。近年来，省疾控中心先后对甲流病毒、禽流感病毒、登革病毒、埃博拉病毒等进行核酸检测及基因测序、毒株分离等，为后续病毒检测试剂研发、药物及疫苗研究打下坚实基础。

多年积累、提前布局，如今结出丰硕果实。

在2020年新冠肺炎疫情防控中，作为除湖北省以外疫情最严重省份之一的浙江，在精密智控中找到疫情防控和经济社会发展的平衡点，以"一图一码一指数"为抓手，构建精密智控机制。不仅在全国率先复工复产、复市复学，还实现经济V型反弹，真正做到"两手抓、两不误、两战赢"。

这其中，省疾控中心也发挥了不可替代的作用。它在最短时间内，建起疫情处置、监测、研判，以及技术指导、病毒检测、热线咨询全流程全闭环的"战时"运行机制，迅速遏制疫情在全省范围内蔓延。

2020 年春天，习近平总书记考察浙江，听说这些情况后，给予充分肯定。

办好群众关心的实事

一

2003 年夏季的湖州，似乎是和"小事"杠上了。

当地退休教师高达，七天里，头顶烈日，先后去药店配药、缴纳安装水表的费用和退订重复报刊，不想跑了好几趟，这几件看起来简单的小事一件都没办成。郁闷的他提笔撰文，批评当地有关部门及有关单位办事拖拉、作风不实。

文章发表后，在当地干部群体中引起很大反响。随即，一场关于"群众利益无小事"的讨论席卷湖州各市级机关部门。

2004 年 6 月 2 日至 3 日，习近平到湖州调研"八八战略"落实情况。当时在湖州市委办公室工作的吴焱国发现，这位省委书记一路都在关注"小事"：在长兴的福利院，他特意查看为老年人、伤残和复员军人、残疾儿童服务的综合性社会福利设施；在吴兴区织里镇矛盾纠纷调解中心座谈，他又着重了解当地在就业再就业、社会保障、扶贫济困等方面的举措。

行程快结束时，习近平特别提到由高达引发的这场讨论，还结合自己主持的重点调研课题"关于建立健全为民办实事长效机制的调研报告"，给当地党员干部留下一个重要问题：如何从群众十分重视、干部容易忽视的"小事"入手，建立健全为民办实事长效机制？

不仅仅是湖州，其时，"小事"困扰着整个浙江。

21世纪初，较早实现从温饱到小康跨越发展的浙江，也比其他地方更早遇到"成长的烦恼"。一方面，改革开放以来，浙江GDP连续多年保持高速增长，但也带来发展不平衡不协调问题；另一方面，教育、医疗、文化、环保等民生事业发展相对滞后，政府基本公共服务供给不能满足群众日益增长的美好生活需要，一些偏远地区基础设施建设和社会发展面貌亟待改善，低收入农户脱贫攻坚任务艰巨。

如何补上民生发展短板，回应群众过上更好生活的期待？当时，省委政策研究室和省政府办公厅正组织11个地级市和21个省级部门开展大量调查研究工作。

关于这个课题，习近平也一直在思考。他认为：为民办实事不能停留在口号和一般要求上，必须具体地、深入地落实到关心群众生产生活的实际工作中去，带着深厚的感情帮助群众解决具体问题和实际困难。而要使为民办实事工作长期坚持下去并不断深化提高，关键在于把制度建设贯穿到实事项目的选择、决策、实施和督查、考核等各个环节，形成一整套比较完善的工作运行机制。

2004年10月，秋寒渐浓，一份让万千浙江人倍感温暖的重要文件亮相了。

在习近平的提议和推动下，省委、省政府在全国率先出台《关于建立健全为民办实事长效机制的若干意见》。

《意见》明确，浙江当前和今后一个时期为民办实事的十大重点领域为就业再就业、社会保障、医疗卫生、基础设施、城乡住房、生态环境、扶贫开发、科教文化、权益保障、社会稳定。这几乎集中了群众最关心的问题，反映了群众最直接的呼声，代表了群众最现实的利益。《意见》同时就建立健全民情反映机制、民主决策机制、责任落实机制、投入保障机制、督查考评机制作出了制度安排。

紧接着，在2005年2月召开的省第十届人民代表大会第三次会议上，省政府工作报告首次提出要"突出抓好十个方面实事"。自此，浙江每年为民办十方面实事的温暖征程正式开启。

二

云和县梅源中学，是当地唯一一所农村寄宿制初中。踏进校门的人，无不怀揣着"跳出农门"的愿望。可山乡生活普遍艰苦，很多学生的一日三餐，就饭的只有从家里带来的霉干菜和辣酱。

作为2005年省两会承诺的"切实做好困难学生就学资助工作"的兑现措施，当年5月，浙江省宣布全面实施农村中小学"四项工程"，即家庭经济困难学生资助"扩面工程"、爱心营养餐工程、食宿改造工程和教师素质提升工程。

霉干菜换成了鸡蛋，孩子们喝上了牛奶。这项政策不知不觉中改变着农村孩子的命运！这些年来，全省农村学生身体素质提升明显。

为民办实事的热潮，就这样涌向浙江城乡的每一个角落，各项机制紧紧围绕一个"民"字不断创新、丰富和完善：

2005年，重点关注就业再就业、医疗卫生、城乡住房、科教文化等方面；

2006 年至 2007 年，开始关注身体健康和精神文化生活方面的问题，老人白内障复明、学生爱心营养餐补助、送戏送书下乡位列其中；

2008 年，关注公共安全领域，提出水库除险加固等项目建设要求；

……

这也是习近平在构建为民办实事长效机制之初就强调的一个重要方面——早在 2004 年湖州的那次调研中，他就指出，为民办实事，要根据群众需求的新变化、新特点，不断拓展实事领域，丰富实事内容，细化实事项目，努力提高为民办实事的针对性和有效性。

2005 年，习近平主持的调研课题结项。在最后的报告中，他对建立健全为民办实事长效机制提出三个明确要求，财政经费的保障即是其中之一。

"管"过钱的人都知道，财政资金往哪里投，有多少用于为民办实事，直接决定办实事的规模和效应。

习近平显然对此有过深入思考。他强调要切实增加投入，按照建设服务型政府的要求，强化公共服务职能，完善公共财政制度，优化财政支出结构，加大公共财政投入和转移支付的力度。

2006 年，浙江在全国率先提出公共财政向"民生财政"转变的思路。十多年来，全省新增财力的大半都用于改善民生，最大限度惠及百姓。数据显示，2004 年至 2018 年，全省累计民生支出44148 亿元，占总财政支出的 72%。

在逐步建立民生保障财政资金优先安排的基础上，各级政府还撬动社会力量多元投入，以市场化手段破解民生投入难题，形成

"想办事、能办事、办成事"的良好氛围。

为保障每方面民生实事落到实处，每年年初，省政府办公厅还会制定下发办好十方面实事分工方案，对每件实事目标任务进行细化分解，形成横向到边、纵向到底、具体到人的责任体系。

更为重要的是，浙江在为民办实事中始终坚持以人为本的执政理念，形成了"人民群众点单"的服务模式、以人民群众满意度为价值导向的政绩考核体系、以加大民生领域投入为主要方向的普惠性财政支出结构。

截至 2018 年底，省一级累计实施了 126 项大的民生实事工程。实施主体由省、市政府逐渐向县、乡拓展，仅 2019 年省、市、县三级就推出民生实事 1085 件，群众获得感和幸福感不断提升。

三

2004 年，浙江树人大学成立 20 周年。

9 月 8 日这一天，习近平在学校创始人王家扬等的陪同下，走进校园，一路悉心听取学校负责人的介绍。

20 年的时间，通过体制创新，在一批老领导、老教授、老教师和社会力量的共同努力下，树人大学从无到有、从弱到强。2003年，教育部同意学校升格为本科院校。

"非常不容易！"学校查济民大楼前，习近平对围拢在身边的师生们说，"树人大学的发展证明这条路是正确的。"

作为经济大省的浙江，高等教育方面存在短板。一直以来，社会上对加强高等教育建设的呼声很高。

特别是 20 世纪末，不少有识之士提出，浙江在发展现代高等教育上需要更加重视发挥社会力量的作用，应该有更丰富多样的形式与层次，让更多人有机会走进大学校门，接受高等教育。

来到浙江工作后，习近平一直对教育十分上心。他在"之江新语"专栏中曾写道："老百姓可能不关心 GDP，但他们关心吃穿住行，关心就业怎么办、小孩上学怎么办、生病了怎么办、老了怎么办，等等。针对这些问题，我们必须切实把发展的理念转变到科学发展观上来，转变到以人为本上来。""在市场经济条件下，一些事可以不是由政府直接来办，要从扩大就业、应对老龄化、调整经济结构和转变增长方式的角度，大力发展生活型服务业……"

这是一个明确的信号！就教育而言也是如此，应让更多人接受更多样化、更好的教育。

这个信号，距离杭州约 170 公里的浙江省万里教育集团创始人徐亚芬更早接收到。

那是 2003 年 1 月 5 日，习近平到浙江万里学院考察，徐亚芬向习近平大胆汇报酝酿已久的想法：引进世界百强名校英国诺丁汉大学的优质教育资源，创办中国第一所中外合作大学。

当时，中国还没有这样的先例，要突破思想和体制上的诸多障碍，谈何容易？她没有足够的底气和把握，问得忐忑。

可没想到，习近平听后，当即表示全力支持。

在此之后，习近平三访浙江万里学院，每次必问宁波诺丁汉大学的筹建情况。

2006 年 2 月 23 日，宁波诺丁汉大学校园落成，习近平出席落成仪式。他说，宁波诺丁汉大学的创建和成立，开创了我国高等教

2006 年 2 月 23 日，习近平出席宁波诺丁汉大学校园落成仪式

育与国外优质高等教育资源相结合的先河，为中国教育走向世界创造了一种新的模式，也为高等教育发展注入了新的活力，提升了高等教育的办学水平。

同年5月，习近平出席温州大学与美国肯恩大学合作创办温州肯恩大学协议书签订仪式，为浙江省又一所中外合作办学的高校助推加力。

创建于1855年的肯恩大学是美国新泽西州最大的公立大学之一。2011年11月，教育部批准创办温州肯恩大学（筹）。该大学成为当时全国中美合作举办的具有独立法人资格的两所大学之一。

2015年9月22日，国家主席习近平在西雅图出席第三届中美省州长论坛时再次提及这所他一直关心的学校，评价温州肯恩大学运转良好，并提出中方支持未来3年中美两国互派5万名留学生到对方国家学习。

今天，宁波诺丁汉大学、温州肯恩大学已桃李芬芳，它们不仅弥补了浙江高校资源紧缺的短板，更成为中外文化交流的重要平台。

职业技术教育是习近平特别关注的另一个领域。

2003年4月12日，习近平来到浙江育英职业技术学院调研，了解到学院应届毕业生就业率达到70%以上，称赞育英专业设置好，强调职业技术学院的生命力就在于专业结构适应社会需要。

他说，职业技术教育是今后我们要重点抓的一个方面。只有抓好职业技术教育，才能适应浙江经济社会发展的大好形势，培养出与之相适应的人才队伍。

当时，教师姜蕾从浙江大学毕业后到育英学院工作刚一年。她说，当初选择来育英做老师，确实有些思想顾虑，觉得不太踏实，一是因为育英"民办"的身份，二是因为育英"职业教育"的层次，"但那次在会上听了习书记的讲话，我感受到党和政府对民办教育和职业教育的关心，从而更加坚定了自己当初的选择，增强了信心"。

这一年教师节后，习近平又专程抽出两天时间，在教育系统调研，在原有方案的基础上，提出来要去一所中等职业学校看看。

时任杭州市中策职业学校党总支书记宓铨尧回忆，省委书记的"意外"到来，让老师和同学们都异常兴奋和激动。"当时整个社会对职业教育远没有今天这般重视，省委书记来学校看望大家，传递的不仅是一份关心关爱，更是对职业教育的高度关注和重视！"

2003年是高校扩招后应届大学生毕业的第一年，社会上有一些关于"就业难"的讨论，不过，中策的毕业生就业情况很好，特别抢手。

习近平听着同学们争先恐后的介绍非常高兴，频频点头，还对老师和同学们说："职业教育要以就业为导向。英雄不问出处，只要掌握了一技之长，就能在社会上立足发展。"

让人民群众接受更多更好的教育，让每个人的人生都有出彩机会，他念兹在兹。

四

干，还是不干？

2003年7月23日晚，省委大楼的一间会议室里，截然相反的两种意见交替出现，迟迟无法统一。

会议是为了滩坑水电站项目紧急召开的。作为省委、省政府确定的"五大百亿"工程中的一项重要工程，以及当时浙江最大的一项扶贫工程，滩坑水电站项目凝聚了丽水干部群众半个多世纪的期待。

当时普遍的一个看法是，水电站不仅能带动库区移民脱贫致富奔小康、加快全面建设小康社会步伐，还可以优化丽水发展环境、培育新的经济增长点，同时对促进浙江电网合理布局、缓解电力对经济社会发展的制约都有重要意义。

当然，要建设这样一个大型水电站，困难也非常大。整个工程需迁移青田、景宁 2 个县 11 个乡镇 5 万余村民，拆迁各类房屋总面积约 178 万平方米，征用各类土地 88074 亩。

早在 20 世纪 90 年代，一些省政协委员就提交了相关提案，并得到省委、省政府的高度重视。但钱从哪里来？移民问题怎样解决？当时属于欠发达地区的丽水能承担得了吗？这些问题使得项目议题多年来被一再搁置。其间几经周折、不断推进，直到 2003 年 5 月 13 日传来一个让丽水人民振奋的好消息——国务院正式批准滩坑水电站项目上马！

省、市、县三级政府随即启动各项工作。然而，在前述这些问题还没得到有效落实的情况下，一个大家不愿意看到的情况发生了：7 月 20 日，项目现场发生了一起由移民安置问题引发的大规模群体性事件，好不容易上马的工程又面临几近夭折的局面。

"当时有些领导是想打退堂鼓的，觉得这么个大工程，吃力还讨骂，说'还是不干了'。"时任丽水市市长谢力群说。7 月 23 日晚上省委紧急召开专题会议，就是为了讨论这件事。会上的不少发言，让从丽水赶来的同志们心情非常沉重。

工程到底还要不要继续？所有人都把目光集中到最后讲话的习近平身上。他开门见山地说了第一句话：我们晚上开会就是解决问题的。

在引导大家认真分析事件发生的原因和主要矛盾，并统一认识的基础上，习近平提出，既然这个项目是一个扶贫工程，是一个事关改变山区面貌的工程，又是丽水干部群众期盼多年的民心工程，省委、省政府已经作了决策，不宜因为少部分群众有意见就轻易改变。因此，项目要继续推进，但移民工作要做好。要相信群众、依靠群众，把群众关心的问题解释清楚、处理妥当。

2004年10月，水电站开工。这之后，滩坑水电站项目涉及的5万多名移民，一直牵动着习近平的心。那几年，他每次去丽水调研，都要单独听取移民工作的汇报。

2004年11月23日至25日，习近平又一次到丽水调研，还专门去青田县移民安置点一户户走访，关切地询问移民们的生产、生活和子女就学等情况。

温溪镇江岱移民新村村民王万洪一直记得，当年习近平拉着他父亲王志银的手问近况、聊家常。当听到老人说"原来住在高山上生活艰苦，交通不便，现在下山后，子女都安居乐业，过上了城里人的生活"时，习近平微笑着连连点头说："好！好！"他引导村民从更长远的角度来看待这次迁移，告诉大家告别故乡是顾全大局，但同时也是脱贫致富的好事、喜事。建造滩坑水电站是造福山区人民的大事，党和政府是不会忘记山区人民的。

这座大型水电站的建成，不仅使移民的生活条件得到了较大改善，也给浙南山区带来了显而易见的变化。

滩坑水电站建成之后，青田县城的防洪标准由 3 年一遇提高到 20 年一遇，水电站下游再也没有发生过洪水淹没民房的情况。而经过多年保护，库区水质达到了 I 类标准，成为丽水、温州等地竞相引调的饮用水源。库区的千峡湖生态旅游度假区凭借良好的生态资源优势，吸引了大量游客与投资，被丽水市列为旅游重点发展区域，真正实现了将绿水青山转化为金山银山的美好愿望。

在浙江工作的六个年头，"让人民群众过上更好的生活"一直是习近平锲而不舍、孜孜不倦的追求。他从解决人民群众关心的一件件小事、急事、难事入手，诠释了什么是为民情怀，什么是人民至上。

"人民"二字，重如千钧。浙江各级干部感悟初心使命，牢记为民宗旨，抓好中央和省委关于改善民生各项决策部署的落实，积极投身"三服务"，办好十方面民生实事……人民群众从党员干部争先创优、克难攻坚的身影中，看到浙江的美好未来。

十、要"干事"更要"干净"

算好"三笔账"

一

2004年7月16日,《人民日报》第二版,一篇题为《为官应算"三笔账"》的短文,让人眼前一亮。提出要算"三笔账"的人,正是时任浙江省委书记习近平。

为什么算"三笔账"?算的又是哪"三笔账"?事情还要从一次全省性大会讲起。

2004年夏天,省委、省政府大院绿意盎然,生机勃发。

7月15日下午,省行政中心3号楼一楼的大会场里,全省深入学习贯彻《中国共产党党内监督条例(试行)》和《中国共产党纪律处分条例》、推进党风廉政建设电视电话会议正在进行。

会上,习近平代表省委常委会,向全省人民作出六条廉政承诺:坚决抵制跑官要官、坚决拒收钱物、坚决反对以权谋私、带头坚持"两个务必"、带头遵纪守法、严格执行党风廉政建设责任制。

廉政承诺,一诺千金。承诺中的不少内容,还非常具体,如"凡是向省委常委跑官要官的,不但不给,而且要教育批评,并告诉组织部门,记录在案,今后对这样的同志要注意观察","凡是以领导及其亲属、身边工作人员名义办事、谋利的,有关部门和单位要一概拒绝,严肃批评,并向领导同志报告",等等。

对在场的各级领导干部来说，习近平的郑重承诺，字字铿锵，无疑是一堂深刻的思想教育课。让很多人没有想到的是，习近平还在会上脱稿讲话，给领导干部语重心长、情真意切地算了"三笔账"：

一是算一算"经济账"。现在领导干部都有一份稳定的收入，从工作考虑，组织上还给你许多必要的待遇，退休后又可以享受医疗、养老等保障。细细算起来，奉献与得到相比，得到的已经很多了。如果贪赃枉法，到头来锒铛入狱，一辈子毁掉了，这值得吗？

二是算一算"法纪账"。领导干部在张口的时候要想一想这句话该不该说，在迈腿的时候要想一想这个地方该不该去，在伸手的时候要想一想这些东西该不该拿。千万不要以为吃一点、玩一下、拿一些没关系。千里之堤，溃于蚁穴。事物发展总是从量变到质变的。若要人不知，除非己莫为。天网恢恢，疏而不漏。不管是谁，只要你犯罪，终将要受到法律的制裁。

三是算一算"良心账"。组织上培养一个干部很不容易，结果你却自己把自己打倒了，这怎么对得起组织、对得起人民、对得起家人！有的腐败分子即便侥幸隐藏一时，没有暴露，但做贼终究心虚，提心吊胆，惶惶不可终日，每时每刻受道德和良心的审判，这样活着有什么意义！

台上，字字恳切；台下，鸦雀无声。讲话间隙，安静得可以听见笔尖划过纸张时"沙沙"的声响。

时任省委组织部副部长胡坚，当时就坐在会场。

"算'三笔账'时，习近平同志都是看着我们讲的，完全是拉家常的语气。"胡坚曾跟随习近平到基层调研，在他印象里，途中闲暇时，习近平常常提醒身边人要树立正确的权力观，"他说，党培养一个干部不容易，干部成长自身也付出了很大努力，如果违犯党纪国法，不仅误了前程，害了家庭，对党的事业也是一种损失。"

会场里，参会的领导干部们认真聆听，细细品味"三笔账"的深刻内涵。"这'三笔账'，省委书记不仅是算给参会的领导干部听的，更是算给全省广大干部听的。"在场的《浙江日报》记者周咏南为此写了一篇新闻稿，刊登在次日的《浙江日报》头版。报道刊登后，立刻在全省引起热烈反响。

之后，这"三笔账"成了很多领导干部挂在嘴边、记在心间的高频词。

二

"三笔账"的热度，在持续升温。

20多天后，8月10日，习近平冒着酷暑来到金华调研。在部署深入实施"八八战略"、全面建设"平安浙江"、加快浙中城市群建设、推动经济社会发展再上新台阶等工作的同时，他也不忘给当地党员干部算算"三笔账"。

"为什么这么看重领导干部的'三笔账'？"后来，《瞭望东方周刊》记者在采访习近平时这样问道。

习近平深有感触地说，在复杂的社会交往中，感情投资的手段多种多样，有些还十分"高明"，使干部在不知不觉中陷入圈套，欲罢不能，越陷越深，走向腐败。要让党员干部明白道德底线，筑牢道德防线，进而通过增强自身"免疫力"促其"不想为"，通过强化警示作用使其"不敢为"，通过严格制度规范让其"不能为"。

警言挚语，常讲常新，习近平不厌其烦地在各种场合告诫各级领导干部——

党员干部如果失去律己之心，随波逐流，趋利媚俗，放纵自己，就会混淆是非，走上邪路，使国家陷入"政怠宦成，人亡政息"的历史周期率；

各级领导干部对待权力一定要如履薄冰、如临深渊，做到慎用权、善用权、用好权，既要管好自己，又要防止他人利用自己的权力和职务影响谋取非法利益；

领导干部的生活作风和生活情趣，不仅关系着本人的品行和形象，更关系到党在群众中的威信和形象，对社会风气的形成、对大众生活情趣的培养，具有"上行下效"的示范功能；

……

语重心长，闻者足戒。

在省委党校开学典礼上的"第一课"，习近平还给浙江领导干部留下特殊的"四道思考题"。

2007年3月1日，是省委党校、省行政学院举行春季开学典礼的日子。当天上午，校园里气氛热烈，新学期领导干部进修班、中青年干部培训班和处级公务员任职培训班的学员们济济一堂。

省委书记会带来什么样的"第一课"？在大家的热切期盼中，习近平给出了思考题，如同一场"灵魂拷问"，引发学员们深思。

经常想一想什么是"做人"，把"做人"与"做官"统一起来，把学习与改造统一起来，把"立言"与"立行"统一起来，真正做到为民、务实、清廉。

经常想一想什么是"公仆",领导干部一定要站在人民群众的立场上立身、处世、从政,破除"官本位"思想,克服和纠正那种"当官做老爷"的封建习气,把解决民生问题放在一切工作的首位,尽心尽力为群众出主意、想办法、谋利益,多为群众办实事、做好事、解难事。

经常想一想什么是"权力",树立权力就是服务的意识,遵守权力使用的纪律规定,牢记权力就是责任的理念,确保权力来自于人民又服务于人民。

经常想一想什么是"考验",为人处世要谨慎细致,凡事多问一个为什么,坚持慎独、慎欲、慎微、慎交友,真正做到"心不动于微利之诱,目不眩于五色之惑",始终保持共产党人的政治本色。

"习近平同志对干部的教育管理问题非常重视,在多种场合不断给大家敲响警钟,告诫大家'红线不能踩、高压线不能碰、底线不能逾越',划出了领导干部的道德底线。"曾担任省纪委书记的周国富说。

三

"于细微处见精神,于细微处也见品德。"习近平在"之江新语"专栏《小事小节是一面镜子》一文中说:"小事小节是一面镜子,能够反映人品,反映作风。小事小节中有党性,有原则,有人格。""大多数腐败分子是从不注意小事小节逐步走到腐化堕落境地的。在推杯换盏中放松了警惕，在小恩小惠面前丢掉了原则，在轻歌曼舞中丧失了人格，这样的例子并不鲜见。小事当慎，小节当拘，确是对领导干部的金玉良言。"

一个"惯例"的改变，让很多人感受到习近平在廉政建设中注重小事小节的风格。

2003年1月，习近平兼任省人大常委会主任。此前，省人大常委会召开会议期间，常委会委员的食宿都是作了安排的。

"事实上，很多常委会委员本身就在杭州工作，安排食宿反而造成不必要的开支。我们想改革，但这个惯例'动'起来有难度。"省人大常委会秘书长李步星，试着向习近平作了汇报。

习近平听完后沉思片刻，明确表态：惯例不是金科玉律，也不是法律，也是可以改革的。只要觉得不合适，就可以改。

于是，一场自上而下的改革由此推开：省人大常委会会议期间，不再为常委会委员安排食宿，改为每人每天补贴50元。

用政府"紧日子"换来百姓"好日子"，用领导干部好作风换来百姓好口碑。习近平就是从这样一件件"小事"中，把"勿以善小而不为，勿以恶小而为之"的理念传递给各级领导干部，并身体力行地做好表率。

在《小事小节是一面镜子》这篇文章里，习近平还写道：浙江民营经济比较发达，各级领导干部一方面要支持民营企业发展，要亲商、富商、安商；另一方面，同企业家打交道一定要掌握分寸，公私分明，君子之交淡如水。

"这与习近平总书记之后提出的'亲''清'新型政商关系，是一致的。"周国富深有体会地说道。

"熊掌和鱼不可兼得,我一直讲这句话,既然当了官就不要再想着发财,想发财就不要再当官了。最忌讳的就是利用手中的权力去谋财,这样就违背了为官之道,违背了做人之道。"2004年12月30日,辞旧迎新之际,习近平在省委常委会民主生活会上的发言意味深长。

作风建设没有休止符,为政修德也没有"在任"和"退休"的区别。

2006年,省人大常委会党组召开民主生活会。会议要求大家动真碰硬、红脸出汗,开展批评与自我批评。有一位常委会领导在谈到廉洁自律问题时说:"明年我要退休了,要站好最后一班岗,安全着陆。"没想到,他话音刚落,习近平就立刻补充:"一名领导干部保持廉洁必须做到一辈子,而不是一阵子。"

简单而朴实的一句话,在座的每个人听得频频点头。

2002年11月,习近平一担任浙江省委书记,就代表省委作出庄严承诺:"反腐倡廉,省级领导干部要以身作则,率先垂范。"

2007年3月25日,习近平在"之江新语"专栏的最后一篇文章《追求"慎独"的高境界》里谆谆告诫:"党员干部要'慎独'。党员干部特别是领导干部手中往往掌握一定的权力,不仅要主动接受组织、制度的监督,而且还要不断加强自律,做到台上台下一个样,人前人后一个样,尤其是在私底下、无人时、细微处,更要如履薄冰、如临深渊,始终不放纵、不越轨、不逾矩。"

在浙江工作期间的这一"始"一"终"两段话,充满了鲜明的个人色彩,也折射出习近平以踏石留印、抓铁有痕的精神推进从严治党的决心和信心。

把"效能革命"进行到底

—

2004 年 1 月 29 日，农历甲申年春节后的第一个工作日，省委理论学习中心组组织新年的第一次专题学习。

习近平一进会议室，就与大家握手拜晚年。他微笑着说："正所谓'爆竹声中一岁除，春风送暖入屠苏。千门万户曈曈日，总把新桃换旧符'，情之所至，忽发奇想，写了四副春联，权且作为我的一点学习心得，与同志们共勉互励。"

现场，习近平诵读了这四副春联：

> 求客观实际之真，务执政为民之实。
> 深化理论武装求真谛，深入调查研究重实际。
> 狠抓工作落实动真格，加快浙江发展务实效。
> 高度关注民生系真情，坚持为民谋利出实招。

"四副春联的横批都是'求真务实'。"习近平继续说道，"求真务实的根本目的是坚持立党为公、执政为民，实现好、维护好、发展好最广大人民的根本利益。各级党委、政府和领导干部一定要坚持以人为本，树立科学的发展观、正确的政绩观和群众观，立足于为民'求真'、为民'务实',牢记群众利益无小事,真心诚意地多为群众办实事、解难事、做好事。"

求真务实,既是一种政治品格,也是一种优良作风。在浙江,习近平始终把作风建设摆在突出位置。

但改进作风的突破口在哪里?

2004年,携着新春的万千气象,机关效能建设迅速拉开序幕。

"要大力弘扬求真务实的精神,大兴求真务实之风,始终保持奋发有为、昂扬向上的精神状态,埋头苦干,扎实工作,狠抓落实,推动机关效能建设不断上新的水平……"2004年2月2日,在全省加强机关效能建设大会上,习近平的话掷地有声。

由此,机关效能建设一跃"升级"为省委直接推动的重要工作。

风成于上,俗形于下。这次大会是一场"及时雨"。时任省委组织部部务会议成员、省机关效能建设领导小组办公室综合组组长庄跃成说:随着互联网逐渐普及,当时一些机关干部在上班时间炒股、打游戏,不务正业;同时,"门难进、脸难看、事难办"的现象受到群众诟病。

如何改进机关作风、提高机关办事效率?省委决定,把机关效能建设作为突破口!

习近平态度鲜明。他强调,加强机关效能建设,就是要切实解决机关作风建设中存在的突出问题和基层干部群众反映强烈的问题,切实转变机关作风,以创新的精神、务实的作风、优良的服务、良好的形象,推进"八八战略"决策真正落到实处。

2004年2月12日,省委、省政府出台《关于开展机关效能建设的决定》,要求在全省乡镇以上各级机关和有行政管理职能的单位开展机关效能建设。

2 月 19 日，按照习近平加强机关效能建设的指示，省委成立机关效能监察投诉中心。

"今后，凡发现各级机关及其工作人员对符合有关法律、法规、规章的事项以及各级党委、政府的决定、命令等拖延不办；利用职务便利假公营私，故意制造、纵容、庇护不正当经济竞争，造成不良影响；利用管理职权吃、拿、卡、要；工作作风粗暴，违反群众纪律，造成不良影响；不认真履行岗位职责，推诿扯皮；违反规定收费、罚款、摊派等方面情况，均可拨打全省机关效能监察投诉电话……"

《浙江日报》刊发的这则消息，在全省上下引起不小震动。

"是要动真格吗?"

在这样的疑问中，省机关效能监察投诉中心向社会承诺：有诉必理，有理必果。

这背后体现的，正是习近平的鲜明主张：机关效能建设能否取得实效，能否取信于民，关键在于能否解决机关存在的突出问题。

二

事非经过不知难。实际上，推进机关效能建设还是面临不小的阻力。

时任省机关效能建设领导小组组长乔传秀说，面对这场"刀刃向内"的探索实践，部分党员干部和单位的思想并不完全统一。

归纳起来，主要是四个字：一是"难"，认为机关效能一般抓，难以奏效，而认真抓，许多问题涉及体制，难以触及根本；二是"烦"，认为机关效能建设年年搞、年年都是老一套；三是"怕"，担心开展机关效能建设动真格，影响部门利益，挫伤干部积极性；四是"浮"，认为这项工作是上级布置的任务，不得不抓，过得去就可以了。

习近平敏锐地觉察到这些问题。

2004 年 7 月 8 日至 9 日，习近平先后到省发展和改革委员会、国土资源厅、财政厅、农业厅、交通厅、食品药品监督管理局，走访机关处室，询问机关工作人员的工作、学习和生活等情况，与机关干部座谈，深入调研如何进一步推动机关效能建设。

在省卫生厅检查机关效能建设工作现场，习近平中肯地点出几个方面的突出问题，包括行政行为不规范、"事难办"、"文山会海"、"素质不高，本领恐慌"、"浮躁、涣散"等。他明确要求："有关整改方案要以适当的方式公之于众，接受社会和群众的监督，做到真查真改，真见成效，不能只讲不做，只查不改，搞一阵风，雨过地皮湿。"

一位在场的领导干部深有感触地说："习书记这番切中时弊的警示，让大家内心深受震动。"

推进机关效能建设意味着什么？习近平对此有着深刻的思考。2004 年 7 月 9 日，在省直机关效能建设工作现场会上，他说："这不仅仅是一个简单的提高工作效率、优化服务质量的问题，更重要的是一个加强党的执政能力建设、巩固党的执政地位的问题。"

同时，深谙辩证法的习近平又十分警醒："一般来讲，高效率会产生高效益。但是，如果不切实际地或盲目追求高效率，不讲程序，反而欲速不达，甚至造成严重的后果。我们要的效率，是符合法律法规的效率，是符合客观规律的效率，是符合人民群众根本利益的效率。"

"硬核"动作随之而来。

2004年8月，在习近平的推动下，省机关效能建设"四条禁令"出台：严禁擅离岗位，擅离职守；严禁网上聊天、炒股，玩电脑游戏；严禁中餐饮酒；严禁在办事、办证中接受当事人宴请和礼品、礼金。对违反"四条禁令"者，视情节轻重，分别给予批评、告诫、扣发岗位考核奖、调离岗位直至辞退或纪律处分。

在省委的带动和督促下，省机关效能建设领导小组各项工作高效推进，成员个个干劲十足。

在习近平的推动下，2004年，浙江省、市、县三级机关6053个部门，1497个乡镇和2353个具有行政管理职能的单位，全面开展机关效能建设。全省共受理相关投诉19949件，办结19104件，6876名机关工作人员因机关效能问题被处理。

这场自上而下刮起的机关效能建设之风，吹来了务实与高效，让老百姓享受到了便利和实惠。省工商局就是一个例子。

2004年3月，取消企业年检公告费、市场登记费、市场开业公告费、广告年检公告费等；对下岗失业人员从事个体经营的，三年内免收各项工商行政性收费；对高校毕业生从事个体经营的，一年内免收各项工商行政性收费。

4月，推出注册员责任制度，企业章程备案、企业证照换发等12种与企业关系较为密切的注册登记事项，当天就能办妥。

6月，又推出"网上工商"，鼠标轻点，注册、咨询、投诉、查询就能"一网打尽"。

……

省工商局还在服务窗口的硬件方面做了一个小改变：更换工作人员的椅子，新椅子比之前矮了 20 厘米。

"这样一来，窗口内外的椅子就一样高了。看似一个微不足道的细节，却诠释了一个理念：政府提供行政服务不应该'高高在上'，而是要'平起平坐'。"省工商局一位负责人揭开谜底。

风气正，民心顺。效能建设效果如何，老百姓心里有杆秤。

三

越是基层，和群众打交道就越多。基层的效能建设怎么样？习近平经常是自己看、自己听、自己察。

"大热天，省委书记来看我们了！"2006 年 8 月 16 日下午，衢州市开化县城关镇便民服务大厅热闹起来。

习近平微笑着和工作人员一一握手。站在综治信访窗口边，习近平靠着窗口柜台，指着距台面 20 余厘米的玻璃说："你们这儿的玻璃是不是有点低？窗口空间能不能再大些？"

大厅窗口工作人员徐义华赶紧上前，他这才意识到，如果是个头稍微高点的群众来窗口办事，就得低着头说话了。

"习书记观察太细致了！"徐义华马上在笔记本上记下来。

习近平拿起信访登记汇总表和矛盾纠纷登记簿，一边翻看，一边提问：

"信访量大不大？"

"老百姓最集中的信访问题是什么?"

"涉及基层干部的多不多?"

……

当习近平问起矛盾纠纷调解成功率时,工作人员回答道:"95%以上。"

当天,习近平还到开化县新型农村合作医疗办事大厅调研,向工作人员详细了解参保率、报销额度、大病统筹报销情况和群众满意度等。

办事大厅的墙上,有两句标语:"把麻烦留给自己,把方便送给群众","宁可我们多做事,不让群众多跑腿"。习近平看罢,点头夸赞:"这个服务理念非常好!"

"与习书记交流时间虽然不长,但我深深感受到他丰富的基层工作经验和对基层干部的关心、对基层效能建设成效的关切。"徐义华感慨道。

此后,城关镇便民服务大厅迅速整改。便民服务窗口不设玻璃成为全县"标配",工作人员与群众的距离也因此更近了。

基层党员干部要改进作风,深入群众,省级机关干部也要勤于走出办公室,以实际行动转变作风。

2006年2月,全国两会召开前夕,习近平召集省委办公厅各处室负责人座谈。现场,他发出"动员令",希望省委办公厅的同志不要满足于看材料,要深入基层调研。他还特别交代,不要惊动当地领导,直接到与群众密切相关的地方、到问题最多的地方、到最偏远的地方调研走访,了解省委中心工作贯彻落实的情况,了解基层和群众的所需所盼,把领导同志平时下去看不到、听不到的东西原汁原味地反映上来，为省委提供科学可靠的决策依据。

11 个调研小组迅速行动，奔赴各地，花一周左右时间，各形成一份调研报告。

3 月 14 日，习近平从北京参会回杭后，就把 11 份调研报告摆上案头，在繁忙的工作之余研读。

省委办公厅综合一处调研员李波拿回自己的报告时，十分诧异："习书记看得这么仔细！有的地方作了批注，有的问题直接批示给相关部门。"

该报告提及海岛渔民喝水难、柴油价格高、转产转业难等问题。习近平批示，请水利部门、经信部门和渔业部门研究解决方案。

作风建设是攻坚战，也是持久战。2007 年 2 月 25 日，春节后的首个工作日，全省开展"作风建设年"活动动员会议召开。

习近平为全省党员干部作了一次动员，并提出要着力抓好以下方面的工作：严格控制各种名目的节庆活动，改进会风和文风，坚持和深化领导干部下访、约访等制度；改进和规范公务接待，不得搞层层陪同，推行自助餐或者便餐、快餐；坚决刹住违规建设楼堂馆所的不良风气，全面清理、严格控制党政机关修建楼堂馆所，坚决停建和缓建违反规定的楼堂馆所；采取有力措施，厉行节约、反对铺张浪费，特别要重视解决好公款吃喝、公款旅游等问题，努力建设节约型机关……

这些严格又具体的要求，从此为浙江党员干部绷紧了作风建设之弦。

这又是一个新的鲜明导向：习近平以机关效能建设为起点，把作风建设全面扩大到浙江省党和政府工作的各个领域，扩大到领导干部思想作风、学习作风、工作作风、领导作风、生活作风等各层面。

"把群众的呼声作为作风建设的第一信号，把群众的需要作为作风建设的第一需求。"

"有什么问题就解决什么问题，什么问题突出就重点解决什么问题，群众需要什么就重点解决什么。"

这些要求，不仅使作风建设的成果惠及群众，真正让群众受益，使群众满意，也为未来清廉浙江建设指明了方向。

反腐败治标更要治本

一

刚到任，习近平就给浙江纪检干部留下深刻印象。

当时，中央纪委正在查办一些案件，一度受到某些干扰，习近平指示"要坚决按中央纪委的要求办"。

有一次，时任省委副书记、省纪委书记李金明向习近平反映一个情况："有的同志认为，习书记刚刚到省委工作，有的案件是不是缓一点办？"习近平听到这个话后就严肃地说："不能因为我初来乍到，该办的就不办了，该抓的就不抓了。该怎么查就怎么查，该怎么办就怎么办。总之，工作不能停顿。我们就是要做到有贪必反、有腐必惩、有乱必治。"他用一番坚定有力的话，打消了纪检干部的疑虑。

2003年2月22日，省纪委第二次全体（扩大）会议召开。这是习近平调任浙江后首次参加省纪委全会。省委书记会作出怎样的部署？全省纪检干部翘首以盼。

治标更要治本。"要注重制度建设和创新，着力构建具有浙江特色的反腐倡廉防范体系，积极探索从源头上预防和治理腐败的有效途径。"时任宁波市纪委副书记、市监察局局长罗悦明，对习近平的这句话印象特别深刻，"这是根据反腐败斗争的新形势新要求作出的精准判断，体现出必须以更大的决心、更有力的措施、更扎实的工作，毫不动摇地把反腐败斗争进行下去的鲜明态度。"

在习近平的有力推动和具体指导下，2003年7月，《浙江省反腐倡廉防范体系实施意见（试行）》正式出台。这是全国首个关于反腐倡廉防范体系的省级规范性文件，它把教育、监督、预防、惩治等多项制度建设紧密联系起来，形成了一个系统的制度体系，使实践成果及时转化为制度资源，促进了浙江反腐倡廉工作向纵深发展。

中央纪委对浙江这一反腐倡廉重要成果给予了高度评价和充分肯定。

2005年1月，中央印发《建立健全教育、制度、监督并重的惩治和预防腐败体系实施纲要》，在全国全面推进反腐倡廉惩防体系建设。在这个纲要里，浙江惩防并举的思路和实践经验得到充分体现。

二

在浙江工作期间，习近平多次指示，要毫不放松地抓好查办案件特别是查处大要案工作，对腐败分子发现一个就要坚决查处一个，绝不姑息，绝不手软。

习近平在省纪委十一届五次全会上的讲话中指出，只有坚决查办腐败案件，"才能向广大人民群众表明我们党加强党风廉政建设和反腐败不可动摇的决心，才能消除腐败现象带来的消极影响，才能遏制住腐败现象的滋生蔓延，也才能教育一大批干部"。

2003 年 4 月 20 日，省建设厅副厅长杨秀珠突然出逃。腐败分子逃到境外躲避追查的案例，在当时的浙江甚至全国都不多见。没有现成经验可循，这让参与办案的纪检干部颇感棘手。

详细了解事情的来龙去脉后，习近平当即作出批示：省纪委牵头协调该案办理，公安机关、检察机关具体负责缉捕杨秀珠和查处杨秀珠违纪违法问题，办案部门定期报告进展情况。

三个行动小组随即组建，分别是纪委牵头的协调组、检察机关牵头的调查组和公安机关牵头的缉捕组。力度之大，前所未有。

此后，习近平又多次听取杨秀珠案的查办进展情况，召开会议研究。"要抓紧对杨秀珠有关问题的调查""我省公安厅、检察院应积极配合公安部做好引渡杨秀珠的工作""多方配合缉拿杨秀珠归案"……光存档批示就有 11 份之多。

2005 年，罗悦明从宁波调任省纪委常委，接手杨秀珠案。

"人虽然跑了，案件还要坚决查！"办案期间，习近平这铿锵的话语一直萦绕在罗悦明心头，"习书记始终对杨秀珠案高度重视，这极大地鼓舞了追逃人员的士气，也警醒我们对之后的一系列追逃工作做好最充分的准备。"

"不能让外国成为一些腐败分子的'避罪天堂'，腐败分子即使逃到天涯海角，也要把他们追回来绳之以法，五年、十年、二十年都要追……"2014年1月，习近平总书记在十八届中央纪委三次全会上的这番话，让参与追逃工作的浙江干部印象深刻。

2016年11月16日，在中央反腐败协调小组国际追逃追赃工作办公室的统筹协调下，经中央有关部门和浙江省追逃办的密切协作，潜逃海外13年之久的"百名红通人员"头号嫌犯杨秀珠回国投案自首。

"有贪必反、有腐必惩、有乱必治。"习近平对反腐败工作的坚定态度始终如一。

2006年，在浙江长广（集团）有限责任公司董事长、党委书记卢福禄涉嫌受贿案中，对于查还是不查，相关部门出现了分歧。其中一种观点认为，企业有三万余名员工，本来经营就不景气，若是一把手再落马，会影响社会稳定。

关键时刻，习近平一锤定音：如果这个案子已经到了一定的节点，我们既要考虑社会稳定，也要考虑反腐败工作的推进，不能片面地不追责。"习近平同志当时的分析非常精准。如果不及时追查，会对企业和员工造成更大损害。"罗悦明说。

不仅如此，习近平还要求各级党政主要领导经常过问大案要案的查处工作，帮助排除重大案件查处中遇到的障碍，并一再提醒告诫各级党委，要旗帜鲜明地支持纪委，做纪委的坚强后盾。

对于严惩群众身边的不正之风，习近平同样紧抓不放。

2004年，义乌有群众给习近平写信，反映村级组织换届中有人贿选，村委会主任给村民发香烟、油、米，请吃饭等。习近平立即作出批示，绝不允许贿选现象存在。

根据习近平的指示，省委组织部马上组建调查组，第二天就赶到义乌，经过一周的走访调查，弄清贿选事件原委，形成一份两万余字的报告。

习近平指出，老百姓肯定痛恨大贪官，但也痛恨小贪小污，因为这与他们直接相关。在他的推动下，浙江查处基层不正之风和违法违纪行为的工作力度不断加大，为农村改革发展稳定提供了有力保障。

三

习近平曾在"之江新语"专栏中说，通过加强监督和纪律教育，力求对一些干部的问题早发现、早提醒、早制止、早纠正，做到关口前移，未雨绸缪，防患于未然，这实际上是对干部关心爱护的最好体现。

在浙江，习近平还多次强调，要做好党风廉政建设工作，主动监督检查，及时把问题解决在成风之前。

发现问题就要及时提提领子、扯扯袖子。2005年1月至2006年9月，全省接受诚勉谈话的领导干部共2686人次，纪委负责人与下级党政主要负责人谈话14679人次。

基层民主监督要探出新路。

2004年，武义县率先开展建立村务监督委员会试点，在后陈村建立全国第一个村级民主监督组织。习近平了解到这一情况后，于 2005 年 6 月 17 日专程到后陈村实地调研，详细了解村务公开情况和村务监督流程，与基层乡村干部群众座谈。

听说习近平要来，村民们放下手头的农活，纷纷赶到村委会门口。

习近平刚下车，村民们就你一言我一语地说起村里这一年的变化。习近平微笑着给予充分肯定。

会议室里，村干部介绍村务监督委员会的"前世今生"。习近平听得很专注，不时点头表示肯定，并指出在实践中创造的"后陈经验"，通过建立村务监督委员会，推进基层民主管理、决策、监督有机统一，实现村务监督由事后监督向事前、事中、事后全程监督转变，使各种矛盾有了内部化解的机制，这是很有意义的探索。

事实上，构建一个与村两委不存在隶属关系的村务监督机构，对于后陈村而言"压力山大"。有人直言：设立村务监督委员会不符合《村民委员会组织法》，如果村务监督委员会和村两委唱对台戏，怎么办？

对此，习近平鼓劲说：希望你们进一步深化和完善这一做法，为全省提供有益的经验。

"当时听了这话，我们悬着的心彻底放下了！"在场所有人都喜不自禁。

当天下午，习近平在听取时任金华市委书记徐止平汇报时又强调，村务监督委员会是农村基层民主政治建设的有益探索，应当予以鼓励。

在习近平的推动下，这项全国首创的基层民主监督制度在全省范围内推广，在完善农村基层治理体系方面进行了卓有成效的探索，并于 2010 年被写入新修订的《村民委员会组织法》。后陈村因此成了具有时代标志意义的村庄。

"以审计精神立身，以创新规范立业，以自身建设立信。"这是习近平在浙江工作期间，对审计工作和审计队伍建设提出的"三立"要求。

2006 年 10 月 30 日，习近平到省审计厅调研。他首先到各个办公室看望审计干部，与他们一一握手并亲切交谈，看到审计厅大楼干净整洁，审计干部身着正装，精神饱满，习近平高兴地说："审计干部挺精神的嘛！"

在听取厅党组工作汇报后，习近平对进一步做好审计工作提出指导性意见，同时对审计机关的工作和自身建设提出"三立"要求。这"三立"要求，对审计机关更好履职，当好财政资金和国有资产的守护者、财经纪律的维护者和反腐倡廉的尖刀班有着重要意义，十多年来也一直激励着浙江审计人不断探索创新，不断加强自身建设，加快由传统审计向现代审计转变。

"习近平同志在浙江抓党风廉政建设期间和处理一些重大事件时，都注重用审计手段解决问题。"时任省审计厅厅长谢力群说，"但凡经济领域出现腐败苗头，他都要求审计机关运用审计手段先行介入。经审计确实有问题的，该处理的就处理，该移送的就移送，没有问题的，就予以澄清。"杨秀珠出逃后，根据习近平的要求，省审计厅调集精兵强将组建审计组，对涉及的单位和工程建设项目进行审计，查出许多违纪违法的线索，为之后的调查工作提供了重要依据。

每年省审计厅完成年度预算执行审计后，习近平都要专门听取汇报，根据形势的变化以及反映突出的问题，对一些廉政风险点和规范财经纪律与运行机制方面作出指示，如政府资金管理机制、国有资产监管、政府融资平台和政府负债规范等，要求审计部门紧盯问题，创新方法，完善机制，努力营造干净干事的工作环境。

"浙江是全国廉政文化建设的首创者，把党的廉政建设与整个社会的廉洁建设有机结合起来，营造良好的清廉大环境，意义重大。"曾任省纪委书记的周国富说。在习近平的有力推动下，省纪委于 2003 年就开始探索廉政文化建设，大力推进廉政文化进机关、进社区、进校园和廉政教育基地建设，以及编写干部廉政教育教材等，取得了很好的效果。2005 年，省委办公厅出台《关于加强廉政文化建设的意见》等文件，大力推进廉政文化建设。

在浙江工作期间，习近平对严惩腐败态度鲜明，并对管党治党、党风廉政建设和反腐败斗争作出一系列富有远见的科学决策和重要论述，成为从严治党、党风廉政建设和反腐败斗争的制胜法宝。

全省既从严治标，又着力治本；既严打大贪官，又狠抓小贪小污；由权力反腐向制度反腐转变……浙江持续深化政治监督，巡视"利剑"进一步擦亮，不敢腐、不能腐、不想腐一体推进，作风建设巩固发展。人们盼望的政治清明、政府清廉、干部清正、社会清朗，正逐渐变成现实。

十一、党员干部队伍是关键

一定不能放松学习

一

毛兆丰是衢州江山市白沙村的老会计，与数字打了一辈子交道，赋闲在家后，文字成了他的新爱好。

2004 年 10 月 10 日，寒露过后的第二天。

清晨，他同往常一样，从书橱中拿出《衢州市志》《江山市志》《清湖镇志》《白沙村志》，一起放到桌上，摊开稿纸，刚想写点什么，门外传来一阵喧闹声。

有客人来了！

"这位是省里来的习书记，来看看你！"村支书吴钻强领着一群人进了门。

"农民家里，也有这么雅致清静的书房，不错嘛！"看到书橱里摆了那么多书，习近平笑着说。

风趣的话，引得大家哈哈大笑，也使拘谨的毛兆丰立即放松下来。

桌上薄薄的小册子《白沙村志》，引起习近平的注意，当看到"由一个只具有小学文化程度的农村会计磨砺十年而成……"这句时，他问："这本《白沙村志》是你写的？"

"我和另外几位村民负责搜集第一手资料，市史志办的毛东武当主编。"

白沙村是个高山移民村，曾隶属廿七都深山区。握了一辈子锄头、土生土长的村民们，对村落文化尤其是地方志情有独钟，1991年，在毛兆丰等人的带领下，修成首部《白沙村志》。

"呵，农民搜集材料，专家当主编，'土洋'一结合，村志成书了。看来，知识分子与农民结合的路走得很好嘛！你讲讲看，修村志有什么作用？"

"几千年来，国有史，家有谱。不过，家谱毕竟是一家一族的文化，而村志则不同，它能反映全村政治、经济、文化的历史面貌，又有与全体村民休戚相关的人和事的记载，最起码的存史作用是很大的啊！"

"你们白沙人做得不错嘛，你还要努力啊，把村里搬迁的大变化写进新村志里去！"

白沙村没有辜负这番期望，截至 2020 年，村里已经完成第三部村志的编纂工作，《白沙村志》成为浙江唯一一部成功入选"中国名村志"丛书的村志。

习近平爱读书，尤其爱读历史书。他常说：广大党员干部要养成多读书、读好书的习惯，使读书学习成为改造思想、加强修养的重要途径，成为净化灵魂、培养高尚情操的有效手段。

2003 年，在接受中央电视台《东方时空》栏目采访时，习近平回忆，当知青时，涉猎各种史书，包括"二十四史"，还有军事学的书。跟他一起共事多年的一位知青，把家里克劳塞维茨的《战争论》等书都带去，所以习近平读得非常广、非常博、非常杂。后来，他又读各种政治书，哲学书是一直在看，特别喜欢史学。

到浙江工作后，每到一个地方调研，习近平都会让当地准备县志，往往翻阅至后半夜。第二天与大家的交流座谈，也经常以县志里的内容为话头。

2006 年 12 月，在温州市苍南县考察调研台风"桑美"灾后重建工作时，习近平特意调阅 1997 年 7 月出版的首部《苍南县志》，并在座谈会上重述志书中有关历代台风登陆苍南的内容，告诫大家要以史为鉴，认清台风活动以及影响浙江的规律，科学决策，做好长期抗台的准备，不断提高防台抗台和应对各类自然灾害的能力。

在孜孜以求的学习中，习近平进行深入的思考。他曾提笔写下这样的感悟：理论学习上要有"望尽天涯路"那样志存高远的追求，耐得住"昨夜西风凋碧树"的清冷和"独上高楼"的寂寞，静下心来通读苦读；要勤奋努力，刻苦钻研，舍得付出，百折不挠，下真功夫、苦功夫、细功夫，即使是"衣带渐宽"也"终不悔"，"人憔悴"也心甘情愿；贵在独立思考，学用结合，学有所悟，用有所得，要在学习和实践中"众里寻他千百度"，最终"蓦然回首"，在"灯火阑珊处"领悟真谛。

二

2006 年，是"十一五"规划开局之年，也是建设社会主义新农村的起步之年。

一年前，浙江省被列入全国农村党员干部现代远程教育扩大试点省份，提出远程教育要成为"办到村里的党校，没有围墙的技校，发家致富的桥梁，提高素质的平台"。

此时，在浙江农村，电脑、网络、网购等一系列新名词，已越来越为人所熟知，许多农村党员干部学会了电脑操作，可以自如地与"外面的世界"亲密接触；"远教影院""直播课堂""红色文艺进农村"等也在不断丰富着他们的精神文化生活，营造了农村生活新风尚。

2006年1月4日，新年的第一个工作日。海盐县秦山镇北团村村委会会议室里，全村20名党员正围坐在一起，观看远程教育电视片。

习近平从会议室后门走进来，坐在门边的放映员看见了，立刻走到电脑边，准备暂停放映。习近平摆摆手让他继续放，还和大家一起观看。

放映完毕，习近平饶有兴致地询问起村里远程教育情况。党员们围拢过来，争相汇报自己的收获。

有人说，在"空中课堂"能够学习致富本领。

也有人说，在网络上可以查询最新的致富信息。

还有人说，以前党员集中学习时，一些外出或者年老体弱的党员往往无法参加，加上条件有限，可供学习的材料不多。远程教育创新了党员干部和群众的学习方式，丰富了学习内容，提高了大家的学习兴趣，有效落实和逐步规范了党员"三会一课"制度，保证了农村党组织组织生活的正常化、经常化……

听着、问着、答着……看到现代化教育手段已经走入农村广大党员和群众之中，习近平频频点头。

临出门时，注意到村民莫社良摊在桌上的支部学习笔记本，习近平拿起本子从头翻到尾："这些都是你的学习情况和学习心得？"

得到肯定答复后，他笑着说："你们支部的学习活动挺多，不错，一定不能放松学习！"

不仅仅在北团村，也不仅仅在海盐，此时的浙江，一张巨大的学习网络正缓缓铺开，助力农村党员干部提高素质、农民增收致富。

截至 2007 年 3 月底，全省共建立终端接收站点 3.4 万个，覆盖所有乡镇和 85% 的建制村，远程教育进入 15 万多户家庭。

在党的十七大召开之前，远程教育终端站点覆盖全省所有建制村。

为配合第三批先进性教育活动，省级远程教育平台还开辟"先进性教育"专栏，汇集政治理论、形势教育、政策法规、农村管理、典型经验、红色文艺、实用科技等课件，全天候向基层站点直播、轮播，并定期更新和充实，极大地丰富了先进性教育学习内容。

三

读书是学习，使用也是学习，而且是更重要的学习。

2007 年 1 月 23 日，习近平来到丽水市庆元县松源镇周墩村为民服务中心调研。

听说县里正在加大力度培养技能型干部、建设技能型政府，他在驻村干部吴鸿芬的办公桌前停下脚步："你学习了哪些技能？"

吴鸿芬拿出了她的食用菌栽培技术和笋竹两用林栽培技术的技能证书。

"这些技能是不是确实能够帮到农民？"

"鸿芬确实做得好，她常帮村民装食用菌，动作不比他们差。"村支书梅礼高的插话，引来大家的笑声，也获得习近平的赞许。

习近平勉励大家，要着眼于全面落实科学发展观和构建社会主义和谐社会，根据群众的需要，不断转变基层政府职能，提高基层干部直接服务群众的本领，努力为社会主义新农村建设提供有效服务。

十余年过去了，松源镇的党员干部们依然牢记着习近平的教诲。

习近平历来重视党员干部，特别是各级领导干部的理论学习和思想武装，高度重视理论联系实际。

2002年11月23日，习近平在省委理论学习中心组学习会上，专门谈了学习的问题：要加强学习，努力实践，与时俱进，奋发有为，要注重研究新情况，解决新问题，不断在新的实践中学习新知识，增长新本领，努力使自己所作的各项决策经得起历史的检验，所做的各项工作得到人民群众的认可。

四

杭州市西湖区翠苑一区是个老小区，也是保持共产党员先进性教育活动试点期间习近平的基层联系点。

2003年初，有着35年党龄的顾荣根从企业内退，刚把组织关系转到社区第六支部。

以前在工厂干活，他凡事冲在前，多次受到表彰。可说起学习，他不免有些"气短"：自己是个大老粗，只读过六年书，到时候省委书记来了，看到自己理论学不进、材料写不来，会不会显得不够先进，拖社区后腿？

在顾荣根的忐忑不安中，2003年4月12日，习近平来了。

"党性分析不是谈学习体会，不是写工作总结，也不是谈对某些具体问题的看法和思考，而是要从理想、信念和世界观、人生观、价值观的高度来分析。分析好，大有益。"习近平在座谈中，同大家分享自己的感悟。

"习书记工作那么忙，还能有时间学习？"座谈会结束，顾荣根拉住身边一位省委办公厅的工作人员询问道。

工作人员被他逗笑了，告诉他，习书记喜爱读书，无论是在办公室还是调研途中，无论是夜宿农家还是出访期间，一有空就会捧起书本，翻阅材料。最保守的估计，习书记每个月的阅读量在30万字以上。

顾荣根感佩不已。他拿出之前争当技术骨干的那股子钻劲，一字一句读原著、学理论，党性分析报告反反复复修改了好多遍。

两个多月后的 6 月 23 日，习近平再次来到第六支部召开座谈会时，顾荣根第一个发言谈体会。习近平带头给他鼓掌："看，工人阶级就是最具先进性的阶级！"

我也是个老基层

—

"今天是什么日子？"

2004 年 12 月 26 日，在参加完温福铁路（浙江段）开工仪式后，习近平冒雨来到瑞安看望基层干部，调研基层党组织建设。

在飞云镇，他问潘岱街道党工委书记陈连丰。

看陈连丰一时发愣，他接着说："今天是毛泽东同志的诞辰纪念日。"

在随后召开的基层干部座谈会上，陈连丰理解了这个问题背后的深意。

习近平在会上说，我们共产党可以说是全世界最重视基层的党。当年，毛泽东同志领导秋收起义，在三湾进行部队改编时，首创"支部建在连上"。从那时起，我们党不仅确立了党指挥枪的重要原则，也确立了基层组织建设的组织制度。

刚刚进入 21 世纪的这几年，很多人都有一种共同的感觉：周围一切都处在激烈的大变革中，许多过去从来没有遇到过的新情况、新问题，层出不穷地涌现出来。

在党的建设上，同样也是如此，基层组织建设面临许多新的课题。

乡镇的权责究竟如何界定？怎样处理乡镇与上级的关系？乡镇干部的执政能力怎么提高？

身处时代大变革第一线，大家都有困惑，希望有人能站出来，给一个答案。

"基层组织是党的全部工作和战斗力的基础，基层干部是党和国家干部队伍的基础，基层是加强党的执政能力建设的基础。我们一定要认识到基层干部和基层工作的极端重要性，采取切实有效的措施，把基层干部队伍建设好、培养好、使用好。"

座谈会上，习近平明确表示，要在基层干部的培训、培养上加大力度，将各级干部的培训、培养向基层倾斜，在提拔干部时要重视干部的基层经历和经验；要加大机关与基层干部交流的力度，促进机关和基层相互体会苦衷、相互理解支持；还要在体制上做一些改革，从各地实际出发，因地制宜做大做强乡镇，这不仅可以解决基层体制问题，也有利于城镇化建设。通过把"肌体"做大，让内部的机制运作活起来。

此外，他还提出，上级要进一步加强指导帮助，赋予相应权力，促进工作向基层倾斜，并拿出一部分力量分担基层的工作。

习近平的话，让在场基层干部的心里既温暖又亮堂。

二

"我也是个老基层。我对基层工作非常牵挂。"习近平对基层干部一直有着深厚的感情。

这天的座谈会前，习近平专门来到陈连丰家里，关切地了解他的工作、学习、生活和家庭等情况，并详细询问：乡村经济发展靠什么？基层干部最关心的是什么？基层工作最大的困难是什么？上级布置的任务好不好完成？干部队伍安不安心？风气怎么样？群众怎么看干部？陈连丰一一作了回答。

陪同的温州当地领导介绍，陈连丰十多年来一直在乡镇担任党政主要领导职务，无论在发达乡镇，还是欠发达地区，他都勤勤恳恳地工作、扎扎实实地做事。

习近平鼓励陈连丰："你长期在基层一线工作，十多年不下'火线'，这很不容易。现在你自己过着简朴的生活，保持着好的心态和高的境界，就更不容易。这代表了我们广大基层干部的主流。正是有这么多像你这样的基层干部，党和政府的各项工作才能落实好，人民群众的利益才能维护好。"

话毕，习近平转过身，问坐在一旁的陈连丰妻子杨小兰："你丈夫长期在基层辛勤工作，你有什么想法？"

杨小兰脸一红，神情腼腆："他长年累月在乡镇工作，干部群众对他的反映很好，我操持家务虽然辛苦，但感到很自豪。"

习近平笑着说："陈连丰安心在基层工作，也靠你的支持。他取得的成绩，军功章里有你的一半。我们都要感谢你！"

时近下午1点，习近平顾不上吃中饭，又直奔温州市行政审批服务中心，看望服务窗口的工作人员，向他们了解审批、办证和群众满意度等情况。

他对工作人员说："你们本身是基层干部，又是为基层服务的，工作很辛苦。这里既是办事的窗口，也是基层和群众看我们党和政府形象的一个窗口。希望你们按照以人为本的理念和建设服务型政府的要求，强化效能意识，创新审批方式，做到真诚服务、高效便民，让基层满意，让群众满意。这里，我向各位基层干部问候新年，祝大家在新的一年里取得更大的成绩！"

三

2006年8月，正是浙江乡镇领导班子大规模换届之时，习近平来到仙居县白塔镇，与该镇及邻近部分乡镇、街道的干部面对面交流。

"同志们好！"28日下午3点左右，习近平走进会议室，微笑着向乡镇干部打招呼。见大家都站起身来，他示意大家坐下，说："咱们坐近些，别拘束，敞开谈。"

习近平满脸笑容，座谈会的气氛非常活跃，大家紧挨着他围坐一圈，结合基层实践，纷纷说想法、抛问题、提建议。习近平边听边记，对大家的发言非常重视。

换届是不是大换血？年过50岁的"老乡镇"，是不是该把"舞台"让给年轻人？

对基层干部普遍存在的这些疑问，习近平在讲话中给出答案：要注意领导班子年龄结构层次，不是说到了乡镇一级就越年轻越好，要讲老中青结合，不要搞一刀切。

为了帮助大家理解，习近平还打了一个比喻，把乡镇比作"阵地"："基层干部不能光在这里学习学习，不能老是'付学费'，更不能让阵地'失守'。处理群体性突发事件和抗台防洪等突发性自然灾害问题，特别需要'老乡镇'，如果把一茬人都换走了，下回台风来了，还得重新'付学费'。"

"习书记的话说到了我们心坎上。"时任上张乡党委书记陈尧虎说。此后的乡镇换届中，仙居一直坚持老中青结合的干部结构，让真正能干的人走上干事的舞台。

在白塔镇开完座谈会的第二天，习近平又从椒江码头登船，一路向东，目的地是29海里之外被誉为"东海明珠"的大陈岛。

大陈岛，一个极具历史和政治意义的海岛。

新中国成立之初，大陈岛成为浙中南国民党残部的主要据点，岛上人口激增至3万之众。除蒋经国频繁出入大陈岛外，蒋介石、胡宗南、俞大维、蒋纬国、毛人凤，以及美军太平洋舰队司令斯顿

2006 年 9 月 14 日，习近平在宁波市宁海县前童镇调研基层党建时与群众座谈

普、美军顾问团团长蔡斯等也曾到大陈岛活动，岛上设立的机构名目繁多。

1955 年 1 月，解放军攻克一江山岛，大陈岛失去外围屏障，蒋介石当局被迫实施"大陈撤退"计划，带走大陈及邻近岛屿的渔民百姓，将遗留的码头、渔船悉数毁坏。整个大陈岛成了"死岛"。

大陈岛收复后，人民政府立即开展重建工作。1956 年起，一批批风华正茂的青年响应团中央号召，满腔热血登岛垦荒，将满目疮痍的荒岛变成奉献青春的热土，铸就"艰苦创业、奋发图强、无私奉献、开拓创新"的大陈岛垦荒精神。

面积不到 15 平方公里的大陈岛，一直是习近平心中的牵挂。

在岛上，他专门了解基层干部的工作条件、生活保障等情况。听说岛上正在翻修办公楼，他要去看一看。

"办公室条件怎么样？几个人一间？够不够用？"站在办公楼的脚手架前，习近平问。

听说岛上办公条件有了一定改善，但干部宿舍条件仍旧很艰苦，他特意叮嘱："要加快宿舍改造，今后如果碰到困难，尽管找我。"

"大陈岛开发建设大有可为！"临行前，习近平对老垦荒队员的奉献给予充分肯定，并作出重要指示。

开发建设的号角，再次在大陈岛吹响——引进高速客轮的招商引资计划启动，建设村村通公路的方案敲定，电力、饮水改造工程提上日程，渔业产业发展蓝图在谋划……践行光荣使命，大陈人以饱满的热情和坚定的意志，走好新垦荒路。

"习爷爷给我们回信啦！"2016 年，12 名老垦荒队员的后代，收到一份特殊的"六一"礼物。

2006 年 8 月 29 日，习近平在台州市椒江区大陈岛慰问老垦荒队员

"看了你们的来信，我想起了 10 年前的大陈岛之行，也想起了当时同你们爷爷奶奶交谈的情景。60 年前，你们的爷爷奶奶远离家乡，登上大陈岛垦荒创业，用青春和汗水培育了艰苦创业、奋发图强、无私奉献、开拓创新的垦荒精神。正如你们所说，他们是最可敬的人……"回信中，习近平总书记一如既往地关心大陈岛和老垦荒队员，并鼓舞新青年当好新时代垦荒人。

这是大陈人第二次收到习近平的回信。上一次是 2010 年 4 月 27 日，习近平给大陈岛老垦荒队员回信："在各方面的共同努力下，大陈岛正朝着'小康的大陈、现代化的大陈'目标迈进，相信今后的发展会更好。"

一次登岛，两次回信。字里行间，真情流露。

多年来，大陈岛垦荒精神已融入大陈人的血脉，激励着一代代"垦荒者"接力前行。国家一级渔港、全国能源开发基地、全国海洋经济开发建设示范岛、全国百个红色景点旅游景区之一、省级海岛森林公园……这颗"东海明珠"正散发出别样的光彩。

四

有一个"桥"和"船"的形象比喻，让东阳干部温暖至今。

2005 年 4 月 10 日，东阳市清理非法搭建统一行动指挥部，组织清理画水镇竹溪工业功能区路口的非法搭建竹棚时，个别别有用心者煽动群众围堵。

19 天之后，在省委专题学习会结束时，习近平特意提到这次事件。

他说："气可鼓而不可泄。各方尤其是基层干部的积极性，是推进发展的动力。无论在什么情况下，我们都要加以珍惜，给予保护，这也是各级领导干部的重要职责。特别是对基层干部，要全面落实'三真'要求（指对基层干部要做到真正重视、真情关怀、真心爱护），多给一些鼓励，多予一些指导，多教一些方法，既要下达'过河'的任务，更要切实指导帮助其解决'桥'和'船'的问题。特别是在发生问题时，要敢于为基层担责任，积极支持基层干部化解矛盾、解决问题。"

旗帜鲜明的态度，给当地干部继续开展工作鼓了劲，更让他们感受到了组织对基层干部的关爱和支持。事件发生后，金华、东阳两级党委和政府全力以赴做好各项工作，让事件得到妥善解决。

基层是承上启下的节点、各种矛盾的焦点和工作落实的重点。

习近平经常对各地领导干部说，要注意保护和调动基层干部的积极性，要深入了解广大基层干部所思、所想、所盼，对他们的工作要多理解、多支持，对他们的生活要多关心、多帮助。特别是他们在工作中遇到困难和问题时，不要一味责怪，要多鼓劲打气，多加强指导，与他们一起分析原因，寻求解决问题的办法。

在习近平的身体力行下，浙江各级党委、政府对长期在艰苦地区工作的干部高看一眼，也千方百计创造机会让干部深入基层、深入实际、深入群众，让干部在改革发展的主战场、维护稳定的第一线、服务群众的最前沿砥砺品质、提高本领。

2005年农历新年前，一系列的调研走访给这个冬天增添了暖意：

1月31日，省人大常委会办公厅主任一行深入文成县平和乡田东村调研；

2月2日，省交通厅党组书记、厅长一行来到庆元县松源镇周墩村；

……

这场名为"百名厅长进百村"的活动，让浙江 100 个省直单位的一把手们走出办公室、走向基层，把省委、省政府的温暖送到百姓的心坎里。同时，这些厅局长和随行的党员干部也受到了一次深刻的教育。

6 月，在习近平支持和倡导下，省委、省政府出台《关于认真落实"三真"要求 切实加强基层干部队伍建设的意见》，提出要切实加强对基层干部的培养锻炼、加大对优秀基层干部的选拔力度等措施，每一条都言之有物，每一条都解决问题。

习近平对基层的重视、对基层干部的关爱，让浙江的干部队伍焕发勃勃生机。一大批优秀干部充实到基层，也有一大批干部从基层走上各级领导岗位，极大地激发了全省党员干部干事创业的积极性。

一个党员就是一面旗

—

狂风肆虐，大雨瓢泼。

2004 年 8 月 13 日凌晨，整个浙南地区都被强台风"云娜"登陆时带来的强风暴雨所笼罩。

"不好了！泥石流来了！"

温州乐清市仙溪镇石碧岩村傍溪绵延。凌晨4时刚过，一场特大泥石流将村庄冲出巨大豁口，仙溪河道刹那间几乎被泥沙巨石截断。

坡面滚石！路面塌陷！

8月17日下午3时许，一直奔波在抗灾一线的习近平，不顾身边工作人员的劝阻，冒着危险，顶着高温，来到救灾现场。

"房屋被毁的村民住在哪里？"

"吃饭穿衣怎么解决？"

"大家拿到救灾款物没有？"

……

一到村里，习近平就踩着碎砖瓦砾，直奔重灾点，详细了解灾情，慰问遇难者家属。他嘱咐干部救灾先救急，一定要保证受灾群众有饭吃、有干净水喝、有地方住。

在村里，听到灾区各级干部处处冲在一线，看到一支支党员突击队奋战在前，习近平频频点头，不时停下脚步和大家握手交谈。他叮嘱当地干部，帮助灾民重建家园时，要考虑抗台防风要求，还要派出专家，勘察清楚地质情况。他特别强调，老百姓习惯于在山谷中的河溪边建房，如果存在地质险情隐患，可结合"千村示范、万村整治"工程，实行异地规划建设。

看到村里的男女老少纷纷聚拢过来，习近平招呼忙碌的官兵和村民歇一歇。

他拿起喇叭，朗声说道："我代表省委、省政府看望大家，慰问大家，感谢大家。我们要按照党中央的指示要求，再接再厉，全力以赴，抗灾救灾，重建家园。"

离开石碧岩村，习近平马不停蹄地赶到乐清市龙西乡上山村，这里因台风洪水引发特大泥石流灾害。接着，又赶到发生特大洪水灾害的永嘉县上塘镇、沙头镇、渠口乡，查看救灾情况，慰问受灾群众。

17 日中午，习近平从杭州出发，冒着高温奔波 1000 余公里，再回到杭州时，已经是 18 日深夜了。

防灾救灾中，党员干部就要带头。习近平用自己的实际行动为大家作出榜样。每次有重大险情发生，他都及时赶赴现场。

2005 年 7 月底，又一次台风来袭。在苍南县观美镇，晚上 7 点多，习近平还在一户户看望灾民，检查避灾点。因为后续行程要去平阳，路上还要一个小时，陪同的当地领导建议，先回市里吃饭，第二天上午再去平阳。

习近平皱起眉头，神情严肃："怎么只想到自己回去吃饭，灾民有没有吃，有没有安顿好，我们不去看一下能放心吗？"

这一天，他坚持赶到平阳，慰问了许多灾民和种粮大户，接着又到瑞安查看电网抢修现场，回到温州市区已是晚上 10 点多。

与大家一起匆匆吃了点晚饭后，习近平又召集召开抗台救灾情况汇报会，直至午夜。第二天一早，他又赶回杭州主持省委全委会。

习近平的亲切勉励和率先垂范，极大地鼓舞了浙江的党员干部。

2005 年至 2006 年，浙江共遭受 4 次强台风袭击，10 万多个基层党组织、百万名共产党员成为抗灾救灾的中流砥柱。全省有近 2000 人在经历抗台风救灾后，向党组织递交入党申请书，156 人宣誓入党。

许多群众动情地说："关键时刻，还是靠党员。"

二

"公章别在裤腰带，开会开在支书家……"很难想象，在浙江这样的"富省"，竟然存在村党组织"无处办公"的问题。

2005 年 6 月，省委出台《关于认真解决集体经济薄弱村村级组织办公场所问题的意见》，提出力争在 2006 年底前，全省没有办公场所的村级组织都有约 100 平方米的办公场所。

随后的一次进村走访调研，习近平发现问题不只出现在集体经济薄弱村，情况比预想的要严重，他变了脸色："村级党组织没有固定活动场所，会严重影响基层执政能力建设，必须把这个问题解决好！"走访结束后，他将省委组织部相关负责人召集到一起，商量对策。

在他的直接关心下，一场关于村级党组织活动场所的摸底式排查就此展开。调查结果令人震动：当时，竟然有 8000 余个村党组织或多或少存在"无处办公"的问题，比例接近四分之一。

这次调查，增强了各级各部门解决这个问题的紧迫感和落实力度。迅速行动，立整立改！

武义县俞源乡新九龙山村是个下山脱贫村，也是个典型的"无处办公"村。县里将其列入首批集体经济薄弱村村级组织办公场所建设计划，通过省里补助一点、县里帮助一点、部门捐助一点、乡里解决一点、村里筹集一点的办法，建起一幢3层共6间的办公楼。

新楼一开工，党员干部争先恐后地参加义务劳动，挑砂、抬石头，看着办公楼在自己的努力下一天天建了起来。

办公楼投入使用那天，村里放起鞭炮，男女老少都赶来看，一些老党员摩挲着党员活动室里崭新的桌椅，脸上笑开了花。

这之后，办公楼派上大用场，不但村党支部活动正常了，村民议事、学习也有了地方，党员电教室更是常年对村民开放。

"村办公场所的建成，圆了我们的梦！"2005年11月8日，村支书田华平代表全村党员，心情激动地给习近平写信报喜，"第三批保持共产党员先进性教育活动即将开始，我们可以在宽敞明亮的办公场所里进行了。"

全省各级党委都把村级组织活动场所建设作为一项"民心工程"：

杭州市实行领导干部包干制，由38位市级领导牵头组织工作组，对全市38个经济欠发达、建设任务重的乡镇进行"一对一"包干挂钩联系；

温州市专门把它写进市委全委会的工作报告；

金华市将其列入"一把手工程"，市委主要领导亲自主持会议研究部署；

台州市实行"1＋3"结对帮扶制度，全市225个无活动场所的村，都有一位县级领导干部、一名乡镇领导干部和一个机关部门或企事业单位结对帮扶；

……

有的市还制定了村级组织活动场所规范化建设标准，要求全市村级组织基本建成100平方米以上的活动场所，并把活动场所建设延伸到社区。

不到一年，各级部门先后投入资金14.3亿元，实现对全省3

万多个建制村村级党组织活动场所的全覆盖。2006 年，这项诞生于浙江的经验在全国推广。

三

2003 年 1 月 21 日，浙江省人民大会堂，省政协九届一次会议进入最后一天的议程。

上午 9 时许，依照预定程序，开始选举新一届领导班子。投票结束，委员们静候结果。

快到中午时分，大会主持人开始宣读新一届省政协领导名单。

副主席共有 10 位，最后一个念出的名字——徐冠巨，出乎不少人意料。

当时资料显示，徐冠巨，42 岁，民营企业浙江传化集团董事长。而传化集团，是浙江第一个建立党委的私营企业，2002 年资产总额 13.64 亿元。

徐冠巨由此成为浙江省政协成立以来，首位在改革开放大潮中成长起来的非公有制企业代表人士副主席。

当选后的徐冠巨在接受新华社记者专访时说："我感到自己责任重大，也感到压力巨大。"

压力之下，他更明白自己的使命。也是在那一次采访中，他表示，作为省政协副主席，一定要担当好党和政府联系非公有制经济人士的桥梁，引导广大非公有制经济企业自觉响应党和政府的号召，把企业发展与国家发展结合起来，把个人富裕与全体人民共同富裕结合起来，把遵守市场法则与弘扬社会主义道德结合起来，在党的领导下把家乡建设得更加繁荣富强。

多年来，传化集团党委通过"树立一个党建核心理念，构建三制联动的组织协同体系，明确党组织五大功能定位，创设八项党建特色制度，形成八大和谐创建机制"的"13588"党建工作机制，引导党组织和党员在推动企业转型发展中发挥重要作用。

对非公有制经济领域党的建设，习近平展现了高度的政治自觉和深谋远虑："只要是有利于社会主义建设的新领域，都要建立党的组织，推动新领域党建工作。"

要扩大党的工作覆盖面，提高党的社会影响力，但也不能简单求快求多，要真正做到"成熟一个，组建一个；组建一个，巩固一个，提高一个"。习近平对此有清醒的认识。

在2005年的全省组织工作会议上，习近平在谈到新的社会阶层人士入党问题时，就指出：要按中央精神严格把握，这是个严肃、严谨的政治探索问题，不要刮风、赶时髦。入党的要真正是先进分子、优秀分子，这与企业是否搞得活跃、嘴巴会不会说是两码事。非公有制企业经营者可以入党，这是中央明确了的。这是很大的突破，但理论突破后，你得认真对待，要谨慎，严格按上级规定和部署来办。

按照党章规定，凡是有正式党员3人以上的基层单位，经上级党组织批准，都应当成立党的基层组织。可在浙江的民营企业中，个体企业和私营企业占比很高，甚至有不少是从家庭作坊发展起来的。在这些企业中，党员数量少，无法建立党支部，即便建立了支部也无法发挥有效作用。习近平的指示，让浙江在实现组织覆盖和工作覆盖的基础上，开始探索党建工作在"两新"领域的有效覆盖。

　　为此，浙江把抓好"两支队伍"建设作为提质的重要任务：一是"两新"领域的党支部书记队伍，省、市、县三级纷纷开设培训班，提高他们对党建工作的认识；二是党建工作指导员队伍，通过选派有一定党建工作经验的同志到企业指导工作，推动这些企业的党建工作。"两支队伍"的打造，不仅拓展了党组织在非公有制企业的活动空间，也保证了企业的健康发展，形成了党建工作与企业发展相互促进的良好局面。

　　"把支部建到流水线上！""不留死角，不留盲区！"统计数据显示，截至 2007 年 6 月底，浙江 24080 家从业人员在 50 名以上且年营业收入在 500 万元以上，以及从业人员在 100 名以上的规模以上企业中，已建党组织的达 23986 家，占总数的 99.6%，基本实现规模以上非公有制企业党组织全覆盖的目标，得到中央充分肯定。

要拎着"乌纱帽"为民干事

—

　　"现在，有一些党员、干部把为人民服务挂在嘴上，实际上却把个人利益放在第一位，热衷于搞'政绩工程''形象工程'，把人民群众的切身利益置于脑后，这样做必然损害群众的切身利益，败坏党的形象……"

　　2004 年 8 月 11 日，在金华召开的金（华）衢（州）丽（水）

三市党建工作座谈会上，习近平声音不大，却力道千钧。

这并不是他第一次在公开场合提及"政绩观"。在浙江，他一再教导大家，班子只当"流水兵"，发展才是"铁营盘"，树政绩的根本目的是为民谋利益。

每到一处调研，习近平再忙都会抽时间与当地一把手谈谈心，勉励他们要认识好"潜绩"与"显绩"的关系，要多做埋头苦干的实事，不求急功近利的"显绩"，要创造泽被后人的"潜绩"。

2004年初，浙江在县以上党政领导班子中全面开展"树立科学的发展观、正确的政绩观和牢固的群众观，创为民、务实、清廉好班子"教育实践活动，各地纷纷对急功近利的"政绩工程"说"不"。

在湖州市吴兴区，当地领导班子鲜明提出引资要讲"亩产量"，按投资密度、投入产出率、科技含量等指标供应土地，受到投资者的赞赏。

在台州市路桥区，一张四通八达的地下排污管网，悄然覆盖城区的角角落落，城市生活污水集中汇入污水处理厂。这一投入2.35亿元的工程，被当地百姓称为"看不见的政绩"。

这些年，在浙江各地，这样的事例层出不穷。正如习近平叮嘱大家的，要甘于做铺垫之事，不要只想拿军功章、立凯旋柱。这越来越成为浙江各级领导干部的自觉追求。

二

椒江某医药企业非法排放废气和污水，严重影响周边群众生活……

2004年10月，一篇报道引起习近平的高度重视。他当即批示，要求省委督查室迅速跟进。

接到任务后，省委督查室相关人员立刻赶赴现场，通过暗访了解情况后，及时向当地党政领导通报。同时，将一份详尽的调查报告递到习近平手中。

在年底召开的全省经济工作会议上，习近平引用报告中的内容，告诫大家，经济发展不能以牺牲环境为代价，要求当地切实负起责任，加强整治，实现科学协调发展。

这一番讲话，不仅给当地干部敲响了警钟，还引发全省各地党员干部关于如何科学发展的思考，也让督查干部又一次感受到了肩上的责任。

"督查工作不好干"，这是很多人的共识。有些同志对督查工作有顾虑，既怕基层同志觉得自己"拿着鸡毛当令箭"，又怕真正发现问题会伤和气，所以开展工作时往往有些畏首畏尾。

2005年1月7日，习近平召开省委督查室工作人员座谈会。习近平一落座就直奔主题，让每个人谈谈对督查工作的感受和想法。听完大家的发言，他说："督查工作很重要，它是全局工作中不可缺少的一个重要环节。在一定意义上说，没有督查就没有落实，没有督查就没有深化。"

半个多小时的讲话，习近平既讲任务，又教方法，不仅让大家从政治高度和理论高度上对自己的工作有了全新的认识，更为接下来开展工作注入了动力。

会后，浙江召开全省督查工作会议，再次作出针对性的部署。从此，"事事有着落、件件有回音"成为全体督查工作参与者的根本遵循。

"为官避事平生耻。"习近平多次强调，敢于负责，是领导干部必备的精神状态。在他的影响和推动下，浙江干部收获的不仅仅是工作方法，更是实实在在的理念转变：敢于迎难而上，勇于承担责任，善于总结教训、纠正错误，是每一位党员干部的必备素质，也是实现可持续发展的基础。

三

"各位乡亲，请你们给县委书记和县长'打打分'。"

2005 年 6 月的一天，缙云县前路乡大集村的村民，从省委组织部直接派出的调查员手里拿到一张表格，上面印着"地方党政领导班子民意调查问卷表"，还签有缙云县委书记和县长的姓名。

村民们十分惊讶："让我们这些泥腿子给县里'最大的官'打分？太阳从西边出来了！"

打分，是为了第二年的市、县（市、区）领导班子换届考察。

在那一次对县（市、区）领导班子换届考察中，考察组个别谈话达 44897 人次，对考察对象全面考察，还对 1942 名考察对象实行考察预告，其中在新闻媒体预告的有 904 人。

能否选好人、用好人，是事业成败的关键。习近平在不同场合多次强调，要坚决防止"干部出数字，数字出干部"。

在他的大力推动下，浙江不断创新干部选拔任用方法，把政治上靠得住、工作上有本事、作风上过得硬、能够领导科学发展的干部选拔任用到各级领导岗位上来。这次换届后，县（市、区）、乡镇领导班子整体素质进一步提高。据统计，全省 90 个县（市、区）党政正职平均年龄 44 岁，45 岁以下占 71%，大学以上学历占 95.5%；全省 1214 个乡镇党委委员中，35 岁以下占 30.4%，大专以上学历占 95.2%。

干部交流力度也在不断加大。2002 年 1 月至 2007 年 6 月，市、县（市、区）党政领导班子成员异地交流任职共 969 人次；2007 年县级领导班子换届结束后，各县（市、区）7 个重要岗位全部实现异地交流。年轻干部也得到进一步锤炼，多批干部被选送到境外参加培训，或到中央机关和其他发达省市挂职学习。

对于如何选拔任用干部，习近平一直有着深邃的思考。

2002 年 12 月 31 日，在全省组织工作会议上，习近平提出："选拔任用干部，一定要公道正派，强调德才兼备，把'德'放在首位；强调注重实绩，又充分考虑工作的基础和条件；强调群众公认，又不简单地以票取人。"

2004 年 8 月 5 日，在杭（州）嘉（兴）湖（州）三市党建工作座谈会上，习近平宣布："为使领导干部的政绩观与树立科学发展观相适应，省委已决定对干部政绩考核体系进行调整，初定在省委十一届七次全会上，提出完善干部政绩考核体系的实施意见。"

干部考核既看经济指标，又看社会指标、人文指标和环境指标！

这一鲜明导向，让急着往前跑的各级干部，开始学会停下脚步，思考得与失，衡量取与舍。

2004 年 10 月，经省委十一届七次全体（扩大）会议审议通过，《中共浙江省委关于认真贯彻党的十六届四中全会精神　切实加强党的执政能力建设的意见》出台，明确浙江加强党的执政能力建设的指导思想、总体目标和主要任务，提出当前和今后一个时期，要致力于"巩固八个基础，增强八种本领"，努力建设一支能够适应浙江经济社会发展要求的高素质干部队伍。

"巩固八个基础，增强八种本领"这个当时被称为"小八八战略"的党建部署，具体为：

巩固党执政的思想基础，加强理论武装和党对意识形态工作的领导，不断增强用发展着的马克思主义指导新实践的本领；

巩固党执政的经济基础，全面推进经济强省建设，不断增强驾驭社会主义市场经济的本领；

巩固党执政的政治基础，全面推进法治社会建设，不断增强发展社会主义民主政治的本领；

巩固党执政的文化基础，全面推进文化大省建设，不断增强建设社会主义先进文化的本领；

巩固党执政的社会基础，全面推进"平安浙江"建设，不断增强构建社会主义和谐社会的本领；

巩固党执政的体制基础，健全和完善党的领导制度和领导方式，不断增强地方党委总揽全局、协调各方的本领；

巩固党执政的组织基础，加强干部队伍建设和基层组织建设，不断增强自身素质和团结带领广大群众干事业的本领；

巩固党执政的群众基础，密切党同人民群众的血肉联系，不断增强拒腐防变和抵御风险的本领。

2006 年 7 月，浙江在全国率先出台《浙江省市、县（市、区）党政领导班子和领导干部综合考核评价实施办法（试行）》。

习近平对干部队伍建设的重视，不仅体现在对大方向的引领上，更体现在对具体工作的务实推进中。

2003 年是换届之年，在这前后，习近平广泛听取了方方面面的意见，仅与干部谈话就达 200 多人次，除了规定的谈话对象外，还跟所有进班子的候选人、从班子里退下来的成员，以及一些存在思想苗头的同志一一谈话。习近平在谈话中认真倾听、恳切开导，确保了换届工作的顺利进行。

四

温州全市 148 名机关工作人员因为办事拖拉、吃拿卡要、对待群众态度刁蛮等原因，受到行政告诫、降级、降职、撤职和辞退等处理，260 多人被通报批评；

乐清 22 名中层干部由正职降为副职，124 名中层干部降为一般干部；

……

2003 年至 2004 年，温州官场的这场"地震"，不仅让当地干部深受震撼，也让全省干部为之一"震"。

习近平批示：各有关部门与各市县都应做全面探索。

能上，也要能下。对于有些干部中存在的"干多干少一个样，干好干坏一个样"现象，习近平见事早、抓得深、谋得远。

他曾在不同场合强调，要反对"老好人式"的"满票干部"，反对不作为、慢作为的干部；要以改革的精神解决干部能下的问题。

他说："特别要解决干部能下的问题，下有不同的下法，有纪律惩处的下，有不胜任工作的下，还有正常的退出机制的下。现在干部人满为患，要精简分流，这不是什么坏事。但现在只有华山一条路，所谓'死而后已'，一条路走到底。而且不提拔也不行，不提拔也有压力，这里有一个社会价值导向的问题，同时也有利益机制的问题。职务上不去，工资、福利上不去，这些都要根据中央精神积极研究贯彻。"

全省各级各地都对干部能下动了真格。

2003 年 10 月，省委明确调整不称职干部的具体标准和实施步骤。此后，有 3 名省管干部因不称职被调整，10 多名被诫勉。

杭州市在市直机关开展"满意不满意单位"评议活动，参加者有领导干部、人大代表、政协委员、群众代表。第一年不满意票最多的单位，对一把手予以黄牌警告；连续两年不满意票最多的单位，对一把手就地免职。

之后，省委又开展辞职制、审计制等试点，探索建立并完善干部监督和退出机制。2018 年，根据中组部部署和要求，浙江在前期探索基础上，列出 6 个方面 27 种情形问题清单，旗帜鲜明地对不担当不作为干部"亮剑"。

五

2005 年 4 月的一天，山城淳安一间不大的会议室内，气氛热烈。

"领导与领导之间，领导与党员之间，党员与党员之间，都要广泛进行谈心交心。"

"批评与自我批评时，要直面问题、解决问题。"

"做到坚持原则敢批评，心胸开阔听批评。"

……

这是淳安县委民主生活会的现场，列席会议的习近平，开门见山，开宗明义。

"我对淳安走生态之路的发展定位认识还不够到位。比如，我们县刚成立的坪山工业园区，它的定位应该转向发展生态。"一名分管工业园区的县委常委的自我剖析，引发大家共鸣。

"生活要奔小康，但不能破坏生态环境。这是一个地方发展中绕不开的问题。对生态问题必须引起足够的重视。"习近平嗓门不高，却让在座的每个人都受到触动。

不久，坪山工业园区的功能就彻底转变为发展生态环保、高新技术、文化三大产业，"生态立县"成为全县的共识。

这次民主生活会开了三个多小时，习近平耐心地给每位同志指出问题症结，提出解决办法：

谈到调研不深入的问题，他说，领导干部要学会"解剖麻雀"；谈到文件、会议过多的问题，他说，发文件和开会本身就是一种工作方式，不能因噎废食，但要合理精简、科学压缩；谈到如何科学看待现阶段发展目标，他说，既要 GDP，又要绿色 GDP……

一番番见筋见骨的自我剖析，一次次火药味十足的相互批评，照亮 11 位县委常委思想、精神和作风上的"盲区"，让大家亲历了一次灵魂洗礼和党性历练。

"这种形式好，民主生活会就应该统一思想、达成共识、共同提高。"习近平在现场点评，并一再强调，有党员的地方就要有党的组织，有党的组织就要有正常的党内生活。

在浙江的 1600 余个日日夜夜，习近平坚决扛起管党治党的政治责任，为了浙江人民的福祉殚精竭虑，更为浙江党的建设呕心沥血，不仅留下了绿水青山的自然生态，更留下了山清水秀的政治生态。浙江这块土地，留下了许多关于习近平立党为公、执政为民的动人故事，也见证了他作为一名共产党人的初心和使命。

2007 年 3 月 24 日，习近平调任上海市委书记。25 日下午，在全省领导干部会议上，习近平饱含深情地说：我在浙江学到了许多在书本上学不到的东西，学到了许多在其他地方学不到的东西，学到了许多在以往的经历中学不到的东西。我特别难忘党中央和中央领导同志对浙江工作的正确领导、亲切关怀和有力鞭策，特别难忘我同班子成员、老同志和在座的同志们以及广大基层干部群众结下的深厚情谊。我从心底里感谢浙江的干部群众对我的关心、支持和厚爱。今后，无论走到什么地方，我都会关心浙江，情系浙江，尽力支持浙江的工作。

时针拨回 2002 年秋天。

那年 10 月，刚到浙江工作的习近平，外出调研第一站就到嘉兴南湖瞻仰红船。中国共产党从南湖红船启航，这里是我们党的根脉。

2017 年，又是一个 10 月的秋天。党的十九大闭幕仅一周，习近平总书记带领新一届中央政治局常委专程到嘉兴瞻仰南湖红船。"事业发展永无止境，共产党人的初心永远不能改变。"

如今，新时代号角吹响，击鼓催征。在习近平新时代中国特色社会主义思想指引下，浙江儿女再次出征，弘扬"红船精神"，守好"红色根脉"，奋力创先争优，忠实践行"八八战略"、奋力打造"重要窗口"，争创社会主义现代化先行省、高质量发展建设共同富裕示范区。

"只要全党全国各族人民团结一心、苦干实干，中华民族伟大复兴的巨轮就一定能够乘风破浪、胜利驶向光辉的彼岸。"

图书在版编目（CIP）数据

干在实处　勇立潮头：习近平浙江足迹/本书编写组编著.—北京：
　人民出版社；杭州：浙江人民出版社，2022.6
ISBN 978－7－01－024675－8

I.①干…　II.①本…　III.①习近平－特写　IV.①K827=7

中国版本图书馆 CIP 数据核字（2022）第 052867 号

干在实处　勇立潮头——习近平浙江足迹

本书编写组

责任编辑　任　民

出版发行　人民出版社（北京市东城区隆福寺街 99 号　邮编　100706）

　　　　　浙江人民出版社（杭州市体育场路 347 号　邮编　310006）

印　　刷　北京新华印刷有限公司

开　　本　710 毫米 × 1000 毫米　1/16

印　　张　26　插　页　3　字　数　288 千字

版　　次　2022 年 6 月第 1 版

印　　次　2022 年 6 月第 1 次印刷

《让群众过上好日子》《闽山闽水物华新》《干在实处　勇立潮头》《当好改革开放的排头兵》（套装）

书　　号　ISBN 978-7-01-024675-8

总 定 价　356.00 元（全五册）

发行电话　（010）65289539　84095121